현장에서 바로 쓰는

실용 스페인어 선집

서한 / 성명서 / 기고문 / 연설문

HU:iNE

현장에서 바로 쓰는

실용 스페인어 선집

서한 / 성명서 / 기고문 / 연설문

홍석화 저 한원덕 감수

추천사

한국외국어대학교 통번역대학원 원장 한원덕

- 한국외국어대학교 스페인어과 학사
- 한국외대 통번역대학원 스페인어과 석사
- 스페인 국립 마드리드대학교 스페인어 언어학 박사
- 스페인어권 18개국 정상통역
- 한국외국어대학교 통번역대학원장

이 책은 외교 일선에서 우리나라와 스페인어권 국가들과의 우호 관계 증진을 위해 일하는 외교 업무 담당자, 공공 및 민간 외교 분야에 진출하려는 미래 세대, 그리고 양 지역 간 다양한 분야에서의 교류 상황과 양태를 공부하려는 학자와 학습자들에게 지역 정세 및 양 지역의 교류, 협력, 우호 친선 업무에 관한 이해와 시야를 넓혀주는 고급 스페인어 명저이다.

그동안 외교 스페인어의 기본 표현을 단문 형식으로 편집하여 출판된 저서는 간헐적으로 있었지만 연설문, 성명 등 보다 깊이 있는 내용과 수록된 표현들의 생생한 현장감 측면에서 볼 때 이 책은 비교의 대상을 찾을 수 없을 만큼 상세하고 풍부한 현장 스페인어 표현을 담고 있다. 이 책에 수록된 자료가 방대해서 짧은 시간에 학습할 수는 없어도 필요할 때마다 참고할 수 있기 때문에 실용성도 높다.

스페인어 속담에 'Nada se logra de la noche a la mañana'라는 표현이 있다. 어느 것도 하루아침에 이루어지는 건 없다는 뜻이다. 시간의 궤적을 따라 소개되는 다양한 콘텐츠를 살펴볼 때 이 책은 오랜 영감과 긴 호흡을 가지고 준비한 노력의 산물이라는 것을 알 수 있다.

어쩌면 저자가 대사의 직을 수행하시기 훨씬 이전부터 구상되지 않았을까 생각이 들 정도로 책의 구성이 탄탄하다.

감수를 하면서 주재국에서 무사히 임무를 마치시고 이임하시는 장면을 연설을 통해 접하게 되면서 잔잔한 감동을 느꼈다. 대학을 비롯한 국내 스페인어 교육기관에는 교육 교재 및 참고 도서로 또한 한국과 스페인어권 지역 간의 외교 업무, 스페인어 통번역, 고급 스페인어 의사소통 전문가를 꿈꾸는 분들에게 필독서로 추천하고 싶다.

2021. 6. 21.

한국외국어대학교 통번역대학원 원장 한원덕

추천사

주한 과테말라 대사 마르코 치카스 소사

Seúl, 21 de junio de 2021

Distinguidos lectores:

Tengo el honor de dirigirme a ustedes en ocasión de referirme a la publicación de la colección de Español práctico, escrito por el Excelentísimo Embajador Hong Seok-Hwa, la que estoy seguro será una útil herramienta práctica y de gran apoyo en sus labores diarias, particularmente en el ejercicio de la función diplomática con interlocutores de lengua hispana.

Me viene a la memoria el año 2018, cuando tuve el privilegio de conocer a Su Excelencia, Hong Seok-Hwa, Embajador Extraordinario y Plenipotenciario de la República de Corea en Guatemala, ocasión en la que una de las primeras impresiones que dejó grabadas en mi mente, fue su fluidez y exquisitez en el manejo de la lengua de Cervantes.

Aún, hoy en día, continúo escuchando comentarios de mis colegas en el Ministerio de Relaciones Exteriores de Guatemala sobre el profesionalismo y dominio del idioma español que caracterizan al Embajador Hong, en el desempeño de su eficiente e impecable gestión diplomática, ante las autoridades y sociedad guatemalteca.

En la década de los años noventa tuve el privilegio de estudiar en la Academia

Diplomática de Costa Rica, Manuel María Peralta y recuerdo los momentos en que cursé las asignaciones de lenguaje y redacción diplomática, sin tener idea en ese momento de la importancia fundamental que tendrían en mi posterior carrera el contenido de tan importante materia.

En el mundo diplomático, la buena redacción, las buenas maneras, así como el conocimiento de los usos y costumbres del qué hacer diplomático, son inseparables del buen manejo de la pertinencia cultural y del mensaje de fondo que se desea transmitir.

Me habría servido tanto, en mi época de joven diplomático haber contado con una publicación tan meritoria, útil y pertinente como la colección que el Embajador Hong aporta, la cual es un legado de altísimo valor, que será de mucha utilidad tanto para los jóvenes, así como para los experimentados diplomáticos, al momento de realizar consultas precisas sobre el qué hacer en las comunicaciones y discursos diplomáticos.

Mi reconocimiento y gratitud hacia Su Excelencia, por permitirme dirigir unas palabras a tan distinguidos lectores, a quienes aliento a que disfruten y aprovechen el profesional, pulcro y detallado trabajo contenido en la colección de español práctico que nos ocupa.

Muy atentamente,

Marco Chicas Sosa

Embajador de Guatemala en la República de Corea

2021. 6. 21., 서울

존경하는 독자 여러분:

홍석화 대사님이 저술한 '실용 스페인어 선집' 출간에 대해 말씀드리게 된 것을 영광으로 생각합니다. 이 책은 유용하고 실용적인 도구가 될 것이며 여러분들의 일상 업무, 특히 스페인어 사용자와 외교 업무를 수행하는 데 큰 도움이 되리라 확신합니다.

2018년, 주과테말라 대한민국 특명전권대사이신 홍석화 대사님을 만나는 특권을 누렸던 때가 떠오릅니다. 그때 제 마음속에 깊게 남긴 첫인상 중 하나는 세르반테스의 언어를 다루는 그의 유창함과 섬세함이었습니다.

저는 또한 오늘날에도 과테말라 관계 당국 및 시민 사회와 효율적이고 완벽한 외교 업무를 수행하며 보여주신 홍 대사님의 프로페셔널리즘과 스페인어 구사 능력에 대해 과테말라 외교부 동료들로부터 계속 칭찬을 듣고 있습니다.

90년대에 저는 코스타리카의 외교 아카데미 마누엘 마리아 페랄타에서 공부하는 특권을 누렸는데 언어와 외교문서 글쓰기 과제를 공부한 순간이 기억납니다. 그때는 그런 주요 과목이 나중에 제 경력에서 차지할 근원적인 중요성에 대해 몰랐습니다.

외교관 세계에서 좋은 글쓰기, 좋은 매너 그리고 외교적으로 구사하는 용법과 관습에 대한 이해는 문화적 연관성과 함께 자신이 전달하고자 하는 깊은 메시지를 잘 조절하는 능력과 서로 뗄 수 없는 관계입니다.

제가 젊은 외교관 시절에 홍 대사님이 저술한 선집처럼 훌륭하고 유용하며 적절한 저서를 가지고 있었다면 저에게 많은 도움이 되었을 것입니다. 이 책은 매우 높은 가치를 지닌 귀중한 유산이며 젊은이들은 물론 경험 많은 외교관들을 위해서도 외교적 대화와 연설 시 무엇을 해야 하는지 정확히 알고 싶을 때 매우 유용할 것입니다.

훌륭하신 독자 여러분들에게 몇 마디 말씀을 전할 수 있게 해주신 대사님께 존경과 감사를 드립니다. 독자 여러분, 우리에게 전해진 이 〈실용 스페인어 선집〉에 실린 전문적이고 세련되며 섬세한 작품을 여러분들이 즐기시고 잘 활용하시기를 바라며, 여러분들을 응원합니다.

정중한 인사를 드리며,

주한 과테말라 대사 마르코 치카스 소사

책 머리에

오늘날 스페인어는 전 세계를 무대로 활약하는 기업인, 외교관, 국제기구 전문가, NGO 종사자, 자원봉사자, 거주 교민 또는 여행자들에게 라틴 문화권 시민들과 소통하는 중요한 언어이자 삶의 일부가 되고 있다. 아마도 중남미 지역의 강자들인 멕시코, 브라질, 아르헨티나, 칠레, 페루 등의 국제적 위상이 높아지는 만큼 스페인어의 중요성도 점점 더 높아질 것이다.

특히, 최근 코로나19 팬데믹이 몰고 온 글로벌 가치사슬(GVC)의 붕괴, 보호무역주의, 미-중간 경쟁 심화로 인한 글로벌 기업의 니어쇼어링 전략 등에 따라 중남미 지역은 다국적 기업들의 생산거점으로 새롭게 주목받고 있다. 아시아 지역보다 미국이나 유럽에서 가까운 지리적 이점, 풍부한 원자재, 저렴한 인건비, 높은 노동생산성 등을 감안하면 앞으로 중남미 지역의 역내가치사슬(RVC)도 더욱 확대되어 갈 것이다.

연도별로 약간의 차이는 있지만 대략 한국의 대중남미 교역액은 우리나라 전체 교역 비중에서 약 4.5% 정도를 차지하여 아직 규모가 크지는 않지만, 한국은 이들 중남미 국가들의 수입 대상국 6위, 수출 대상국 13위에 해당한다. 우리는 1988년 이래 이들과의 무역에서 꾸준한 흑자를 기록하고 있으며 지역별 교역규모 대비 흑자는 전 세계 지역 중 2위를 차지하고 있다. 특히 인프라 분야에서는 전체 수주액의 23% 이상이 중남미 지역에서 이루어지고 있을 정도로 협력이 확대되고 있으며, 우리 기업들의 첨단 기술은 매력적인 투자유치 대상이다.

우리나라는 대부분의 중남미 국가들과 1962년을 전후하여 외교관계를 맺었으나 이들과의 관계는 이보다 훨씬 더 오래전으로 거슬러 올라간다. 우리가 한국전쟁의 혼란 속에서 춥고 배고프던 시절, 많은 중남미 국가들이 우리에게 긴요한 물자와 구호품을 보내 주었다. 그 후에도 이들은 우리가 국제무대에서 외롭게 분투하던 시기에 우리 입장을 강력히 지지해 준 참으로 고마운 나라들이다. 이들 우방국가들이 정치, 경제, 사회적 불안정을 극복하고 지속적으로 성장해 나가도록 우리는 교육, 보건의료, 치안, 디지털 정부 등 다양한 분야에서 개발 협력 사업들을 진행하고 있다.

저자는 1986년 외무부 입부 이래 35년간 스페인과 중남미 각국에서 다양한 계층의 사람들을 만나면서 보고 들은 유용한 표현들을 처음 스페인어를 배우는 사람들에게 전하고 싶은 바람이 늘 있었다. 많지 않은 인력으로 여러 가지 업무를 수행하면서 스스로 적절한 스페인어 문구와 선례를 찾지 못하여 답답할 때가 많았기 때문이다. 부족한 실력이나마 뒤에 따라오는 누군가를 위해 작은 벽돌 하나를 놓아주고 싶은 심정이 우선이었다.

우리가 현장에서 마주하는 양자 및 다자외교, 무역 상담, 투자 교섭, 그리고 다양한 분야의 국제협력은 늘 긴장과 고심의 연장이다. 법과 관습, 역사, 문화 등이 전혀 다른 나라에서 자기의 입장을 이해시키고 협력을 이끌어내는 것은 모든 개인들의 특별한 노력을 필요로 한다.

저자의 경험상 라틴 문화권 사람들의 특징 중 하나는 평소에 친근한 인간적 유대를 바탕으로 대화를 통한 문제 해결을 좋아한다는 것이다. 이런 점을 염두에 두고 다양한 계기마다 상대방과 우의를 쌓아 둔다면 당면한 복잡한 문제들도 의외로 쉽게 해결할 수도 있을 것이다. 이 책은 독자들이 이런 경우를 대비해 평소에 곧바로 쓸 수 있는 다양한 사례들을 제시하였다.

책이 나오기까지 많은 분들의 도움이 있었다. 생생한 현지어를 다듬어 준 과테말라 대사관의 Gabriela, 유용한 표현에 문법 해설을 붙여준 주과테말라 무역관의 안성희 관장과 주니카라과 대사관의 주소영 전문관, 그리고 전체 내용을 감수해 주신 한원덕 한국외국어대 통번역대학원장님의 도움에 진심으로 감사를 드린다.

부끄러운 졸저를 내놓기까지 동료들의 격려가 큰 힘이 되었다. 모쪼록 오늘도 다양한 분야의 국제무대에서 쉼 없이 항해를 계속해 나가는 분들에게, 그리고 대학의 많은 학생들에게 조금이나마 보탬이 되기를 바란다.

2021년 6월

영원한 봄의 나라, 과테말라에서

이 책의 구성

이 책은 스페인어 사용국에 근무하는 외교관, 지상사 직원, 국제기구 혹은 NGO 근무자들이 현장에서 바로 쓸 수 있는 공한, 사신, 성명서, 기고문 및 연설문의 모범 사례들을 실었다. 스페인어를 이미 잘 구사하는 분들도 막상 자기 입장을 글로 전달할 때는 망설여지는 경우가 많은데 급한 경우에 쓸만한 참고가 되리라 믿는다. 또한 스페인어를 막 시작하신 분들에게는 문법서에서 배운 스페인어가 현장에서 어떻게 활용되는지 살펴보는 기회가 될 것이다.

1장에서는 일반적인 공한과 사신의 형식 및 내용을 설명하였다. 바쁜 업무로 늘 시간에 쫓기는 분들이 시의적절한 서신을 주고받는 데 도움이 될 것이다. 1인칭 공한의 경우 축하, 위로, 감사, 협조 요청 등 다양한 예문을 통해 상대 기관의 장, 회사의 중역 또는 지인들에게 특별한 감동과 인사를 전달할 수 있도록 하였다. 사신의 경우 1인칭 공한의 경우와 형식상 큰 차이는 없으나 대신 보다 자유롭게 내용을 서술할 수 있다는 점이 다르다.

이 장에서는 독자들이 좋은 예문들을 잘 이해하고 익힐 수 있도록 모범사례를 먼저 보여주고 뒤에 주요 어휘와 구문에 우리말 해석과 함께 약간의 문법적 해설을 붙였다. 간단하지만 때로는 상투적이고 함축적인 표현들을 정확히 이해할 수 있도록 하기 위해서다. 우리에게는 낯설지만 현지인들은 자주 구사하는 표현들이므로 평소에 익혀두면 좋은 참고가 될 것이다.

2장에서는 자신의 입장을 분명하게 전달하고 상대방의 협조를 끌어낼 필요가 있을 때 전달하는 성명서, Aide Mémoire, Non Paper 등에 대해 설명하였다. 한반도 정세, 대규모 테러, 동해 표기, 수출입 관련 분쟁, 세이프가드 등 민감한 문제들에 관해 우리 입장을 요령 있게 전달하고 지지를 확보하는 것은 국가나 회사에 중대한 문제가 되기도 한다.

이 장에서는 원문을 완역함으로써 독자들이 좋은 문장의 독해는 물론 우리말을 다시 스페인어로 번역해 보는 연습을 하도록 하였다. 이와 더불어 원문에서 사용된 유용한 표현들을 다른 경우에 어떻게 활용할 수 있는지 다양한 예문을 통해 다시 설명하였다. 그런 표현들에 익숙해진다면 번역은 물론 현지인을 만날 경우에도 수준 높은 어휘를 스스럼없이 구사함으로써 자신의 품격을 높이고 상대와의 관계를 긴밀히 할 수 있을 것이다.

3장에서는 개인 차원에서 작성하는 기고문에 관해 설명하였다. 국가, 회사, NGO 등 기관을 대표하는 사람은 자신이 속한 조직의 입장에 대해 주재국 사회의 관심과 호응을 이끌어 내기 위하여 방송 매체들과 인터뷰를 하거나 신문에 기고를 한다. 특히 신문은 오래 남는 자료이기 때문에 잘 활용한다면 주재국 국민들과 특별한 우호 관계를 만들 수 있다.

기고문의 경우에도 본문을 완역해 놓음으로써 독자들이 다시 스페인어로 번역해 보는 연습을 하도록 하였다. 더불어 함축적이거나 우리에게 익숙하지 않은 표현들 또는 현지인들이 우리와 약간 다른 의미로 사용하는 표현들을 예문으로 설명하였다. 특히 단문보다는 다양한 관계사들을 동원해 문장을 부드럽게 연결하는 복문들을 가급적 많이 예시로 덧붙였는데 스페인어의 아름다움과 매력을 느낄 수 있도록 하기 위함이다.

4장에서는 각종 행사 시 주최자 또는 기조연설자로서 하는 연설문에 대하여 설명하였다. 행사 내용 및 청중의 수준에 맞는 주제를 잘 연결하여 감동을 이끌어내는 일도 개인의 특별한 노력을 필요로 한다. 처음엔 어색하더라도 진솔한 마음을 담아 전달하다 보면 청중의 호응을 받을 수 있게 된다.

이 장에서는 독자들이 예문을 보면서 실제처럼 연설을 해 보는 연습을 할 수 있도록 주석과 구문 해설을 각주로 통합하였다. 지면을 감안하여 저자의 연설 중 특징적 행사로 한정하고, 그 연설 중에서도 중요 부분만 발췌하였음을 밝혀 둔다.

1장에서 4장까지 이 책에 인용한 원문과 예문들을 독자들이 수시로 큰 소리로 읽어보는 연습을 한다면 표현을 숙달하는 데 많은 도움이 될 것이다. 모쪼록 스페인어를 공부하는 모든 분들이 현장 분위기를 느껴가면서 유용한 어휘를 늘려가는 데 도움이 되기를 바란다.

목 차(Contenido)

I

서한

Notas Oficiales y Cartas Personales

각국에 주재하는 외교사절이나 국제기구, 상사의 법인 대표들은 자신들의 입장이나 정보를 전달하기 위해 3인칭으로 된 공한 또는 1인칭으로 된 기관장 명의의 서한을 주재국 정부, 경제단체, 언론사, 시민단체 등과 수시로 교환한다. (3인칭으로 된 공한에는 구술서, 회람, 각서 등이 있는데 이 책에서는 가장 많이 활용하는 구술서에 대하여 설명한다.)

주재국 정부와 외교사절 간에 공식적으로 필요한 정보를 수발신할 때는 주로 구술서(Nota Verbal) 형식의 서한을 보낸다. 그러나 해당 기관장에게 각별한 안부와 함께 축하, 감사, 위로 또는 협조 요청 의사를 전할 때에는 공적이되 1인칭으로 된 사신 형식의 서한을 보내는 것도 좋다.

해외에 진출한 한국 기업의 법인장 또는 국제기구 대표자는 아래에서 예시로 제시하는 1인칭 공한 및 사신을 참조하여 자신의 상황에 맞게 서신을 작성하면 될 것이다. 또 일반 개인들도 이에 준하여 작성하되 필요시 신변 담화나 개인 정보를 추가하면 좋을 것이다.

사신 형식을 취할 때에는 필요한 정보 외에도 상대방에 대한 호의를 적절한 표현으로 잘 전달함으로써 서로 간의 우의를 증진하는 계기로 삼을 수 있다. 진솔한 마음이 담긴 한 장의 편지는 백 마디의 말보다 오랫동안 큰 울림을 주고, 간혹 서먹한 관계를 돈독하게 해주는 계기가 되기도 한다. 이런 편지는 개인에게도 큰 추억과 함께 무형의 자산이 된다.

매일 쌓여가는 산적한 업무 속에서 고급스럽고 세련된 언어를 구사하는 것은 개인에게 특별한 노력을 요구하는 지난한 작업이지만, 자신의 품격을 유지하면서도 상대방의 긴밀한 협조를 확보하기 위해 반드시 필요한 일이기도 하다.

1 구술서

Nota Verbal

외교사절이 업무상 주고받는 3인칭 공식 서한을 스페인어로는 Nota Verbal(영어로 Note Verbal)이라고 하며, 우리는 보통 구술서 또는 구상서라고 한다.

Nota Verbal의 내용은 부임 인사부터 신임장 사본 제출, 특사 파견 통보, 면세 통관 요청, 주요 인사 면담 요청, 국제기구 입후보 지지 요청, 국제적 이슈에 관한 자국 입장 전달, 주재국 내 자국 교민들의 안전 확보, 국경일 행사 초청, 문화행사 초청 및 홍보 등 매우 다양하다.

외교사절 간에는 전화, 비공식 면담 또는 우연한 조우를 통해 정보를 주고받거나 서로 간의 입장을 조율하기도 하나 공식적인 것은 반드시 공한을 통해 전달해야 한다. 우리 측의 공식 입장을 전달하는 것인 만큼 그 내용을 정중하면서도 명확하게 나타내는 것이 매우 중요하다.

또한, Nota Verbal은 기관 간의 입장이나 정보를 전달하는 것이므로 3인칭을 사용하며 정식 서명 대신 하단 오른쪽에 발신자의 이니셜을 하고 관인을 찍어 발송한다. 어떤 언어로 작성하던 거의 비슷한 형식이 있고 자주 사용하는 상투적인 문구가 있다.

아래 2개의 예문에서는 Nota Verbal의 형식을 보여주고, 이하 ◆ 표시한 작은 예문들에서는 일반적으로 자주 사용되는 표현들을 인용하였다. 또 그 아래 ▷ 표시 부분에서는 인용된 표현들의 해석과 약간의 문법적 설명을 붙였다.

KNI 03/00

발신지 이름, 6 de enero de 0000

La Embajada de la República de 000 saluda muy atentamente al Honorable Ministerio de Relaciones Exteriores de la República de 000, Despacho del Ministro, en ocasión de referirse a la nueva provocación y desafío a la comunidad internacional, con la cuarta prueba nuclear, realizada por Corea del Norte, hoy 6 de enero del 0000.

Ante esta nueva amenaza a la estabilidad y a la paz, para la referencia de ese Honorable Ministerio, esta Misión adjunta el comunicado sobre la posición oficial del Gobierno de la República de 000.

La Embajada de la República de 000 reitera al Honorable Ministerio de Relaciones Exteriores de la República de 000, Despacho del Ministro, las seguridades de su más alta y distinguida consideración.

Adjunto: lo indicado

Cc: Dirección para Japón, China y República de 000
Dirección de Organismos Multilaterales

KGU/411/00

발신지 이름, 24 de septiembre de 0000

La Embajada de la República de 000 saluda muy atentamente al Honorable Ministerio de Relaciones Exteriores - Dirección General de Protocolo y Ceremonial Diplomático - y tiene el honor de informar que esta Misión, con el apoyo de ese Ministerio, llevará a cabo un Seminario sobre la política pacífica para la reunificación de Corea, el martes, 15 de octubre de 0000, de 10:00 a 12:00 horas, en el Salón Roble de la Cancillería.

Al respecto, dada la importancia del tema, esta Misión tiene el agrado de invitar a los funcionarios de ese Ministerio que deseen asistir, agradeciéndoles su valiosa confirmación a los correos: —— y/o —— más tardar el 10 de octubre de 0000.

La Embajada de la República de 000 aprovecha la oportunidad para reiterar al Honorable Ministerio de Relaciones Exteriores – Dirección General de Protocolo y Ceremonial Diplomático – las muestras de su más alta y distinguida consideración.

C.c. Dirección General de Relaciones Internacionales Multilaterales
Dirección General de Relaciones Internacionales Bilaterales

가 / 작성 시 유의사항

- 구술서(Nota Verbal)의 형식은 위의 예문들과 같다. 제목은 쓰지 않으며, 기관명으로부터 3줄 내려서 왼쪽에서 시작한다. KNI 03/00은 0000년에 대사관이 발송한 공한의 일련번호(03)이다.
- 3인칭 공한은 수신인을 명기하지 않는다. 또, 발신자의 서명 대신 오른쪽 하단에 이니셜을 한다.
- 발신 날짜는 본문 끝줄에서 6줄을 띄우고 왼쪽부터 발신지 명, 일, 월, 연도순으로 쓴다. 전통적으로 왼쪽 하단에 표기하였으나, 최근에는 오른쪽 상단에 표기하는 경우가 더 많다.
- 전에 발송한 문서와 관련된 것임을 언급할 때는 ", con referencia a la nota KNI 02/00," 와 같이 서두에 언급해 준다.
- Nota Verbal의 내용이 외교부 내 여러 부서에서 검토되어야 할 필요가 있을 때는
  "Cc: Dirección para Japón, China y República de Corea
  Dirección de Organismos Multilaterales"와 같이 표시하고 사본을 배포하면 된다.
- 공한에 첨부하는 문서가 있을 때는 "Adjunto: lo indicado"와 같이 첨부물이 있음을 표시해 주어야 한다.

일러 두기

각국의 외교부는 그 기능과 명칭이 상이하다. 그러나 같은 기능을 하면서도 나라마다 아래와 같이 다른 명칭을 쓰기도 한다.

- Ministerio de Relaciones Exteriores: 우리나라 및 대부분의 나라
  과거 외교부가 외교통상부였던 기간에는 " y Comercio"를 붙였다.
- Secretaría de Relaciones Exteriores: 멕시코
- Ministerio de Asuntos Exteriores: 스페인

나 / 유용한 표현들

◆ **La Embajada de la República de 000 saluda muy atentamente al Honorable Ministerio** de Relaciones Exteriores de la República de 국가 이름, y tiene el honor de referirse a ——

▷ La Embajada de la República de 000 saluda muy atentamente al Honorable Ministerio 000 대사관은 —— 외교부에 정중한 인사를 전달하면서

위와 같이 누구에게 보내는 문서인지를 명시하며, 필요시 담당 부서명을 국가 이름 뒤에 삽입할 수 있다.

예), Dirección General de Relaciones Internacionales Bilaterales,

◆ —— **tiene el honor de informar** que el Honorable Dr. 000, Director General de la Oficina de Información y Asuntos Internacionales del Servicio de Aduanas de 000, viajará a 000 en este mes de abril.

▷ tiene el honor de informar —— 이하를 알려드리는 바입니다

◆ La Embajada de la República de 000 saluda muy atentamente al Honorable Ministerio de Relaciones Exteriores de la República de 000, Despacho del Ministro, **en ocasión de referirse a la nueva provocación y desafío a la comunidad internacional.**

▷ en ocasión de referirse a la nueva provocación y desafío a la comunidad internacional 국제사회에 대한 새로운 도발과 도전에 대해 언급하는 기회에

◆ **Al respecto,** la Embajada **remite al Honorable Ministerio de Relaciones Exteriores de la República de 000 el comunicado** sobre **la posición oficial del Gobierno de la República de 000, ante esta nueva amenaza a la estabilidad y a**

la paz de la comunidad internacional.

▷ Al respecto, 이와 관련하여,

▷ remite al Honorable Ministerio de Relaciones Exteriores de la República de 000 el comunicado 귀 외교부에 성명서를 전달합니다

▷ la posición oficial del Gobierno de la República de 000, ante esta nueva amenaza a la estabilidad y a la paz de la comunidad internacional. 국제사회의 평화와 안정에 대두된 새로운 위협에 대한 00 정부의 공식 입장.

◆ **Dada la importancia del tema**, esta Misión **tiene el agrado de invitar a los funcionarios de ese Ministerio que deseen asistir, agradeciéndoles su valiosa confirmación a los correos**: —— y/o —— a más tardar el 10 de octubre de 0000.

▷ Dada la importancia del tema 동 문제의 중요성을 감안하여

과거분사를 활용해 이유, 완료된 상태 등을 나타내는 부사구를 만들 수 있다.

▷ tiene el agrado de invitar a los funcionarios de ese Ministerio que deseen asistir, agradeciéndoles su valiosa confirmación a los correos 참석을 희망하는 귀 외교부 직원들을 정중히 초청코자 하며 이메일로 확인하여 주신다면 감사하겠습니다

◆ En tal sentido, el **Ministerio de Relaciones Exteriores desea consultar** la **viabilidad de una visita** del Ministro de Relaciones Exteriores de 000 a 000 los días 6 y 7 de septiembre, **fechas en las cuales este Ministerio propone** la realización de la III Comisión Mixta de Cooperación Económica y Técnica entre los dos países.

▷ Ministerio de Relaciones Exteriores desea consultar 외교부는 ——에 대하여 문의코자 합니다

▷ viabilidad de una visita 방문 (실현) 가능성

▷ fechas en las cuales este Ministerio propone 외교부가 제안하는 날짜

관계대명사 cual(성수 변화 필요)을 사용해 선행사를 수식한다.

◆ Este foro **contará con la participación** de empresas coreanas y 000 que sobresalen **en el ramo de la Responsabilidad Social Empresarial, dispuestas a compartir sus experiencias** en el tema. Al respecto, esta Misión Diplomática **se complace en extender una cordial invitación** a esa Asociación para que la acompañe en este foro **que se llevará a cabo** el miércoles 14 de agosto de 0000 en el salón El Dorado del Hotel Barceló. **Se adjunta una copia** del programa para la referencia de ese Ministerio.

▷ contará con la participación 참석이 기대됩니다
= tendrá la participación de
미래 시제를 사용해 가능성, 희망 등을 표현할 수 있다.

▷ en el ramo de la Responsabilidad Social Empresarial, 기업의 사회적 책임 분야에서,

▷ dispuestas a compartir sus experiencias 경험을 공유할 준비가 된

▷ se complace en extender una cordial invitación 기꺼이 정중한 초청장을 전달하는 바입니다

▷ que se llevará a cabo ——에서 거행될

▷ Se adjunta una copia 사본을 첨부합니다

◆ En este sentido, **dada la visita del Dr. Hong,** esta Misión agradecerá las **gestiones necesarias** para concretar una reunión con el Honorable Señor Werner Ramírez, **de ser posible,** en horas de la mañana del 22 de abril, **a la hora que más le convenga.**

▷ , dada la visita del Dr. Hong, 홍 박사님의 방문과 관련하여,
과거분사를 활용해 이유, 상황 등을 나타내는 부사구를 만들 수 있다.

▷ gestiones necesarias 필요한 조치를

▷ , de ser posible, 가능하다면

▷ a la hora que más le convenga 귀측이 편리한 시간에
가정적 의미를 표현하기 위해 접속법을 사용하고 있다.

◆ Nota Verbal의 결구는 주로 'La Embajada de la República de 000 **saluda muy atentamente al Honorable Ministerio de Relaciones Exteriores de la República de 000 y reitera las seguridades de su más alta y distinguida consideración.**'과 같은 상투적(외교 관용) 문구로 끝을 맺는다.

▷ saluda muy atentamente al Honorable Ministerio de Relaciones Exteriores de la República de 000 y reitera las seguridades de su más alta y distinguida consideración —— 국 외교부에 정중한 인사를 드리며 다시 한번 최고의 존경을 표하는 바입니다

◆ La Embajada de la República de 000 **aprovecha la oportunidad para reiterar al Honorable Ministerio de Relaciones Exteriores - Dirección General de Protocolo y Ceremonial Diplomático - las muestras de su más alta y distinguida consideración.**

▷ aprovecha la oportunidad para reiterar al Honorable Ministerio de Relaciones Exteriores - Dirección General de Protocolo y Ceremonial Diplomático - las muestras de su más alta y distinguida consideración. 이 기회를 빌려 외교부 의전 행사국에 최고의 경의를 표하는 바입니다.

◆ La Secretaría de Relaciones Exteriores –Dirección General para la Organización de las Naciones Unidades- **queda en espera de la respuesta** que la Embajada de la República de 000 **tenga a bien brindar a esta solicitud** y aprovecha la oportunidad para reiterar las seguridades de su más atenta y distinguida consideración.

▷ queda en espera de la respuesta 응답을 대기하고 있습니다

▷ tenga a bien brindar a esta solicitud 요청을 전달하면서

불확실하거나 가정적 의미를 지닐 때는 접속법을 사용한다.

◆ La Embajada de la República de 000 queda en espera de **la respuesta que ese Ministerio le brinde a esta solicitud** y aprovecha la oportunidad para reiterar las seguridades de su más atenta y distinguida consideración.

▷ la respuesta que ese Ministerio le brinde a esta solicitud 외교부가 이 요청에 대하여 주시는 답

역시 가정적 의미를 담아 접속법을 사용한다.

일러 두기

'정중한 인사를 드리며'의 뜻으로 자주 쓰는 문구들은 아래와 같은 것들이 있다.

- saluda muy atentamente y reitera las seguridades de su más alta consideración
  정중한 인사를 드리며 최고의 경의를 반복하는 바입니다
- halla propicia esta ocasión para renovar las seguridades ...
  이 기회를 빌려 ——를 새롭게 하기 위해
- hace propicia la ocasión para reiterar ...
  이 기회에 ——를 반복하고자
- se vale de esta oportunidad para reiterar ...
  이 기회를 이용하여 ——를 새롭게 하고자
- aprovecha la oportunidad para reiterar ...
  상동

2 1인칭 공한과 사신

Cartas Oficiales y Personales

해외 주재 대사관이나 상사에서는 주재국의 독립기념일, 중요 인사의 취임, 상대 회사의 창립기념일 또는 업무상 가까운 지인의 생일 등에 축하 인사를 전달할 때가 많다.

어느 경우이든 상대에게 적절한 예우를 갖춘 서한을 보냄으로써 양 기관 간 또는 개인 간 관계를 더욱 가깝고 따뜻하게 하는 기회를 만들 수 있다. 이때에도 일정한 형식을 갖추어야 한다. 예우를 갖추지 못한 편지는 상대에게 축하의 뜻보다 오히려 불쾌감을 줄 수도 있기 때문이다.

또한, 평소 친밀한 관계를 가진 상대방이 어려움을 당했을 때는 위로를 담아 서한을 보내거나 조화와 함께 위로 메시지를 보낸다면 큰 위안이 되며, 상대의 기억에 오랫동안 남을 수 있다. 개인과 마찬가지로 한 나라가 국가적 위기 또는 절망에 처했을 때 국제사회가 보내는 위로는 큰 힘이 될 뿐만 아니라 그 국민들에게도 마음을 함께하는 우방국으로 오래오래 기억된다.

축하나 위로 인사, 선물 또는 중요 행사 참석에 대한 감사 인사 표시는 우리의 품격을 갖추는 데는 물론 서로 친밀한 관계 형성을 위해서 매우 중요하다. 그런데 사실 기관의 장으로서 보내는 1인칭 공한이나 개인적 차원에서 보내는 사신이 형식 면에서 큰 차이는 없다. 기업의 법인장 또는 국제기구 대표자는 아래에서 예시로 제시하는 1인칭 공한을 그대로 참조하면 될 것이고, 개인 차원의 사신도 이를 모범으로 삼아 유사하게 작성하면 될 것이다.

해외에 주재하다 보면 예상치 않은 일을 당하여 자주 주재국 정부나 주요 기관들에게 업무상 협조를 요청하게 된다. 대개 우리의 입장을 전달하거나 한국 기업 또는 교민들의 어려움을 해결하는 데 해당 기관의 도움을 요청하는 경우인데, 국가 간 정치, 경제, 문화교류가 확대될수록 이런 사례가 더욱 많아질 것이다.

이 장의 목적은 다양한 예문과 모범적 표현들을 제시하는 데 있기 때문에 상세한 문법 설명은 생략하였다.

가 / 작성 시 유의사항

- 아래 예문에서와 같이 1인칭 공한은 원래 보내는 취지는 공적인 목적에서 출발할지라도 상대에게 개인적 인사를 전하는 것이므로 사신 형식을 취한다.
- 1인칭 공한에는 제목이나 문서번호를 쓰지 않으며, 일자는 기관명에서 3줄을 띄우고 오른쪽에 발신지 명, 일, 월, 연도순으로 적는다.
- 수신자는 발신 일자에서 2줄을 띄우고 상단 왼쪽에 표시하나 하단 왼쪽에 표기하기도 한다. (영미권 나라들은 위에, 국제기구나 유럽권 국가들은 아래에 표기하는 것이 관례였으나 최근에는 혼용하고 있다.)
- 수신자의 존칭은 지위에 맞는 적절한 호칭을 찾아 적도록 하되 Excmo.같은 약자보다는 Excelentísimo같은 정자를 써야 한다.
  - ▷ Excelentísimo Señor
  - ▷ Señor Don(D. 아님) Luis Alvarado
  - ▷ Estimada Señorita(Srita. 아님)
- 인사말의 서두는 Señor Presidente Electo, 또는 Excelentísimo Ministro처럼 직위나 직책을 표시한다. 호칭 끝에 과거에는 ':'을 찍었으나 최근에는 ','를 찍는다.
- 1인칭 공한이되 비공식적으로 더욱 친근한 느낌을 주고자 할 때는 본문 끝에서 3줄을 띄우고 왼쪽에서 25타를 띄운 다음 'Atentamente, Cordialmente' 등의 인사말을 쓰고 ','를 찍는다.

- 1인칭 공한의 서명은 본문 끝에서 보통 5~8줄을 띄우고 왼쪽에서 30타를 띄워 성명과 직위를 적은 후 그 위에 서명한다.
- 수신자의 직책과 지위에 따라 아래와 같은 표현도 쓴다.

→ Vuestra Excelencia, (대통령, 장관, 대사급 인사)

→ Su Majestad, Su Alteza Real (국왕에게 주로 쓴다)

→ Honorable Diputado, (국회의원 또는 기타 중요 인사)

→ Respetable Señor, (특별한 상대에게 존중을 표하고자 할 때)

→ Distinguido Señor, (잘 알지는 못하나 존중을 표할 때)

→ Estimado Colega, (같은 회원이거나 같은 직업에 속해 있을 때)

→ Su Eminencia, (가톨릭교의 추기경에 대한 인사)

나 / 다양한 사례들

A. 축하 서한(Notas oficiales y personales de felicitaciones)

• 1인칭 공한

발신지 이름, 18 de enero de 0000

Excelentísimo Señor Ministro,

Por medio de la presente, deseo extenderle mis más sinceras felicitaciones por su reciente nombramiento como Ministro de Relaciones Exteriores para un nuevo período, asimismo le expreso mis votos de éxito personal y prosperidad para el ministerio que dignamente dirige.

Señor Ministro, quisiera hacer mención que entre 000 y 000 siempre ha habido una larga trayectoria de amistad, historias y similitudes tales como la invasión extranjera, guerras civiles, pobreza, entre otras. Nuestras dos naciones compartimos valores universales, tales como la democracia, los derechos humanos, la libre economía, la equidad de género, la lucha antiterrorismo, etc.

Espero que los lazos de amistad y cooperación entre nuestras dos instituciones se fortalezcan y hago propicia la ocasión para reiterarle las muestras de mi más alta y distinguida consideración.

Atentamente,

Hong Kil-dong
Embajador

Excelentísimo Señor
Luis Gonzalez
Ministro de Relaciones Exteriores

• 사신

발신지 이름, 30 de noviembre de 0000

Honorable Señor
Cesar Augusto Lacayo
Presidente
Grupo CALSA
Su despacho

Honorable Señor Lacayo:

Tengo el agrado de dirigirme a usted en ocasión de saludarlo y felicitarlo por cumplirse el 80º Aniversario de la fundación del Grupo CALSA.

Sin duda, estos 80 años de trayectoria empresarial seguirán fortaleciendo el desarrollo económico de 000, a través de la creación fuentes de empleo, trabajo loable, entrega y dedicación que demuestran su amor por este bello país.

Termino agradeciéndole que haga extensiva esta felicitación a todos los miembros de tan prestigioso consorcio y aprovechando la oportunidad para reiterarle las muestras de mi más alta y distinguida consideración.

Atentamente,

Hong Kil-dong
Grupo ABC

• 사신

발신지 이름, 31 de Enero de 0000

Honorable Señora
Mercedes Deshon
Directora
Grupo Deshon y Cía.
Su despacho

Honorable Señora Deshon,

Tengo el agrado de dirigirme a usted para saludarla y extenderle mis más sinceras felicitaciones por su elección como Directora de la Cámara de Comercio Americana–000, Amcham.

Desde ya le auguro éxitos en todo lo que se proponga y tengo fe en que su labor contribuirá a la institución, al país y a las relaciones comerciales entre ambos países.

Aprovecho la oportunidad para reiterarle las muestras de mi más alta y distinguida consideración.

Atentamente,

Hong Kil-dong
Grupo ABC

• 사신

발신지 이름, 18 de junio de 0000

Honorable Señor Alcalde,

Tengo el honor de dirigirme a usted en ocasión de expresarle mis más sinceras felicitaciones por su elección como Alcalde Metropolitano de 000.

Estoy seguro que bajo su liderazgo, la Municipalidad seguirá alcanzando importantes resultados de desarrollo económico y social, necesarios para enfrentar los retos del crecimiento de esta bella ciudad.

Aprovecho la oportunidad para presentar a Vuestra Excelencia las seguridades de mi más alta y distinguida consideración.

Atentamente,

Hong Kil-dong
Presidente local del Grupo 000 de Corea

Al Honorable Señor
Ricardo Quiñonez
Alcalde Metropolitano
Ciudad de 000

a. 축하 서신의 유용한 표현

- **Por medio de la presente**, deseo extenderle mis más sinceras felicitaciones **por su reciente nombramiento como Ministro** de Relaciones Exteriores **para un nuevo período, asimismo le expreso mis votos de éxito personal y prosperidad para el ministerio que dignamente dirige.**

  ▷ Por medio de la presente 이 서한을 통해

  ▷ por su reciente nombramiento como Ministro 최근 장관으로 임명되심에

  ▷ para un nuevo período, 새로운 임기를 위한,

  ▷ asimismo le expreso mis votos de éxito personal y prosperidad para el ministerio que dignamente dirige. 귀하 개인의 성공과 귀하께서 이끄시는 부처의 발전을 성원합니다.

- **Me honra dirigirme a Su Excelencia** para expresarle, **en nombre del Gobierno y del pueblo de la República de 000**, mis sinceras felicitaciones por ——

  ▷ Me honra dirigirme a Su Excelencia 영광스럽게도 각하께
  Gustar와 같은 역동사처럼 사용되었다. 문맥상 주어를 간접목적어를 사용해 표현한다.

  ▷ en nombre del Gobierno y del pueblo de la República de 000 000 정부와 국민들의 이름으로

- Por medio de la presente misiva, deseo extenderle mis más sinceras felicitaciones **a su persona**, las cuales hago extensivas al Grupo CALSA y a todos sus colaboradores **por cumplir el 80 aniversario de su fundación**, creando oportunidades para 000, 80 años de **trayectoria empresarial loable, dedicación y mucho amor a este bello país, en todo momento de su historia moderna**.

  ▷ a su persona 귀하 본인과

  ▷ por cumplir el 80 aniversario de su fundación 귀 협회 창립 80주년에 대해

▷ trayectoria empresarial loable, dedicación y mucho amor a este bello país, 회사 차원의 괄목할 성공, 헌신 그리고 이 아름다운 나라에 대한 사랑,

▷ en todo momento de su historia moderna 현대사의 모든 순간에

◆ Por medio de la presente, deseo extenderle mis sinceras felicitaciones a su persona y **al Grupo Deshon y Cía, por su elección como Directora de la Cámara de Comercio Americana-000**, Amcham.

▷ al Grupo Deshon y Cía, 'Deshon y Cía' 그룹에게

▷ por su elección como Directora de la Cámara de Comercio Americana-000 미국-000 상공회의소 이사로 선임된 것을

◆ Estoy seguro que **bajo su liderazgo**, la Municipalidad seguirá alcanzando importantes resultados de desarrollo económico y social, **necesarios para enfrentar los retos del crecimiento de esta bella ciudad**.

▷ bajo su liderazgo 귀하의 영도 하에

▷ necesarios para enfrentar los retos del crecimiento de esta bella ciudad 이 아름다운 도시의 발전이라는 목표 달성에 필요한

◆ **Tengo la certeza de que, bajo su excelente liderazgo, 000 seguirá logrando el desarrollo de la democracia y la prosperidad económica. Asimismo**, espero que las **relaciones de cooperación sustancial** entre nuestras dos naciones **se promuevan aún más durante su mandato**.

▷ Tengo la certeza de que 확신을 가지고 있습니다

▷ bajo su excelente liderazgo 귀하의 훌륭한 지도력 하에

▷ seguirá logrando el desarrollo de la democracia y la prosperidad económica 민주주의와 경제적 번영을 계속 달성할 것을

▷ Asimismo ——와 함께

asimismo는 '~와 함께, ~ 역시' 등 también의 의미로 사용한다. Así mismo로 쓰기도 하지만 asimismo로 붙여 사용하는 것이 원칙이다. 다만, '동일한 방법으로, 동일한 형태로'의 의미를 가질 때는 así mismo로 표기한다.

▷ relaciones de cooperación sustancial 실질 협력 관계가

▷ se promuevan aún más durante su mandato 재임하시는 동안에 더욱 증진되기를

aún을 사용해 más를 더욱 강조하고 있다.

◆ **Espero que los lazos de amistad y cooperación se fortalezcan** entre nuestras dos instituciones y **hago propicia la ocasión** para reiterarle las **muestras de mi más alta y distinguida consideración.**

▷ Espero que los lazos de amistad y cooperación se fortalezcan 우호 협력관계가 강화되기를 바라면서

주절의 희망(espero)을 표현하기 위해 종속절에서는 접속법(fortalezcan)을 사용하고 있다.

▷ hago propicia la ocasión 이 기회를 빌려

▷ muestras de mi más alta y distinguida consideración 저의 최고의 경의를 표하며

◆ Con la certeza de que bajo su excelente liderazgo 000 **seguirá logrando un continuo desarrollo**, hago propicia la ocasión para formularle mis mejores votos **por su ventura personal y la prosperidad eterna de su país.**

▷ seguirá logrando un continuo desarrollo 지속적인 발전을 이루기를

미래의 행위이지만 certeza와 함께 미래에 대한 확신을 나타내기도 한다.

▷ por su ventura personal y la prosperidad eterna de su país 귀하의 건안과 귀국의 영원한 번영을

◆ **Aprovecho la ocasión** para **extender mis sinceros saludos y deseos de éxito en**

sus funciones y hago propicia la ocasión para reiterarle las muestras de mi más alta y distinguida consideración.

▷ Aprovecho la ocasión 이 기회를 빌려

▷ extender mis sinceros saludos y deseos de éxito en sus funciones 저의 심심한 안부와 귀하의 성공을 기원하는 인사를 전합니다

◆ Espero que el Grupo CALSA cumpla muchos años más, **que fortalezca su firme puesto de empresa ejemplar** en 000, que **fortalezcamos los lazos de amistad entre nuestras dos instituciones.** Por último, hago propicia la ocasión para reiterarle las muestras de mi más alta y distinguida consideración.

▷ que fortalezca su firme puesto de empresa ejemplar 모범적 기업으로의 위치가 강화되기를

주절의 희망(espero)을 표현하기 위해 종속절에서는 접속법(fortalezca)을 사용하고 있다.

▷ fortalezcamos los lazos de amistad entre nuestras dos instituciones 우리 양 기관 간 우호와 협력이 강화되기를

위와 마찬가지로 접속법을 이어가고 있다.

◆ Al extender a Su Excelencia **mis más sinceras felicitaciones por tan honrosa designación**, me valgo de la ocasión para expresarle las seguridades mi más alta y distinguida consideración.

▷ mis más sinceras felicitaciones por tan honrosa designación 영광스러운 임명에 대한 저의 진심 어린 축하 인사를

◆ Reciba, con mi agradecimiento, el testimonio de mi respetuosa consideración.

저의 감사와 존경을 받아주시기 바랍니다.

친근한 사이에는 명령형을 사용하기도 한다.

◆ Reciba el testimonio de mis sinceros y afectuosos sentimientos, con saludos.

저의 따뜻하고 진솔한 마음을 받아주세요.

◆ Acepte, Excelencia, las seguridades de mi más alta consideración.

각하, 저의 경의를 받아주시기 바랍니다.

TIp! Tip!

» 1인칭 서한에서 '정중한 인사를 드리며'의 뜻으로 tengo el honor를 자주 쓴다.

→ **Tengo el honor** de saludarlo muy atentamente y dirigirme a Vuestra Excelencia para comunicarle que ...

→ **Tengo el honor** de transmitir al Ministerio de Asuntos Exteriores la solicitud del ...

쉬어 가기

간혹 상대방의 취임, 결혼, 생일 등에 축하 화환을 보낼 때는 자기 기관의 엠블럼(문장)이 찍힌 메모지에 간단한 축하 문구를 적고 이를 작은 봉투 속에 넣은 다음 화환 속에 넣어 보내기도 한다.

나라에 따라서는 남성이 남성에게 화환을 보내면 동성연애를 표시하는 것으로 오해를 할 수도 있으므로 포도주, 치즈, 견과류 등을 꽃과 섞어서 바구니로 만들어 보낸다. 반대로 여성의 경우는 관례상 큰 오해는 없는 것 같다.

B. 위로 서한(Cartas oficiales y personales de condolencias)

• 1인칭 공한

발신지 이름, 18 de abril de 0000

Excelentísima Embajadora Buenaño,

En nombre del Gobierno de la República de 000, del pueblo 000 y del mío propio manifestamos nuestras condolencias y sentido pésame al Gobierno y pueblo de 000 por las víctimas del reciente terremoto que afectó a su país, dejando luto y destrucción.

Nuestro corazón y solidaridad están con su pueblo y con las familias afectadas en estos momentos de dolor y tragedia nacional. Que el Señor bendiga y fortalezca al pueblo de 000 para salir adelante.

Hago propicia la ocasión para reiterarle las muestras de mi más alta y distinguida consideración.

Atentamente,

Hong Kil-dong
Embajador Extraordinario y Plenipotenciario

Excelentísima Señora
Aminta Buenaño
Embajadora de 000
수신지 이름, 000

• 조문록

Honorable Señora Maria Dogu,

En nombre del Grupo 000 y del mío propio manifestamos nuestras condolencias y sentido pésame a la familia de la Señora 000 quien pasó a la presencia del Señor.

Nuestro cariño y solidaridad están con la familia de la Señora 000, en estos momentos de dolor y luto.

Aprovecho la oportunidad para reiterarle las muestras de mi más alta y distinguida consideración.

Hong Kil-dong
Presidente local del Grupo 000 de Corea

도시 이름, 19 de abril de 0000

• 부고

El día 19 de agosto de 0000
Descansó en los brazos del Señor
Gamaliel Enrique Alvarado

FUNDADOR DE LAS RECONSTRUCTORAS DE MOTORES, S. A.

Lo participan con profundo dolor sus hijos
Edwin Enrique y Fernando Enrique

Fue un gran ejemplo como ser humano, consejero y amigo, nunca olvidaremos sus palabras y momentos compartidos dentro y fuera de nuestra empresa.

El cortejo fúnebre se realizará el viernes 21 del presente año en cementerio Las Flores, 000

"No se ha ido para siempre... solamente se adelantó a un lugar donde no hay tiempo, donde el amor es eterno"

Que en paz descanse Gamaliel Enrique

도시 이름, agosto de 0000

a. 위로 서한의 유용한 사례

◆ En nombre del Gobierno de la República de 000, del pueblo 000 y del mío propio manifestamos **nuestras condolencias y sentido pésame** al pueblo de 000 y a la familia de la Señora 000 **quien pasó a la presencia del Señor**.

▷ nuestras condolencias y sentido pésame 우리들의 깊은 슬픔과 애도를

▷ quien pasó a la presencia del Señor 주님의 품으로 돌아가신

◆ En nombre del Gobierno de la República de 000, del pueblo 000 y del mío propio manifestamos nuestras condolencias y sentido pésame al Gobierno y pueblo de 000 **por las víctimas del reciente terremoto que afectó a su país, dejando luto y destrucción**.

▷ por las víctimas del reciente terremoto que afectó a su país, dejando luto y destrucción 최근 귀국에서 발생한 지진으로 파괴되어 슬픔에 잠긴 희생자들에게

현재분사를 통해 상태를 나타낼 수 있다.

◆ Por este medio, **deseo expresarle mis condolencias a usted**, a su Gobierno y a su pueblo, **por las víctimas del terremoto** que afectó al centro de 000, el 23 de agosto, y que ha traído luto y destrucción.

▷ deseo expresarle mis condolencias a usted 귀하께 저의 위로를 드립니다

▷ por las víctimas del terremoto 지진 피해자들에게

◆ Nuestro corazón y solidaridad están con su pueblo y con las familias afectadas **en estos momentos de dolor y tragedia nacional**. Que el Señor bendiga y fortalezca al pueblo de 000 para salir adelante.

▷ en estos momentos de dolor y tragedia nacional 이 국가적 고통과 슬픔의 순간에

◆ Que **el Señor bendiga al pueblo** y familias de 000.

▷ el Señor bendiga al pueblo 국민들에게 신의 축복이 있기를
Que 앞에는 Espero, Ojalá 등이 생략되어 있으며 주어의 희망을 나타내기 때문에 접속법을 사용한다.

◆ Que el Señor bendiga al pueblo y familias 000 para que **haya paz y prosperidad siempre**.

▷ haya paz y prosperidad siempre 영원한 평화와 번영이 깃들도록

◆ Que **su alma descanse en la paz del Señor**.

▷ su alma descanse en la paz del Señor 영혼이 주님의 가호 속에 안식하기를

◆ Que el Señor bendiga, **fortalezca y acompañe al pueblo de 000**.

▷ fortalezca y acompañe al pueblo de 000
주님이 000 국민들에게 힘을 주시고 함께하시기를

◆ En nombre del Gobierno de la República de 000, del pueblo 000 y del mío propio presentamos **nuestras condolencias y nuestro más sentido pésame** al Gobierno y pueblo de 000 por las **víctimas de las recientes catástrofes naturales** que, a su paso, han traído luto y destrucción a su nación.
Como vecinos y aliados manifestamos nuestra solidaridad al pueblo y a las familias afectadas. Confiamos en que el valiente pueblo de 000 **logrará salir adelante** y recuperará su tranquilidad y prosperidad.

▷ nuestras condolencias y nuestro más sentido pésame 우리의 깊은 위로와 애도를

▷ víctimas de las recientes catástrofes naturales 최근의 재난 피해자들에게

▷ logrará salir adelante 극복해 나갈 것을

◆ En nombre del Gobierno de la República de 000 y del mío propio expresamos nuestro más sentido pésame a nuestros hermanos 000, **por el gran vacío que dejó la irreparable pérdida del cantautor** e ícono de la música 000, Señor Alberto Aguilera Valadez "Juan Gabriel".
Nuestro cariño y solidaridad están con su familia, con el pueblo 000 y con **todos los admiradores de tan distinguido personaje**, a quien **Dios tenga en su Santa Gloria.**

▷ por el gran vacío que dejó la irreparable pérdida del cantautor 작곡가가 남긴 채울 수 없는 상실에 대해
스페인어에서 형용사는 주로 명사 뒤에서 수식하지만 주관적 표현을 할 경우에는 앞에 배치하기도 한다.

▷ todos los admiradores de tan distinguido personaje 위인을 존경하는 모든 사람들
tanto는 동등 비교급에 사용되나 강조의 의미로 쓰기도 하며 형용사, 부사 앞에서는 to가 탈락되어 tan으로 사용한다.

▷ Dios tenga en su Santa Gloria 주님의 성스러운 영광이 함께하는

b. 위로 서한 작성 시 자주 쓰는 문구

◆ extiendo mi más profundas condolencias **a su afligida familia**

▷ a su afligida familia 슬픔에 잠긴 가족에게

◆ oramos por el descanso de los fallecidos 망자의 안식을 위해 기도하다

◆ expreso mi más sinceras condolencias **a las apesadumbradas familias**

▷ a las apesadumbradas familias 비탄에 빠진 가족들에게

◆ mi pueblo iza la bandera nacional a media asta **en señal de solidaridad** con el pueblo 000

▷ en señal de solidaridad 연대의 표시로

◆ no puedo describir exactamente **cuán consternados y tristes nos ha dejado** tal devastadora noticia.

▷ cuán consternados y tristes nos ha dejado 얼마나 큰 슬픔과 상처를 남겼는지

Cuánto는 '얼마나, 얼마나 많은'의 뜻으로 사용되는데 형용사 혹은 부사 앞에서는 to가 탈락된 cuán으로 사용한다.

◆ compartimos su sentimiento de pesar y angustia 슬픔과 걱정을 함께하다

◆ no podemos consolar a las familias de quienes han sufrido, **solo podemos rogar a Dios para que les fortalezca**, en estos momentos de tristeza y dolor.

▷ solo podemos rogar a Dios para que les fortalezca 주님의 가호가 있기를 기원할 뿐입니다

청원, 기원의 뜻을 가진 Rogar의 종속절이므로 접속법을 사용했다.

◆ condenamos rotundamente, **desde un punto de vista humanitario**, tal acción terrorista.

▷ desde un punto de vista humanitario 인간적인 도리로

◆ esperamos que **puedan sobreponerse de la pena** y de las dificultades **provenientes de este infortunado accidente**.

▷ puedan sobreponerse de la pena 슬픔을 극복할 수 있기를

주절의 esperar의 희망과 연결되어 종속절에서는 접속법을 사용했다.

▷ provenientes de este infortunado accidente 불행한 사고로 인한

◆ **nos llenamos** de consternación por el trágico incidente.

▷ nos llenamos (비극적 사고에 우리 모두 비탄에) 잠기다

재귀대명사 nos를 함께 사용해 의미를 강조할 수 있다.

◆ expresamos nuestras profundas condolencias 우리의 심심한 조의를 표하며

◆ esperamos una rápida recuperación de los heridos
상흔을 조기에 회복하기를

◆ estamos con ustedes en estos momentos de dolor y desconsuelo
고통과 비탄의 순간

◆ esperamos que ustedes **nunca jamás vuelvan a sufrir** por **tan** horribles incidentes

▷ nunca jamás vuelvan a sufrir 다시는 고통 받지 않게 되기를

부정의 뜻인 nunca와 jamás를 함께 사용해 이중 부정으로 강한 부정을 나타냈다. 또한 주절의 esperar의 희망과 연결되어 종속절에서는 접속법을 사용했다.
tanto는 동등 비교급에 사용되나 강조의 의미로 쓰기도 하며 형용사, 부사 앞에서는 to가 탈락되어 tan으로 사용한다.

◆ **condenamos sin reservas** este cobarde acto de terrorismo.

▷ condenamos sin reservas 주저 없이 규탄하다

쉬어 가기

각국 대사관은 국가수반의 타계, 큰 사건 사고 또는 자연재해가 발생할 때 조문록을 대사관에 비치하여 공식적으로 조문을 받는다. 이 경우는 직접 방문하여 조문록에 조의를 기재하고 서명을 하면 된다. 그 외 경우에는 조의를 담은 서한을 보내는 것이 좋다.

조문록 혹은 조의 서한 경우는 1인칭 공한이나 사신이 형식상으로 큰 차이가 없으며 상대가 처한 슬픈 상황에 대해 애도의 뜻을 잘 전달하면 된다.

조화의 경우 스페인어 사용국 사람들은 한국처럼 삼각대로 세워두는 조화보다는 바구니 형태를 선호하는 것 같다. 장례 기간 동안 망자의 곁에 두거나, 장지에까지 이동하기 편하기 때문인 것 같다.

아르헨티나 Eva Peron 묘지석

C. 감사 서한(Cartas oficiales y personales de agradecimiento)

• 1인칭 공한

발신지 이름, 4 de octubre de 0000

Honorable Sr. Porras,

En nombre de la Asamblea Nacional de la República de 000 y en el mío propio, quisiera extenderle mi más sincera gratitud por su cordial carta de felicitaciones, en ocasión del Día Nacional de 000.

Para la República de 000, los lazos de amistad y cooperación con 000 son muy importantes y agradecemos el apoyo que 000 ha brindado para la consecución de la paz y armonía en la península coreana a lo largo de nuestras relaciones diplomáticas.

Quisiera reiterarle nuestra profunda complacencia por la celebración del primer aniversario del "Día de la Amistad 000 - 000", y esperamos que las relaciones entre ambos países sigan creciendo y fortaleciéndose en pro de ambos pueblos.

Estimado Presidente, hago propicia la ocasión para reiterarle las muestras de mi más alta estima y consideración.

Atentamente,

Hong Kil-dong
Embajador Extraordinario y Plenipotenciario

Honorable Señor
Gustavo Porras Cortés
Presidente
Asamblea Nacional de 000

• 사신

발신지 이름, 21 de Agosto de 0000

Honorable Señor
Jorge Katín Hernández
Presidente Scout Nacional
Su despacho

Honorable Señor Katín,

Tengo el agrado de dirigirme a usted en ocasión de saludarlo y, en nombre de mi país y del mío propio, expresarle mi más profunda gratitud por haber votado a favor de 000 como Sede del Jubileo para el año 2023, acción que fortalece aún más los lazos de amistad y cooperación entre nuestros países.

Tenga la certeza de que 000, al haber sido elegida como sede de tan magno evento, corresponderá a ese gesto de solidaridad y amistad valiéndose de la vasta experiencia que tiene en acoger grandes eventos mundiales.

Me valgo de esta oportunidad para reiterar las muestras de mi más alta y distinguida consideración.

Atentamente,

Hong Kil-dong
Grupo ABC

• 사신

발신지 이름, 30 de noviembre de 0000

Honorable Señor
Silvio Pellas
Gerente, Casa Pellas
도시 이름

Honorable Señor Pellas,

Tengo el agrado de dirigirme a usted en ocasión de saludarlo y agradecerle sinceramente la oportunidad que nos dio de realizar el Tour 'Flor de Caña'. El personal de mi compañía y yo disfrutamos mucho de esta maravillosa experiencia.

Así también, aprovecho la ocasión para felicitar al Grupo Pellas que, por su calidad y prestigio, se hizo acreedor del galardón al mejor ron del mundo.

Aprovecho la oportunidad para reiterarle las muestras de mi más alta y distinguida consideración.

Atentamente,

Hong Kil-dong
Compañía ABC

a. 감사 서한의 유용한 사례

◆ **En nombre de la Asamblea Nacional de la República de 000 y en el mío propio**, quisiera extenderle mi más sincera gratitud **por su cordial carta de felicitaciones, en ocasión del Día Nacional de 000**.

▷ En nombre de la Asamblea Nacional de la República de 000 y en el mío propio 000 국회와 저의 이름으로

▷ por su cordial carta de felicitaciones, en ocasión del Día Nacional de 000 000 국경일에 보내주신 따뜻한 축하 서한에 대해

◆ Por medio de la presente **deseo extenderle mis cordiales saludos** y **quisiera hacer referencia a la reciente elección de la sede del Jubileo 2023 en la República de 000**.

▷ deseo extenderle mis cordiales saludos 저의 따뜻한 인사를 전하고자 합니다

▷ quisiera hacer referencia a la reciente elección de la sede del Jubileo 2023 en la República de 000 2023년 잼버리의 000 유치에 대해 언급하고자 합니다

접속법 (불완료)과거로 공손한 표현을 나타낸다.

◆ Por medio de la presente deseo extenderle mis cordiales saludos y agradecerle por su visita a mi residencia, así como **el detalle de enviar el hermoso ramo de flores**.

▷ el detalle de enviar el hermoso ramo de flores 아름다운 꽃다발을 보내주신 세심한 배려에

◆ Aprovecho la presente para extenderle mis cordiales saludos y **desearle muchos éxitos a su persona y a la Institución que usted dignamente representa**.

▷ desearle muchos éxitos a su persona y a la Institución que usted dignamente representa 귀하 본인과 귀하께서 대표하시는 기관의 많은 성공을 기원합니다

◆ Por medio de esta misiva le extiendo mis cordiales saludos y sinceros agradecimientos a usted por las muestras de cariño y amistad **demostrada, a través de los años, a nuestra embajada**.

▷ demostrada, a través de los años, a nuestra embajada 지난 수년간 우리 대사관에 보여주신

과거분사를 사용해 이루어진 행위를 나타낼 수 있다.

◆ Por este medio me permito extenderle mi más sincero agradecimiento **por obsequiarme el Libro "Comandante de la Revolución Carlos Núñez Téllez"** Padre de la Revolución. Estoy seguro que **me será de mucho provecho, especialmente en la comprensión de las leyes de este bello país**, 000.

▷ por obsequiarme el Libro "Comandante de la Revolución Carlos Núñez Téllez" 혁명 지도자 Carlos Núñez Téllez에 관한 책 선물에 대해

전치사 Por를 사용해 이유를 설명했다.

▷ me será de mucho provecho, especialmente en la comprensión de las leyes de este bello país 특히 이 아름다운 나라의 법률을 이해하는 데 저에게 큰 도움이 되리라 생각합니다

◆ Tengo el deseo de que 000 y 000 continúen profundizando **sus relaciones de amistad y cooperación con miras al futuro. Durante mi mandato, me entregaré por entero al incremento constructivo de nuestros intereses mutuos.**

▷ sus relaciones de amistad y cooperación con miras al futuro 양국 간의 우호와 미래를

향한 협력을

▷ Durante mi mandato, 저의 재임 기간 중,

▷ me entregaré por entero al incremento constructivo de nuestros intereses mutuos 양국 상호 간 이익을 건설적으로 증진하는 데 저의 모든 노력을 다할 것입니다
미래시제를 사용해 화자의 의지를 나타내며 재귀대명사 me를 함께 사용해 의미를 강조했다.

◆ **Quisiera reiterarle nuestra profunda complacencia** por la celebración del primer aniversario del 'Día de la Amistad 000 - 000', y esperamos que **las relaciones entre ambos países sigan creciendo y fortaleciéndose en pro de ambos pueblos.**

▷ Quisiera reiterarle nuestra profunda complacencia 우리의 큰 기쁨을 거듭 표명하고자 합니다

▷ las relaciones entre ambos países sigan creciendo y fortaleciéndose en pro de ambos pueblos 양국 국민들을 위해 양국관계가 증진되고 강화되기를
주절의 동사(esperar)의 의미를 반영하여 종속절에서는 접속법(sigan)을 사용한다.

◆ Asimismo, **quisiera hacer extensivo el agradecimiento a los funcionarios de su gobierno** que nos acompañaron en dicha celebración. **Su presencia dio realce a la noche**, y **su participación y acompañamiento representaron un gran aporte al fortalecimiento de la profunda amistad** que une a nuestros dos pueblos hermanos.

▷ quisiera hacer extensivo el agradecimiento a los funcionarios de su gobierno 귀 정부 측 인사들에게 감사인사를 전달하고자 합니다

▷ Su presencia dio realce a la noche 귀하의 존재는 그 밤을 더욱 품격있게 만들어 주었습니다

▷ su participación y acompañamiento representaron un gran aporte al fortalecimiento de la profunda amistad 귀하의 참석은 우리의 깊은 우정을 더욱 증진하는 데 도움이 되었습니다

◆ Asimismo, manifiesto **mi gratitud por todo su apoyo, la cual hago extensiva a los funcionarios de su gobierno** que nos acompañaron en este 2020, que está por concluir, tiempo en el que **cosechamos abundantes frutos de la cooperación y amistad** entre nuestros dos pueblos y gobiernos.

▷ mi gratitud por todo su apoyo, la cual hago extensiva a los funcionarios de su gobierno 지원에 대한 감사를 귀 정부 관료들에게 전하고자 합니다
선행사(gratitud)에 대한 관계대명사로 la cual을 사용했다.

▷ cosechamos abundantes frutos de la cooperación y amistad 우호 협력관계에 풍성한 열매를 수확한

◆ **Es muy grato para mí recibir sus felicitaciones a nuestro pueblo** por la celebración de un aniversario más de la liberación del país el pasado 15 de agosto. **Deseo expresarle mi más profundo agradecimiento por sus palabras** e interés de seguir fortaleciendo las relaciones de amistad y cooperación entre ambos países.

▷ Es muy grato para mí recibir sus felicitaciones a nuestro pueblo 우리 국민들에게 보내주신 축하에 감사를 드리는 바입니다

▷ Deseo expresarle mi más profundo agradecimiento por sus palabras 귀하의 (축하) 말씀에 저의 깊은 감사를 표하고자 합니다

◆ **Cabe señalar, Sr. Presidente,** que es **para mí un gran honor recibir dicho obsequio a mi llegada** a 000, en mi calidad de Embajador de mi país. Espero **en un futuro cercano poder visitarle para estrechar los lazos de amistad** y seguir fortaleciendo la cooperación entre nuestras instituciones.

▷ Cabe señalar, Sr. Presidente, 각하께 —— 이하를 말씀드리고자 합니다.

▷ para mí un gran honor recibir dicho obsequio a mi llegada 저의 도착 시 그런 선물을 받게 된 것은 대단한 영광입니다

▷ en un futuro cercano poder visitarle para estrechar los lazos de amistad 가까운 장래에 우호 관계를 돈독히 할 수 있도록 귀하를 방문할 수 있기를

◆ Asimismo, aprovecho para **agradecer la buena coordinación, disposición y eficiente servicio de sus colaboradores** durante la preparación y celebración del evento.

▷ agradecer la buena coordinación, disposición y eficiente servicio de sus colaboradores 행사 관계자들의 협조, 자세 및 효율적인 서비스에 감사를 드립니다

◆ Asimismo, quisiera expresarle mi gratitud **por el hermoso ramo de flores enviado como saludo a la celebración del Día Nacional** de 000 y **le suplico que haga extensivo mi mensaje a todos nuestros colegas del Cuerpo Diplomático**.

▷ por el hermoso ramo de flores enviado como saludo a la celebración del Día Nacional 국경일 행사를 축하하기 위해 보내주신 아름다운 화환에 대해

▷ le suplico que haga extensivo mi mensaje a todos nuestros colegas del Cuerpo Diplomático 외교단의 모든 동료들에게 저의 감사인사를 전해 주시기를 간곡히 부탁드립니다

◆ Asimismo aprovecho para agradecer **su presencia, la cual dio realce a nuestro evento** y al mismo tiempo expresarle mi gratitud por el hermoso ramo de flores enviado en saludo a la celebración de nuestra fiesta nacional.

▷ su presencia, la cual dio realce a nuestro evento 우리 행사를 빛내준 귀하의 참석에 대해

앞선 문장의 전체 혹은 일부를 받아 뒤 문장의 주어 역할을 한다.

◆ Por medio de la presente, aprovecho la ocasión para extenderle mis cordiales saludos y sincero agradecimiento **por el amable gesto de permitirnos hacer el tour** de la 'Flor de Caña' el día de ayer. Fue una maravillosa experiencia **que viví en compañía de parte del personal de nuestra empresa**.

▷ por el amable gesto de permitirnos hacer el tour 투어를 허락해주신 친절에 대해 전치사 por는 이유를 나타낸다.

▷ que viví en compañía de parte del personal de nuestra empresa 회사 동료들과 함께한

◆ Por medio de la presente, aprovecho la ocasión para extenderle mis cordiales saludos y mi sincero agradecimiento **por la gentileza de enviarme un obsequio en ocasión de las fiestas navideñas**. Asimismo, **de manera muy especial** le deseo un **Año Nuevo lleno de bendiciones, grandes éxitos personales y familiares**.

▷ por la gentileza de enviarme un obsequio en ocasión de las fiestas navideñas 성탄절을 맞아 선물을 보내주신 친절에 대해

▷ de manera muy especial 특별한 방법으로

▷ Año Nuevo lleno de bendiciones, grandes éxitos personales y familiares 새해에는 주님의 은총과 함께 개인적, 가정적으로 큰 성공이 있으시기를

◆ Asimismo, de manera muy especial le deseo un Año Nuevo lleno de bendiciones, grandes éxitos personales, familiares, **en especial a la bancada de la Asamblea Nacional de 000 que usted dignamente preside**.

▷ en especial a la bancada de la Asamblea Nacional de 000 que usted dignamente preside 특별히 귀하께서 통솔하시는 000 국회 원내그룹에

◆ Por medio de la presente aprovecho la ocasión para extenderle mis cordiales saludos y sinceros agradecimientos por su apoyo en el **Foro sobre la situación política y militar actual de la Península Coreana**, celebrado el 17 de octubre de los corrientes.

Al respecto, quisiera manifestar que **su rol de Moderador fue determinante para el éxito del evento**. En ese sentido, la Embajada **quisiera hacerle llegar un sencillo obsequio como gesto de gratitud por su colaboración en el evento**.

▷ Foro sobre la situación política y militar actual de la Península Coreana 한반도의 정치·군사적 상황에 대한 포럼

▷ su rol de Moderador fue determinante para el éxito del evento 좌장으로서 귀하의 역할은 행사의 성공에 결정적이었습니다

▷ quisiera hacerle llegar un sencillo obsequio como gesto de gratitud por su colaboración en el evento 행사 협조에 대한 감사의 의미로 간단한 선물을 보내드립니다
접속법 (불완료)과거를 사용해 공손한 표현을 나타낼 수 있다.

◆ **Reiterando mi gratitud por su sincero saludo, le formulo a Vuestra Excelencia mis mejores votos por su salud y felicidad, así como por el desarrollo y la prosperidad eterna de su nación.**

▷ Reiterando mi gratitud por su sincero saludo, 귀하의 인사에 대한 감사를 거듭 표명하오며,
현재 분사를 사용해 상태 등을 나타내는 부사구를 만들 수 있다.

▷ le formulo a Vuestra Excelencia mis mejores votos por su salud y felicidad, 각하의 건강과 행복을 위해 저의 최고의 성원을 보내드립니다.

▷ así como por el desarrollo y la prosperidad eterna de su nación 귀국의 발전과 영원한 번영과 함께

◆ Estimado Presidente, **hago propicia la ocasión para reiterarle las muestras de mi más alta estima y consideración.**

▷ hago propicia la ocasión 이 기회를 빌려

hacer propicio/propicia는 '~을 적절하게 활용해서'의 의미이다.

Hacer propicia la ocasión은 서한에서 자주 활용하는 표현이며 Aprovechar la ocasión와 같은 뜻이다.

▷ para reiterarle las muestras de mi más alta estima y consideración 저의 최고의 경의와 존경을 거듭 표명하고자

b. 보다 친근한 사이의 인사

◆ **Sin otro en particular**, aprovecho la ocasión para reiterar mis cordiales saludos y hago propicia la ocasión para reiterarle las muestras de mi más alta y distinguida consideración.

▷ Sin otro en particular 각설하오며

◆ **Sin más que agregar,** hago propicia la ocasión para reiterarle las muestras de mi más alta y distinguida consideración.

▷ Sin más que agregar, 추가 말씀 없이.

쉬어 가기

감사 서한도 축하나 위로 서한과 마찬가지로 기관의 장 이름으로 보내기 때문에 1인칭으로 작성하고 직위와 직책 바로 위에 친필 서명을 하는데, 한글 서명으로 보낼 때 상대방이 더욱 친근하게 느끼는 것 같다.

특히, 상대방이 크게 기대하지 않은 상황에서 정중한 감사 서한을 보내면 특별한 감동과 함께 우리 측의 품격을 보여줄 수 있다. 반대로 당연히 받을 것으로 예상하고 있는 상대에게서 아무런 인사가 없으면 상당히 서운한 생각을 갖게 될 수도 있으니 명심할 필요가 있다.

아르헨티나 Palermo 공원

D. 협조 요청(Cartas oficiales y personales de solicitud)

• 1인칭 공한

발신지 이름, 11 de Diciembre de 0000

Honorable Señora
María Antonieta Novoa
Directora General de Migración
Y Extranjería
Su despacho

Honorable Señora Novoa,

Tengo el agrado de dirigirme a usted para saludarlo y referirme al Acta de Notificación de la Resolución de Internamiento No. 1473/2015, del ciudadano 000 Señor 00 Lim, que se nos hizo llegar por medio de la Cancillería.

Al respecto, quisiera manifestar mi preocupación por desconocer el estado físico y emocional del Sr. Lim, así como los motivos de su detención, puesto que no se ha podido entablar contacto con él desde que lo detuvieron el pasado 3 de diciembre.

Por ello, acudo a sus buenos oficios para que, además de informarnos sobre el proceso del caso del Sr. Lim, nos explique cómo mi Misión puede contribuir a que esta situación se esclarezca lo antes posible.

Quedo en espera de su pronta respuesta y aprovecho la oportunidad para reiterarle las muestras de mi más alta y distinguida consideración.

Cordialmente,

Hong Kil-dong
Embajador

• 사신 – 부탁

발신지 이름, 5 de Diciembre de 0000

Excelentísimo Señor
Leonardo Ovidio Reyes
Presidente Consejo Directivo
Banco Central de 000

Estimado señor Reyes,

Por medio de la presente le extiendo mis cordiales saludos y hago referencia al caso de la Empresa Coreana 000.

La Empresa antes mencionada está ubicada en Jinotepe Carazo, con una inversión de más de 8.5 millones de dólares y emplea un total de 1,000 personas. Está en la lista como Inversionista Categoría A en el MIFIC.

Atendiendo una petición de 000, me dirijo a usted para exponer su caso y solicitar una pronta solución a su problema. Ellos alegan que el BAC, sucursal Jinotepe ha hecho retención hasta por un millón de dólares desde hace un año. Al respecto se les ha informado que dicho congelamiento de pago es por instrucciones de la Procuraduría y Banco Central de 000, por supuesto 'delito de lavado de dinero'. La Empresa niega fuertemente esta acusación y reclama una comunicación oficial al respecto, así como las pruebas en su contra.

En ese sentido solicito a Banco Central de 000, que aclare este asunto lo más pronto posible, en vista que la Empresa antes mencionada está siendo perjudicada en sus finanzas y capacidad de operación, al punto de considerar si continúa operando en el país o se marcha.

Sin otro en particular, aprovecho la oportunidad para reiterar la más alta y distinguida consideración.

Cordialmente,

Hong kil-dong
Presidente de la Asociación de Empresas Coreanas

a. 협조 요청 서한의 유용한 표현

◆ Por medio de la presente **tengo el agrado de dirigirme a usted extendiéndole mis cordiales saludos** y al mismo tiempo hago referencia al Acta de Notificación recibida a través de la cancillería sobre la Resolución de Internamiento No. 1473/2015, del Señor 000, ciudadano de nacionalidad 000.

▷ tengo el agrado de dirigirme a usted extendiéndole mis cordiales saludos 귀하께 저의 진심 어린 인사를 전달하오며

◆ Por medio de la presente, le extiendo mis cordiales saludos, y en esta ocasión tengo el placer de informarle sobre el evento que **la Embajada se encuentra organizando** el campeonato de taekwondo 'Copa Embajador de la República de 000', **el cual se llevará a cabo el día domingo**, 06 de Agosto del presente año, en el Polideportivo España

▷ la Embajada se encuentra organizando 대사관이 준비 중인

'encontrarse + 현재분사'는 '~한 상태이다, ~하고 있다'라는 의미이다.

▷ el cual se llevará a cabo el día domingo 일요일 개최할 예정인

◆ Al respecto, quisiera manifestar mi preocupación por desconocer el estado físico y emocional del Sr. Lim, **así como los motivos de su detención**, **puesto que no se ha podido entablar contacto** con él desde que lo detuvieron el pasado 3 de diciembre.

▷ así como los motivos de su detención 구속 이유를 포함하여

▷ puesto que no se ha podido entablar contacto 접촉을 할 수 없었기 때문에

◆ Al respecto, quisiera comentarle que la Embajada de la República de 000 y toda la comunidad coreana en 000 **se encuentran consternada por lo sucedido** y **a la espera de que este terrible incidente sea verificado** y sus ejecutores encontrados y puestos a disposición de la justicia **tan pronto como la investigación lo permita**.

▷ se encuentran consternada por lo sucedido 사건에 충격을 받고 있다

▷ a la espera de que este terrible incidente sea verificado 이 끔찍한 사건이 철저히 조사되기를 바라면서

희망을 나타내는 espera의 종속절에는 접속법을 사용했다(sea). 사건 조사에 대해서는 'ser + 과거분사'를 사용해 수동태로 표현했다.

◆ Así mismo **quisiera mencionar que esto propicia el intercambio cultural y artístico** para que los pueblos de 000 y 000 se conozcan mejor. En este sentido, quisiera solicitar su valiosa cooperación **para presentar los espectáculos de música y baile tradicionales de 000** ante el pueblo 000 en la Sala Mayor del Teatro Nacional Rubén Darío.

▷ quisiera mencionar que esto propicia el intercambio cultural y artístico 이것이 양국 간 문화 예술 교류를 증진할 것임을 언급하고자 합니다

접속법 (불완료)과거 시제로 공손한 표현을 나타낸다.

▷ para presentar los espectáculos de música y baile tradicional de 000 000의 뛰어난 전통 음악과 춤을 소개하기 위하여

◆ Por ello, **acudo a sus buenos oficios** para que, además de informarnos sobre el proceso del caso del Sr. Lim, nos explique cómo mi Misión puede **contribuir a que esta situación se esclarezca lo antes posible**.

▷ acudo a sus buenos oficios 주선을 요청합니다

▷ contribuir a que esta situación se esclarezca 상황이 분명히 파악되도록

▷ lo antes possible 가능한 한 빨리

◆ Al respecto se les ha informado que dicho congelamiento de pago es por instrucciones de la Procuraduría y Banco Central de 000, **por supuesto 'delito de lavado de dinero'**.

▷ por supuesto 'delito de lavado de dinero' 돈세탁 범죄 혐의로

◆ Sin más que agregar, hago propicia la ocasión para reiterarle las muestras de mi más alta y distinguida consideración.

이 기회를 빌려 저의 정중한 인사를 전달합니다.

위 문장을 아래와 같이 고쳐 쓸 수도 있다.

Sin otro en particular, aprovecho la oportunidad para reiterar la más alta y distinguida consideración.

◆ **A la espera de tener novedades de lo ocurrido**, hago propicia esta ocasión para manifestarle las seguridades de mi más alta y distinguida consideración.

▷ A la espera de tener novedades de lo ocurrido 이 사건의 진전에 대하여 알려주시기를 기대하면서

쉬어 가기

협조 요청 서한에서는 우리 측이 요청하는 사항을 분명하게 설명할 필요가 있다. 긴급을 요하는 상황에서 정보를 누락하거나 오해를 불러일으키기보다는 정확한 어휘를 선택하여 상황을 충분히 이해시키는 것이 중요하다.

또, 긴급을 요하기 때문에 가능한 한 즉시 작성하여 관계 기관에 송부하고 필요시 서한의 사본을 이메일 또는 SNS를 통해 전달하기도 한다. 기관 명의의 공한보다는 기관장 명의의 친서가 더욱 신속하고 긍정적인 결과를 얻을 수 있다.

상대의 호의에 따라 문제가 잘 해결된 후에는 감사 서한을 보내는 것을 잊지 말아야 한다. 경우에 따라서는 뇌물로 인식되지 않을 범위에서 정성이 담긴 선물을 전달하는 것도 좋은 방법이다.

아르헨티나 탱고 댄서들

E. 기타(Otras Cartas oficiales y personales)

• 1인칭 공한 – 이임 인사

수도이름, 23 de octubre de 0000

Excelentísimo Señor
Denis Moncada Colindres
Canciller de la República de 000
Sus manos

Excmo. Sr. Moncada,

Por este medio, tengo el honor de comunicar que el 31 de octubre próximo, concluiré mi Misión Diplomática como Embajador Extraordinario y Plenipotenciario de la República de 000 ante el Ilustre Gobierno de 000.

En este sentido, quisiera extenderle mis más cordiales saludos de despedida, y manifestarle mi sincero agradecimiento por las atenciones, tanto oficiales, como personales con que tuvo a bien distinguirme, expresándole mis mejores deseos por su bienestar personal.

Hasta la llegada de mi sucesor, quedará al frente de esta Misión, como Encargado de Negocios a.i., el Señor 000, Primer Secretario y Cónsul.

Quisiera aprovechar la ocasión para reiterarle las seguridades de mi más alta estima y consideración.

Cordialmente,

Hong Kil-dong
Embajador

• 사신 – 행사 초청

발신지 이름, 21 de Junio de 0000

Honorable Señor
Samuel Santos
Presidente del Grupo Pellas
수신지 이름, 000

Honorable Señor Santos,

Tengo el agrado de dirigirme a usted para saludarlo y extenderle una cordial invitación para que usted y su esposa disfruten del espectáculo especial de Música con instrumentos tradicionales de 000, traídos por el grupo 'Queen', preparado con mucho esmero y cariño por nuestra asociación.

Cabe señalar que esta presentación es un esfuerzo por compartir parte del patrimonio cultural y artístico con el pueblo de 000, ya que el arte y la cultura es el lenguaje universal que une a los pueblos y, con tal actividad, espero que se sigan fortaleciendo los lazos de amistad y cooperación entre nuestros dos países.

Sin duda su participación dará realce a nuestro evento, por lo que sería un gran honor contar con su compañía en una de las noches más tradicionales de la cultura coreana.

Hago propicia la ocasión para reiterarle las muestras de mi más alta y distinguida consideración.

Cordialmente,

Hong Kil–dong
Presidente de la Asociasión de la Comunnidad 000

• 사신 – 양해 요망

발신지 이름, 10 de Julio del 0000

Señor
Jaime Incer Barquero
Presidente
Academia de Geografía e Historia de 000

Estimado Señor Incer,

Por medio de la presente aprovecho la ocasión para extenderle mis cordiales saludos y al mismo tiempo manifestarle mis sinceras felicitaciones por el logro de la Academia que usted dignamente dirige el proyecto: Libro de Historia de 000(Sociedad, Cultura y Economía).

Al respecto, quisiera señalar que es un tema muy interesante ya que contribuiría a que el mundo humano conozca mejor la historia y cultura de 000 a través de su digna obra, sin embargo el alcance del proyecto está fuera de nuestras proyecciones en este momento.

Así mismo, de manera muy especial le deseo a su persona y a la Academia muchos éxitos en su loable labor en pro de este bello país del ilustre, Príncipe de las letras Castellanas, Rubén Darío.

Hago propicia la ocasión para reiterarle las muestras de mi más alta y distinguida consideración.

Cordialmente,

Enrique Luis Zamora
Presidente de la Fundación del Grupo 000

a. 유용한 표현들

◆ Por este medio, **tengo el honor de comunicar que** el 31 de octubre próximo, concluiré mi Misión Diplomática como Embajador Extraordinario y Plenipotenciario de la República de 000 ante el Ilustre Gobierno de 000.

▷ tengo el honor de comunicar que 정중하게 ――를 통보합니다

◆ Aprovecho la presente ocasión para extenderle mis cordiales saludos y al mismo tiempo manifestarle mis sinceras felicitaciones por el logro de la Academia que **usted dignamente dirige el proyecto**: Libro de Historia de 000(Sociedad, Cultura y Economía).

▷ usted dignamente dirige el proyecto 귀하께서 명예롭게 이끌고 계시는 프로젝트

◆ Por medio de la presente deseo extenderle mis más cordiales saludos y **hago referencia a la visita de la delegación** del Ministerio de Océanos y Pesca de la República de 000 entre el 26 y 28 del mes de Octubre pasado.

▷ hago referencia a la visita de la delegación 사절단 방문에 대해 언급합니다

◆ Tengo el agrado de dirigirme a usted para saludarlo y extenderle una cordial invitación para que usted y su esposa disfruten del espectáculo especial de Música con instrumentos tradicionales de Corea, traídos por el grupo 'Queen', **preparado con mucho esmero y cariño por nuestra Embajada**.

▷ preparado con mucho esmero y cariño por nuestra Embajada 우리 대사관이 정성과 열정을 다해 준비한

과거분사를 활용해 완료된 상태 등을 나타낸다.

◆ En este sentido, quisiera extenderle mis más cordiales saludos de despedida, y manifestarle mi sincero agradecimiento por las atenciones, **tanto oficiales como personales** con que tuvo a bien distinguirme, **expresándole mis mejores deseos por su bienestar personal**

▷ tanto oficiales como personales 공적 사적으로

▷ expresándole mis mejores deseos por su bienestar personal 귀하의 건안을 기원하오며

◆ Al respecto, quisiera señalar que es un tema muy interesante **ya que contribuiría a que** el mundo humano conozca mejor la historia y cultura de 000 a través de su digna obra, sin embargo el alcance del proyecto **está fuera de nuestras proyecciones en este momento**.

Así mismo, de manera muy especial le deseo a su persona y a la Academia muchos éxitos en **su loable labor en pro de este bello país** del **ilustre, Príncipe de las letras Castellanas, Rubén Darío**.

▷ ya que contribuiría a que ――에 기여할 것이기 때문에
직설법 조건(가능법) 시제를 통해 미래의 추측을 나타낼 수 있다.

▷ está fuera de nuestras proyecciones en este momento 현재로서는 우리 프로젝트의 영역을 벗어나는

▷ su loable labor en pro de este bello país 이 아름다운 나라를 위한 귀하의 빛나는 업적

▷ ilustre, Príncipe de las letras Castellanas, Rubén Darío 위대한 스페인어 문학의 거장, 루벤 다리오의

◆ Cabe señalar que esta presentación es un esfuerzo por compartir parte del patrimonio cultural y artístico con el pueblo de 000, ya que **el arte y la cultura son el lenguaje universal que une a los pueblos** y, con tal actividad, espero que se sigan fortaleciendo los lazos de amistad y cooperación entre nuestros dos países.

Sin duda **su participación dará realce al evento**, por lo que sería un gran honor contar con su compañía en una de las noches más tradicionales de la cultura coreana

▷ el arte y la cultura son el lenguaje universal que une a los pueblos 예술과 문화는 각 국민들을 이어 주는 보편적인 언어이다

▷ su participación dará realce al evento 귀하의 참석은 행사를 빛나게 할 것입니다

◆ Durante mi estadía, como Embajador de 000 en 000, **he estado interesado en profundizar mis conocimientos** sobre la historia de este hermoso país y su población. He tenido la oportunidad de conocer a distinguidos miembros de la academia, como usted, y gracias a ello, **de entrar en contacto con la loable labor**, de más de 80 años, que desempeña esta academia de **preservar y dar a conocer la geografía e historia de Centroamérica**, y particularmente de 000. Sus publicaciones han facilitado grandemente mi comprensión, como extranjero, sobre aspectos históricos de este hermoso país.

▷ he estado interesado en profundizar mis conocimientos 저의 지식을 넓히는 데 관심을 가져왔습니다

현재완료 시제를 통해 현재까지 지속되고 있고 앞으로 더 계속될 가능성이 있는 행위를 나타냈다.

▷ de entrar en contacto con la loable labor 소중한 작업을 접하고

▷ preservar y dar a conocer la geografía e historia de Centroamérica 중미 지역의 지리와 역사를 보존하고 홍보하는

◆ Tengo el honor de expresarle a usted mis mejores deseos de que **su carrera siga coleccionando éxitos en cualquier actividad personal o laboral** que emprenda y aprovecho la oportunidad para reiterarle las muestras de mi más alta y distinguida consideración y estima.

▷ su carrera siga coleccionando éxitos en cualquier actividad personal o laboral 개인적 또는 업무적으로 성공이 계속 이어지시기를
주어의 희망을 나타내고 있기 때문에 종속절에서 접속법을 사용한다.

쉬어 가기

최근에는 외교단 또는 중요한 인사들 사이에서도 서한보다는 SNS를 더 많이 이용하는 것이 사실이다. 그러나 격식을 서로 갖출 필요가 있는 경우에는 여전히 감동을 담은 서한이 관계를 돈독히 하고 인간적 유대를 깊게 하는 데 효과적이다.

멕시코 Teotihuacan 유적

II

성명서

Comunicados / Aide Mémoire
/ Non Paper

앞 장에서 서한의 경우에 말보다는 글을 통한 의사 전달이 중요함을 설명하였다. 진솔한 마음이 담긴 편지나 메시지는 백 마디의 말보다 오랫동안 감동과 울림을 주는 것이 사실이다.

대사관, 국제기구, 회사의 법인 또는 NGO 차원에서 자신의 주장 또는 양측 간에 이슈가 되고 있는 문제에 관한 입장을 상대측에 적절히 설명함으로써 그들의 지지를 확보해야 할 때가 있다. 어떤 이슈에 대한 입장을 공식적으로 어느 정도 수위에서 설명할 것인지 또는 비공식적이거나 간접적인 방법으로 전달할 것인지에 따라 문서가 달라진다.

성명서의 경우에는 중요 회담 결과 또는 최근 발생하고 있는 주요 이슈에 대한 자기 조직의 입장을 공식적으로 분명히 밝히는 것이므로 전달할 내용을 모두 포괄하되 압축하여 정확히 기술하는 것이 무엇보다 중요하다. 따라서 의미가 잘못 전달되지 않도록 단어의 선택에 세심한 주의가 필요하다.

Aide Mémoire는 당초 불어권 외교관 사이에 주고받았던 문서인데 보통 '비망록('기억을 도와주는 것'이라는 뜻)'이라고 번역한다. 구술서로 보내기에는 적절치 않으나 상대에게 내용을 효과적으로 전달하여 상대방이 우리 입장을 꼭 기억해 주기를 바라는 경우에 보낸다. 또한 다자회의 개최 시에 대표단 간에 비공식적으로 배포되는 협상 문서로서 제목이나 작성자도 밝히지 않고 순전히 토론을 위해서 준비되는 문서를 일컫기도 한다.

Non Paper는 공식 문서로 전달하는 것은 아니라는 뜻에서 non paper라고 하지만 중요성이 떨어진다는 뜻은 아니다. 어떤 사안에 대한 우리 입장을 상대에게 공식적으로 전달하고 싶지는 않으나 분명히 그리고 상세하게 전달하고자 할 때 주로 주고받는다. 즉, 자신들의 입장을 굳이 공식화할 필요가 없거나, 전달하기는 하되 정식 자료로 남기고 싶지 않거나, 혹은 서한으로 보내기에는 분량이 좀 많을 때 Non Paper를 작성하여 전달한다. 또 정식 회의자료는 아니지만 참가자들이 토론 자료가 필요할 때도 non paper를 작성한다. 그런 의미에서는 Aide Mémoire와 큰 차이가 없다.

마지막으로 최근 기업들 간 많이 발생하는 무역분쟁에서 우리 기업인들이 참고할 수 있도록 세이프가드 조사에 대비한 공청회 발언문을 실었다. 이런 경우 공청회는 법정에서 원고와 피고가 서로 자기 입장을 변호하듯이 진행되는데 정확한 자료를 바탕으로 자기 회사 입장을 요령 있게 주장하여야 회사의 이익을 지킬 수 있다.

어느 경우이든 일부러 현란한 언어를 구사하기 보다 정확한 문구를 사용하는 것이 기본이다. 그런데 간혹 입장이 미묘한 경우에는 관련국 또는 관련자들의 마음을 다치지 않도록 배려하는 것도 필요하다. 그런 표현은 사실 스페인어를 모국어로 사용하지 않는 사람들이 단기간에 습득하기는 쉽지 않다.

이 장에서는 스페인어로 된 자료들을 우리말로 완전히 번역하여 독자들의 이해를 돕는 한편, 이를 다시 스페인어로 번역하는 연습을 할 수 있도록 하였다. 이와 더불어 중요 문서 작성 시 활용 가능한 유용한 표현과 쉬운 단어들을 연결하여 보다 생생한 느낌을 전달할 수 있는 예문들을 곳곳에 삽입하였다. 사전을 찾아보면 금방 알 수 있는 단어보다는 외국인으로서 스페인어를 배울 때 잘못 이해할 수 있는 관용적 표현, 또는 우리말 사전과는 종종 다르게 사용되는 어휘들을 선별하여 설명하였다.

좋은 문장을 작성하는 능력은 어느 날 갑자기 신의 선물처럼 주어지지 않는다. 현지인들이 사용하는 좋은 예문을 자주 읽고 스스로 써 봄으로써 자기 문장으로 체득화하는 것이 결국 지름길인 것 같다.

1 성명서
Comunicados

1-a Declaración por la Paz, Prosperidad y Reunificación de la Península de Corea, en Panmunjeom
한반도의 평화와 번영 및 통일을 위한 판문점 선언

En esta etapa trascendental de transformación histórica de la Península de Corea, **reflejando las aspiraciones duraderas** del pueblo coreano por la paz, la prosperidad y la unidad, el Presidente de la República de Corea, Moon Jae–in, y el Presidente de la Comisión de Asuntos de Estado de la República Popular Democrática de Corea, Kim Jong Un, **llevaron a cabo** la Reunión de la Cumbre Intercoreana en la 'Casa de Paz', en Panmunjeom, el 27 de abril de 2018.

대한민국 문재인 대통령과 조선민주주의인민공화국 김정은 국무위원장은 평화와 번영, 통일을 염원하는 온 겨레의 한결같은 지향을 담아 한반도에서 역사적인 전환이 일어나고 있는 뜻깊은 시기에 2018년 4월 27일 판문점 '평화의 집'에서 남북정상회담을 진행하였다.

▷ reflejando las aspiraciones duraderas 한결같은 염원을 반영하여

현재분사는 조건, 양보, 이유, 상태 등을 나타내기 위해 사용할 수 있다.

→ La gente entregó una generosa donación, reflejando la nobleza de su corazón.

▷ llevaron a cabo 진행하였다

→ Los estudiantes llevaron a cabo un proyecto de investigación.

Los dos líderes, compartiendo el firme compromiso de poner fin rápidamente a la reliquia de la división y enfrentamiento de larga data de la Guerra Fría, y **con el propósito de** acercarse audazmente a una nueva era de reconciliación nacional, paz y prosperidad, y mejorar y cultivar las relaciones intercoreanas **de una forma más** activa, declaran en este sitio histórico de Panmunjeom **lo siguiente:**

양 정상은 냉전의 산물인 오랜 분단과 대결을 하루빨리 종식시키고 민족적 화해와 평화번영의 새로운 시대를 과감하게 열어나가며 남북관계를 보다 적극적으로 개선하고 발전시켜 나가야 한다는 확고한 의지를 담아 역사의 땅 판문점에서 다음과 같이 선언하였다.

▷ con el propósito de —하기 위하여, — 목적으로

→ Los he convocado a esta reunion con el propósito de discutir las nuevas políticas

▷ de una forma más 보다 ——한 방식으로

→ Les he escrito nuevamente el comunicado de una forma más breve para que puedan leerlo pronto.

▷ lo siguiente: : 이하를

구체적인 예를 들어 설명할 때 사용한다.

→ En esta gráfica podrán apreciar lo siguiente:

1. Corea del Sur y Corea del Norte volverán a conectar los lazos sanguíneos de las personas y promoverán el futuro de la prosperidad conjunta y la reunificación liderada por los coreanos, **mediante** la facilitación del **avance integral y pionero** en las relaciones intercoreanas. **Mejorar y cultivar** las relaciones intercoreanas es el deseo predominante de toda la Nación y el llamamiento urgente de hace tiempo, **que no se puede contener más.**

남과 북은 남북관계의 전면적이며 획기적인 개선과 발전을 이룩함으로써 끊어진 민족의 혈맥을 잇고 공동번영과 자주통일의 미래를 앞당겨나갈 것이다. 남북관계를 개선하고 발전시키는 것은 온 겨레의 한결같은 소망이며 더 이상 미룰 수 없는 시대의 절박한 요구이다.

▷ mediante —를 통하여

→ Las próximas reuniones se convocarán mediante correos electrónicos.

▷ avance integral y pionero 종합적이고 선구적인 발전

▷ Mejorar y cultivar 개선하고 발전시키는 것

→ Los lazos de amistad se fortalecerán al mejorar y cultivar actividades culturales que unan a nuestras naciones.

▷ , que —— 그것은

앞에 설명한 전체를 보충 설명할 때 유용하게 쓰인다.

→ Alentar al país es la aspiración del pueblo, que debe prevalecer por siempre.

▷ no se puede contener más 더 이상 미룰 수 없는

→ El deseo por apoyar a la nación es un sentimiento que no se puede demorar más.

① Corea del Sur y Corea del Norte afirmaron el principio de determinar el destino de la Nación coreana **por sí mismos** y acordaron generar un momento decisivo para la mejora de las relaciones intercoreanas, mediante la **plena** aplicación de todos los acuerdos y declaraciones existentes **adoptadas** entre las dos partes **hasta ahora**.

남과 북은 우리 민족의 운명은 우리 스스로 결정한다는 민족자주의 원칙을 확인하였으며 이미 채택된 남북 선언들과 모든 합의들을 철저히 이행함으로써 관계 개선과 발전의 전환적 국면을 열어나가기로 하였다.

▷ por sí mismos 스스로

→ Es necesario que realicen las actividades por sí mismos para que tomen consciencia de sus acciones.

▷ plena 충실한, 철저한, 완전한

→ Los objetivos de esta estrategia se podrán alcanzar con la plena utilización de mecanismos transparentes que ayuden a la comunidad.

▷ adoptadas 채택된

→ Las prácticas diplomáticas serán adoptadas por las empresas del sector privado.

② Corea del Sur y Corea del Norte acordaron sostener diálogos y negociaciones en varias áreas**, incluyendo** diálogos de alto nivel, y de **tomar medidas activas** para la implementación de los acuerdos **alcanzados en la Cumbre.**

남과 북은 고위급회담을 비롯한 각 분야의 대화와 협상을 빠른 시일 안에 개최하여 정상회담에서 합의된 문제들을 실천하기 위한 적극적인 대책을 세워나가기로 하였다.

▷ , incluyendo ——를 포함한

앞에 말한 것을 보충 설명할 때 유용하다.

→ Todas las personas de la organización deben participar en la reunión, incluyendo el personal de mantenimiento.

▷ tomar medidas activas 적극적 조치를 취하다

→ La condición precaria de los ciudadanos requiere que se tomen medidas urgentes.

③ Corea del Sur y Corea del Norte acordaron establecer una **oficina de enlace conjunta** con representantes residentes de ambas partes, en la región de Gaeseong **para facilitar** una estrecha consulta entre las autoridades y un intercambio fluido y cooperación entre los pueblos.

남과 북은 당국 간 협의를 긴밀히 하고 민간교류와 협력을 원만히 보장하기 위하여 쌍방 당국자가 상주하는 남북 공동 연락사무소를 개성지역에 설치하기로 하였다.

▷ oficina de enlace conjunta 공동 연락 사무소

→ La semana pasada se llevó a cabo una reunión conjunta para conocer distintos puntos de vista.

▷ para facilitar 지원하기 위하여

para는 어떤 행위의 목적을 설명하기 위해 자주 활용된다.

→ Las medidas de precaución se dejaron por escrito para difundirlas en toda la organización.

④ Corea del Sur y Corea del Norte acordaron esforzarse para resolver rápidamente los problemas humanitarios que resultaron de la división de la Nación, y convocar a una Reunión de la Cruz Roja Intercoreana, para discutir y resolver varios asuntos, incluyendo la reunión de las familias separadas. **En este sentido,** Corea del Sur y Corea del Norte acordaron proceder a los programas de reunión de las familias separadas **con motivo del** Día de la Liberación Nacional del 15 de agosto de este año.

남과 북은 민족 분단으로 발생된 인도적 문제를 시급히 해결하기 위하여 노력하며, 남북 적십자회담을 개최하여 이산가족 및 친척 상봉을 비롯한 제반 문제들을 협의 해결해나가기로 하였다. 당면하여 오는 8·15를 계기로 이산가족 및 친척 상봉을 진행하기로 하였다.

▷ En este sentido, 이런 측면에서, ——이를 위하여
문장을 이어갈 때 유용하다.

→ Nos interesaría que esta situación no se vuelva a repetir. En este sentido, se le pide que lea nuevamente las políticas de seguridad del edificio.

▷ con motivo del —의 계기에, —를 위하여

→ Usted está cordialmente invitado a participar en la ceremonia que se llevará a cabo con motivo de la inauguración de las nuevas instalaciones de la sede diplomática.

⑤ Corea del Sur y Corea del Norte acordaron **implementar activamente** los proyectos previamente acordados en la Declaración del 4 de octubre de 2007, **a fin de** promover el crecimiento económico equilibrado y la prosperidad conjunta de la Nación. **Como primer paso**, las dos partes acordaron adoptar medidas prácticas para la conexión y la modernización de los ferrocarriles y las carreteras en el corredor de transporte del este, así como entre Seúl y Sinuiju para su utilización.

남과 북은 민족경제의 균형적 발전과 공동번영을 이룩하기 위하여 10·4 선언에서 합의된 사업들을 적극 추진해나가며, 일차적으로 동해선 및 경의선 철도와 도로들을 연결하고 현대화하여 활용하기 위한 실천적 대책들을 취해 나가기로 하였다.

▷ implementar activamente 적극 추진하다

Implementar는 추진, 실행, 적용 등의 뜻으로 광범위하게 사용한다.

→ La organización redactó las instrucciones para la implementación del nuevo código de seguridad.

▷ a fin de ――를 목적으로

구어적 표현이나 문장을 생생하게 해 주는 효과가 있다.

→ Se debe llevar a cabo todas y cada una de las medidas acordadas a fin de alcanzar la paz mundial.

▷ Como primer paso 1단계로

Como는 유사성을 표현하거나, 예시를 나타내거나, 혹은 자격을 나타내는 표현으로 아래와 같이 매우 다양하게 사용한다.

→ A fin de resolver el conflicto actual, como primera medida, se escuchará individualmente a todas las partes interesadas.

→ Como medidas de apoyo al intercambio cultural, se realizarán varias actividades, tales como presentaciones cinematográfcias .

2. Corea del Sur y Corea del Norte **harán esfuerzos conjuntos** para aliviar la aguda tensión militar y prácticamente eliminarán el peligro de guerra en la Península Coreana. Aliviar la tensión militar y eliminar el peligro de la guerra es un **desafío** altamente significativo, directamente relacionado con el **destino** del pueblo coreano y también **una tarea vital** para garantizar una vida pacífica y estable.

남과 북은 한반도에서 첨예한 군사적 긴장 상태를 완화하고 전쟁 위험을 실질적으로 해소하기 위하여 공동으로 노력해나갈 것이다. 한반도의 군사적 긴장 상태를 완화하고 전쟁 위험을 해소하는 것은 민족의 운명과 관련되는 매우 중대한 문제이며 우리 겨레의 평화롭고 안정된 삶을 보장하기 위한 관건적인 문제이다.

▷ harán esfuerzos conjuntos 공동의 노력을 다할 것이다.

동사의 미래형은 미래의 행위뿐 아니라 화자의 강력한 의지를 나타낸다.

→ Los ciudadanos de este país harán esfuerzos conjuntos por alcanzar los objetivos trazados para este año.

▷ desafío 도전, 목표, 과제 등의 뜻으로 다양하게 쓰인다.

▷ destino 운명, 미래, 숙명 등의 뜻으로 쓰인다.

▷ una tarea vital 엄중한 과제

vital은 '막중한, 결정적인, 심대한'의 뜻으로 쓴다.

→ Es de vital importancia que todos hagan esfuerzos conjuntos para salir de la crisis.

→ El intercambio cultural es vital para fomentar la unidad entre nosotros.

Corea del Sur y Corea del Norte acordaron cesar **por completo** todos los actos hostiles entre sí en todos los espacios**, incluidos** tierra, aire y mar**, que constituyen fuente de** tensiones y conflictos militares. En este sentido, las dos partes acordaron transformar la zona desmilitarizada en una zona de paz en un sentido genuino, al cesar todos los actos hostiles **a partir del** primer dia de mayo de este año, y eliminar sus medios, incluida la transmisión **por medio de** altavoces y distribución de folletos, en las áreas **a lo largo de** la línea de demarcación militar.

남과 북은 지상과 해상, 공중을 비롯한 모든 공간에서 군사적 긴장과 충돌의 근원이 되는 상대방에 대한 일체의 적대행위를 전면 중지하기로 하였다. 당면하여 5월 1일부터 군사분계선 일대에서 확성기 방송과 전단 살포를 비롯한 모든 적대행위들을 중지하고 그 수단을 철폐하며, 앞으로 비무장지대를 실질적인 평화지대로 만들어 나가기로 하였다.

▷ por completo 완전하게

→ Decidieron por completo dejar la decisión a cargo de esa asociación.

▷ , incluidos ——를 포함하여

→ Decidieron comprar otros medicamientos, incluidos los que servirán para entregar en otras donaciones.

▷ , que ——하는

앞에 나온 명사 또는 명사구의 내용을 보충 설명해 준다.

→ Las actividades culturales, que son una herramienta para unir a nuestros pueblos, deben seguir fomentándose.

→ La donación, que se entregará la semana entrante, debe quedar preparada este fin de semana.

▷ constituyen fuente de ——의 근원이 되는

→ Los festivales de cine constituyen fuente de alegría de nuestra audiencia.

▷ a partir del —— del 이하 시기로부터

→ Los festivales de cine empezarán a partir del 3 de mayo de 2020.

▷ por medio de ——를 통하여

→ Los puntos a los que se concluyeron se harán saber por medio de correos electrónicos.

▷ a lo largo de ——를 통틀어

→ El Director General ha trabajado a lo largo de toda una carrera de esfuerzo.

Corea del Sur y Corea del Norte acordaron diseñar un plan práctico para convertir las áreas alrededor de la Línea Límite Norte en el Mar del Oeste en una zona de paz marítima, **con el fin de** evitar enfrentamientos militares **accidentales** y garantizar actividades de pesca seguras.

남과 북은 서해 북방한계선 일대를 평화수역으로 만들어 우발적인 군사적 충돌을 방지하고 안전한 어로 활동을 보장하기 위한 실제적인 대책을 세워나가기로 하였다.

▷ con el fin de ——를 목표로

→ Se convocó a una reunión con el fin de analizar las mejoras prácticas de diplomacia.

▷ accidental 우발적인, 예상치 않은

3. Corea del Sur y Corea del Norte cooperarán activamente para establecer un régimen de paz permanente y sólido en la Península de Corea. **Poner fin al actual estado** antinatural del armisticio y establecer un **régimen de paz sólido** en la Península de Corea es una misión histórica que **no debe demorarse más**.

남과 북은 한반도의 항구적이며 공고한 평화 체제 구축을 위하여 적극 협력해 나갈 것이다. 한반도에서 비정상적인 현재의 정전 상태를 종식시키고 확고한 평화 체제를 수립하는 것은 더 이상 미룰 수 없는 역사적 과제이다.

▷ Poner fin al actual estado 현재 상태를 끝장내는

Poner fin은 finalizar보다 훨씬 생생하고 강한 표현이다.

→ Es necesario poner fin al conflicto interno que vive el país.

→ Debemos poner fin a nuestras diferencias.

▷ régimen de paz sólido 공고한 평화 체제

Régimen은 정권, 집단, 체제 등 여러 의미로 쓴다.

▷ no debe demorarse más 더 이상 지체할 수 없는

no debe는 당위를 강조한다.

→ Las acciones que permitan la paz de la Península no deben demorarse más

① Corea del Sur y Corea del Norte reafirmaron el Acuerdo de **No Agresión,** que prohíbe el uso de la fuerza **en cualquier forma entre sí,** y acordaron adherirse estrictamente a este Acuerdo.

남과 북은 그 어떤 형태의 무력도 서로 사용하지 않을 것에 대한 불가침 합의를 재확인하고 엄격히 준수해 나가기로 하였다.

▷ No Agresión, 불가침,

어느 문장에서 명사의 반복은 의미를 더욱 강조한다. (예) No Proliferación 비확산

▷ en cualquier forma 어떤 형태든지

→ En cualquier forma, los ciudadanos deben cuidar su reputación.

▷ entre sí 서로, 상호 간에

→ Establecieron normas nuevas entre sí para llegar a un mejor entendimiento.

② Durante este año, que marca el 65 Aniversario del Armisticio, Corea del Sur y Corea del Norte acordaron buscar activamente reuniones trilaterales, entre las dos Corea y los Estados Unidos, o reuniones cuadrilaterales que incluyan a las dos Coreas, los Estados Unidos y China, **en aras de** declarar el fin de la Guerra, **convirtiendo el armisticio en un Tratado de Paz,** y estableciendo un régimen de paz permanente y sólido.

남과 북은 정전협정 체결 65년이 되는 올해에 종전을 선언하고, 정전협정을 평화협정으로 전환하며 항구적이고 공고한 평화 체제 구축을 위한 남 · 북 · 미 3자 또는 남 · 북 · 미 · 중 4자회담 개최를 적극 추진해 나가기로 하였다.

▷ en aras de —하기 위하여, —을 목적으로

→ Se establecieron nuevas políticas en aras de lograr la paz.

▷ convirtiendo el armisticio en un Tratado de Paz, 정전을 평화협정으로 전환하는

동사의 현재분사는 조건, 양보, 이유, 상태 등을 나타내기 위해 사용할 수 있다.

→ Los ciudadanos se enfocaron en ayudar al prójimo, convirtiendo una crisis en una oportunidad de demostrar su solidaridad.

Los dos líderes acordaron, por medio de reuniones regulares y conversaciones telefónicas directas, sostener discusiones frecuentes y sinceras sobre temas vitales para la Nación; fortalecer la confianza mutua y esforzarse conjuntamente para fortalecer el impulso positivo **hacia un avance continuo** de las relaciones intercoreanas**, así como,** la consecución de la paz, la prosperidad y unidad de la Península Coreana. En este sentido, el Presidente Moon Jae-in acordó visitar Pyongyang este otoño. /Fin/

양 정상은 정기적인 회담과 직통전화를 통하여 민족의 중대사를 수시로 진지하게 논의하고 상호 신뢰를 굳건히 하며, 남북관계의 지속적인 발전과 한반도의 평화와 번영, 통일을 향한 좋은 흐름을 더욱 확대해 나가기 위하여 함께 노력하기로 하였다. 당면하여 문재인 대통령은 올해 가을 평양을 방문하기로 하였다. /끝/

▷ hacia un avance continuo 지속적인 발전을 향하여

→ Todos se enfocaron hacia un mismo objetivo.

▷ , así como, —— 등과 같은, —— 및 ——, 뿐만 아니라

→ Firmaron los nuevos acuerdos, así como sus anexos.

→ A los coreanos les gusta expresar sus nobles sentimientos, así como expresar los deseos de apoyar a sus amigos en todo momento.

1-b Declaración del portavoz del Ministerio de Relaciones Exteriores sobre el contenido de la exhibición en el Centro de Información del Patrimonio Industrial de Japón en Tokio

일본 도쿄의 산업유산 정보센터 전시 내용에 대한 외교부 대변인 성명

1. El Gobierno de la República de Corea expresa su fuerte protesta **ante el hecho de que** el contenido de la exhibición en el Centro de Información del Patrimonio Industrial de Japón en Tokio, abierto al público el 15 de junio, muestra que el gobierno japonés no implementó la recomendación hecha por el Comité del Patrimonio Mundial(CPM – WHC por sus siglas en inglés) y que **tampoco tomó las medidas** de seguimiento que prometió cuando se inscribieron a los Sitios de la Revolución Industrial de la era Meiji de Japón en la Lista del Patrimonio Mundial en julio de 2015.

   한국 정부는 6·15 일반에 공개된 도쿄 소재 일본 산업유산 정보센터의 전시 내용에 2015년 7월 세계 유산위원회에서 일본 메이지 시대 산업시설의 세계유산 등재 당시 세계 유산위원회의 권고와 일본이 약속한 후속 조치가 전혀 이행되지 않은 데에 대해 강력히 항의한다.

▷ ante el hecho de que ——한 사실에 대해

→ Mi país es estricto ante el hecho de respetar las creencias de cada uno de sus ciudadanos.

▷ tampoco tomó las medidas ——의 조치를 또한 취하지 않다

→ Leimos en los diarios locales que hay empresas que no están siguiendo las normas de higiene recomendadas, así como tampoco están tomando las medidas de seguridad dentro del área de trabajo.

○ El Gobierno japonés **había prometido que**, como una medida de seguimiento concreta para implementar la recomendación del Comité del Patrimonio Mundial(CPM – WHC por sus siglas en inglés), **tomaría medidas que permitirían** comprender que hubo un gran número de coreanos y personas de otras partes del mundo que fueron llevados contra de su voluntad y **fueron obligados a trabajar** en condiciones difíciles, un hecho que el propio Japón reconoció. Sin embargo, nos percatamos, con gran pesar, que el Centro exhibe contenido que contradice directamente el compromiso hecho por el gobierno japonés y distorsiona por completo hechos históricos.

일본 정부는 세계 유산위원회의 권고를 이행하기 위한 구체적인 후속 조치로서 일본 스스로 인정한 바와 같이 수많은 한국인 등이 본인 의사에 반해 동원되어 가혹한 조건 하에서 강제 노역한 사실을 이해할 수 있도록 하겠다고 약속했다. 그러나 동 센터가 그러한 약속에 정면으로 배치되고 역사적 사실을 완전히 왜곡하는 내용을 포함하고 있는 것에 대해 심히 유감스럽다.

▷ había prometido que ——를 약속하였다

직설법 과거완료를 사용해 과거 시점을 기준으로 그 이전에 이루어진 행위를 나타낸다.

→ Por el bien del país, mi gobierno había decidido no dejar de luchar bajo ninguna circunstancia porque sus ciudadanos recibieran la mejor educación.

▷ tomaría medidas que permitirían 할 수 있는 조치를 취할 것이라고

조건법을 사용해 과거 시점에서 보는 미래의 행위를 나타낸다.

→ Cabe destacar que la institución dijo que tomaría medidas que permitirían mejorar las condiciones de los trabajadores.

▷ fueron obligados a trabajar 일하도록 강제된

→ Debido a la fumigación que se le hizo a las oficinas, los trabajadores fueron obligados a salir más temprano.

○ En particular, el Gobierno japonés había prometido establecer el centro de información como una medida para recordar a las víctimas **que fueron obligadas a trabajar**. Es profundamente preocupante y decepcionante que **no se hicieran esfuerzos** evidentes para rendir homenaje a las víctimas en el recién inaugurado centro.

특히, 일본 정부는 강제 노역 희생자를 기리기 위한 조치로서 정보센터 설립을 약속했으나, 이번에 개관한 센터의 전시 내용 어디에도 희생자를 추모하는 노력을 발견할 수 없다는 점에서 우려와 실망을 금할 수 없다.

▷ que fueron obligadas a trabajar 노역이 강제된

'직설법 과거시제 + 수동태'를 사용해 과거에 발생한 강제 노역을 설명하였다.

→ Cuando el país entró en crisis sus ciudadanos fueron obligados a trabajar largas e intensas jornadas laborales.

▷ no se hicieran esfuerzos 노력을 하지 않다

접속법 과거를 사용하여 주절 주어의 우려의 감정을 표현했다.

→ Es lamentable que el público haya percibido que no se hicieran esfuerzos suficientes para preparar la obra.

2. El Gobierno de la República de Corea, una vez más, insta a Japón a que cumpla sinceramente con la promesa que le hizo a la República de Corea y a la Comunidad Internacional al momento de la inscripción y a adherirse estrictamente a la decisión del Comité del Patrimonio Mundial(CPM – WHC por sus siglas en inglés) en la que el Comité **recomendó que Japón tomara medidas que permitan** una comprensión de la historia completa de cada sitio. /Fin/

한국 정부는 세계유산 등재 당시 일본이 한국과 국제사회에 약속한 내용을 성실히 이행하는 동시에 각 시설의 전체 역사를 이해할 수 있도록 권고한 세계유산위원회의 결정을 철저히 준수할 것을 다시 한번 엄중히 촉구하는 바이다. /끝/

▷ recomendó que Japón tomara medidas que permitan 일본이 ---하는 조치를 취하도록

주문의 시점이 과거이기 때문에 tomara 역시 접속법 과거를 사용하였으며 그 결과가 될 수 있는 permitir는 접속법 현재를 사용하고 있다.

→ El Gobierno recomendó que los ciudadanos tomaran acciones que permitan mejorar la limpieza en las calles.

멕세코 대통령궁 벽화

1-c Declaración del portavoz del Ministerio de Relaciones Exteriores sobre la situación política en Venezuela

베네수엘라 정세 관련 외교부 대변인 성명

El Gobierno de la República de Corea **lamenta profundamente el hecho de que**, en el curso de la entrega de bienes de asistencia humanitaria de la comunidad internacional a Venezuela el 23 de febrero, las tropas del gobierno del país hayan disparado y matado a civiles.

정부는 2월 23일 국제사회의 인도적 지원 물품을 베네수엘라 국내로 반입하는 과정에서 베네수엘라 정부군의 민간인에 대한 발포로 인해 민간인 희생자가 발생한 데 대해 깊은 유감을 표명한다.

▷ lamenta profundamente el hecho de que ——한 사실에 대해 깊은 유감을 표명하다

→ El país entero lamentó profundamente el hecho de que el pueblo hubiera perdido al gran líder de la nación.

El Gobierno de la República de Corea expresa una vez más su preocupación por el caos actual en Venezuela causado por **la falta de legitimidad y transparencia** en las elecciones presidenciales celebradas en el país en mayo de 2018; y reconoce al Presidente de la Asamblea Nacional de Venezuela, Juan Guaidó, **quien asumió el cargo de presidente interino** el 23 de enero.

정부는 2018년 5월 실시된 베네수엘라 대선이 정당성과 투명성을 결여하여 현재의 혼란이 발생한 것에 대해 다시 한번 우려를 표명하며, 1월 23일 임시 대통령으로 취임 선서한 과이도 국회의장을 베네수엘라의 임시 대통령으로 인정한다.

▷ la falta de legitimidad y transparencia 정통성과 투명성의 결여

→ La economía se ha visto afectada por la falta de legitimidad y transparencia en las gestiones que se pactaron a principios de este año.

▷ quien asumió el cargo de presidente interino 임시 대통령으로 취임한

→ Todos aplaudieron al nuevo integrante de la institución, quien asumió el cargo de Director General.

El Gobierno de la República de Corea insta a que Venezuela, liderada por el presidente interino Guaidó, **celebre lo antes posible** una elección presidencial **de manera democrática, transparente y creíble**.

정부는 과이도 임시 대통령 주도로 조속한 시일 내 민주적이며 투명하고 신뢰할 수 있는 대통령 선거를 실시할 것을 촉구한다.

▷ celebre lo antes posible 가능한 빨리 실시할 것을

insta의 종속절에 접속법(celebre)을 사용했다. 접속법은 주어의 의지가 종속문의 행위에 영향을 미치는 것일 때(희망, 요청, 제안, 명령, 금지, 부정 등) 사용하는데 현지인들은 매우, 자주, 다양하게 사용한다.

→ Las circunstancias obligaron a las autoridades a celebrar una reunión para detallar los cambios hechos al reglamento de trabajo.

▷ de manera democrática, transparente y creíble 민주적이고 투명하며 신뢰할 만한 방법으로

→ La decisión de trasladar la oficina a otras instalaciones se realizó de manera democrática y transpartente.

1-d Declaración del G20 sobre la lucha contra el Terrorismo

테러리즘 대응에 관한 G20 성명

1. Condenamos, **en los términos más enérgicos posibles**, los atroces ataques terroristas en París el 13 de noviembre y en Ankara el 10 de octubre. Son una ofensa inaceptable para toda la humanidad. Extendemos nuestro **más sentido pésame** a las víctimas de los ataques terroristas y a sus familias. **Reafirmamos nuestra solidaridad** y resolución en la lucha contra el terrorismo en todas sus formas y **donde sea que ocurra**.

우리는 가장 강력한 어조로, 11·13 파리와 10·10 앙카라에서 자행된 극악무도한 테러 공격을 규탄한다. 이것은 인류에 대한 용납할 수 없는 모독이다. 우리는 테러 공격의 희생자와 유가족들에게 깊은 조의를 표한다. 우리는 모든 형태와 장소를 불문한 테러리즘 대응에 있어 우리의 연대와 결의를 재확인한다.

▷ en los términos más enérgicos posibles 할 수 있는 가장 강력한 말로

lo más, lo menos는 최상급을 표시한다.

→ Se evitó hablar del tema lo más posible.

▷ más sentido pésame 가장 깊은 조의를

→ En estos momentos de dolor, no puedo más que expresar mi más sentido pésame por la repentina pérdida de tus padres.

▷ Reafirmamos nuestra solidaridad 우리의 연대를 재확인하다

→ En medio de este gran caos, permítannos reafirmarles nuestra solidaridad.

▷ donde sea que ocurra 어디에서 발생하든지 간에

접속법을 이용하여 가정적 의미를 나타낸다.

→ Donde sea que vayas, muestra respeto y educación hacia el prójimo.

→ Donde sea que te reafirmen solidaridad, muestra agradecimiento sincero.

2. Seguimos unidos en la lucha contra el terrorismo. La propagación de las organizaciones terroristas y el aumento significativo a nivel mundial de los actos de terrorismo perjudican directamente el mantenimiento de la paz y la seguridad internacional y **ponen en peligro nuestros esfuerzos** actuales para fortalecer la economía mundial y garantizar **un crecimiento y desarrollo sostenibles**.

우리는 테러리즘 대응에 있어 단결을 지속하고 있다. 테러 조직의 확산과 전 세계적 테러 행위의 급증은 국제 평화와 안보의 유지를 직접적으로 저해하고, 글로벌 경제를 강화하고 지속 가능한 성장과 발전을 확보하고자 하는 우리의 계속된 노력을 위태롭게 하고 있다.

▷ ponen en peligro nuestros esfuerzos 우리의 노력을 위태롭게 하고

→ La falta de respeto a los acuerdos establecidos ponen en peligro nuestros esfuerzos.

▷ un crecimiento y desarrollo sostenibles 지속 가능한 성장과 발전

3. Condenamos inequívocamente todos los actos, métodos y prácticas de terrorismo, que no pueden justificarse **bajo ninguna circunstancia**, **independientemente de su motivación**, en todas sus formas y manifestaciones, **donde sea y por quien sea que se haya cometido**.

우리는 어디에서 누구에 의해서 자행되든, 어떠한 형태로든, 그 의도와 관계없이, 어떠한 상황에서도 정당화될 수 없는 모든 테러 행위 및 테러 수단, 테러의 자행을 명백히 규탄한다.

▷ bajo ninguna circunstancia 어떠한 상황 하에서라도

부정의 의미를 생생히 강조하는 표현이다.

→ A todas las personas involucradas en el conflicto se les explicó que bajo ninguna circunstancia se les seguiría permitiendo más provocaciones.

▷ independientemente de su motivación, 그 의도와 관계없이.

→ Todos los ciudadanos deben respetar las leyes del país, independientemente de su credo religioso.

▷ donde sea y por quien sea que se haya cometido 어디에서 누구에 의해 저질러지든 접속법을 사용하여 가정적 의미를 나타낸다.

→ Nuestro pueblo debe continuar con sus tradiciones donde sea y por quien sea que las haya establecido.

→ Las leyes del país se deben respetar donde sea y por quien sea que las haya decretado.

4. Reafirmamos que el terrorismo **no puede ni debe asociarse** con ninguna religión, nacionalidad, civilización o grupo étnico.

우리는 테러리즘이 어떠한 종교, 민족, 문명, 또는 인종 집단과도 결부될 수 없으며 결부되어서도 안 된다는 점을 재차 확인한다.

▷ no puede ni debe asociarse 연결될 수도 연결되어서도 안 된다

부정형 등위접속사. 'No(Ni) A / Ni B, A도 아니고 B도 아니다'라는 뜻이다.

→ Esas situaciones no pueden ni deben confundirse entre sí.

→ El progreso del país y la educación no pueden ni deben dejar de ir de la mano.

5. La lucha contra el terrorismo es **una prioridad principal** de todos nuestros países y **reiteramos nuestra determinación** de trabajar juntos **para prevenir y reprimir los actos** terroristas a través de una mayor solidaridad y cooperación internacional, **en pleno reconocimiento**

del papel central de la ONU y **de acuerdo con la Carta** de la ONU y **obligaciones en virtud del derecho internacional**, incluido el derecho internacional de los derechos humanos, el derecho internacional de los refugiados y el derecho internacional humanitario, así como a través de **la plena implementación de las convenciones internacionales relevantes**, las Resoluciones del Consejo de Seguridad de la ONU y la Estrategia Global de la ONU contra el Terrorismo.

테러리즘 대응은 모든 G20 국가들의 주요 우선순위인 바, 우리는 유엔의 중심적 역할에 대한 인식하에 유엔 헌장 및 국제법적 의무에 따라 국제적 연대 및 협력을 증진함으로써, 그리고 관련 국제 협약, 유엔 안보리 결의 및 유엔 세계 대 테러 전략의 성실한 이행을 통하여 테러 행위를 방지하고 진압하기 위해 협력하기로 한 우리의 결의를 거듭 강조한다.

▷ una prioridad principal 주요 우선 순위

→ La búsqueda del bienestar de un pueblo es la prioridad principal de todo líder al frente de un país.

▷ reiteramos nuestra determinación 우리의 결의를 재차 강조한다

→ El pueblo coreano reitera su determinación de apoyar al prójimo.

▷ para prevenir y reprimir los actos 그런 행위를 예방하고 억제하기 위해

→ Los ciudadanos deben unirse para luchar en prevenir y reprimir la delincuencia juvenil.

▷ en pleno reconocimiento del papel central de la ONU 유엔의 중심 역할이라는 인식 하에

→ La comunidad coreana, en pleno reconocimiento de las leyes del país que lo acoge, busca su fiel cumplimiento.

▷ de acuerdo con la Carta 헌장에 따라

→ De acuerdo con el nuevo convenio firmado entre las partes, se estableció una reunión mensual de seguimiento.

▷ obligaciones en virtud del derecho internacional 국제법에 따른 의무

→ En virtud de la creación de un nuevo manual de procedimientos, las personas tendrán que coordinarse para llevar a cabo las nuevas tareas.

▷ la plena implementación de las convenciones internacionales relevantes 관련 국제 협약들의 완전한 이행을 통해

'연관된, 중요한, 필요한'의 의미이다.

→ Durante la reunión cumbre se acordó que tomarían todas las medidas relevantes para lograr un acuerdo pacífico entre las dos partes.

6. **Se debe evitar** el estímulo directo o indirecto del terrorismo, la incitación a actos terroristas y la glorificación de la violencia. **Reconocemos la necesidad** de trabajar proactivamente, en todo nivel, para prevenir el extremismo violento y apoyar a la sociedad civil para que **involucre a los jóvenes** y promover la inclusión de todos los miembros de la sociedad.

테러리즘에 대한 직 · 간접적인 독려, 테러 행위의 조장 및 폭력에 대한 미화는 지양되어야 한다. 우리는 폭력적 극단주의를 예방하고, 청년층을 포함한 사회 모든 구성원의 포용을 증진하기 위한 시민사회의 활동을 지지하기 위해 각 수준에서 선제적으로 행동할 필요성을 인지한다.

▷ Se debe evitar ——를 지양하여야 한다

해야만 하는 당위성을 강조한다. Se는 특정 주어가 나타나지 않는 일반적인 주어를 표현한다. 무인칭 se를 사용할 경우 동사는 3인칭 단수만 쓴다.

→ Se debe evitar cualquier malentendido que provoque confrontación entre nuestros pueblos.

→ Ante esta crisis económica, se debe evitar que el pueblo muera de hambre.

▷ Reconocemos la necesidad 필요를 인정한다

→ Se debe reconocer el papel que juegan las actividades culturales que permitan dar a conocer nuestros pueblos.

▷ involucre a los jóvenes 청년층을 포함하여

종속문에 필연성, 당연성의 의미를 부여하기 위해 접속법을 사용했다.

→ Para lograr la democracia es necesario involucrar a representantes de todos los sectores de una nación al momento de tomar decisiones importantes.

7. Nos preocupa **la grave y creciente afluencia** de combatientes terroristas extranjeros y la amenaza que representa para todos los Estados, incluidos **los países de origen, tránsito y destino. Estamos decididos a abordar** esta amenaza mejorando nuestra cooperación y **desarrollando medidas relevantes** para prevenir y abordar este fenómeno, incluido el intercambio de información operativa, la gestión de fronteras para detectar viajes, las **medidas preventivas y la respuesta adecuada** de la justicia penal. Trabajaremos juntos para fortalecer la seguridad global de la aviación.

우리는 외국인 테러 전투원의 심각한 유입 증가와 이것이 그들의 원 소재지국, 경유국 및 목적지국을 포함한 모든 국가들에게 가져올 위협에 대해 우려하고 있다. 우리는 국가 간 협력을 강화하고, 운영 정보 공유, 여행 경로 추적을 위한 출입국 관리 및 예방적 조치, 적절한 형사 사법적 대응 등 이러한 현상의 예방 및 해결을 위한 관련 조치를 강구함으로써 이러한 위협에 단호히 대응해 나갈 것이다. 우리는 세계 항공 보안을 강화하기 위하여 협력할 것이다.

▷ la grave y creciente afluencia 심각하고 점증하는 유입

→ La grave y creciente crisis económica hizo que el pueblo iniciara proyectos de alerta en todo el país.

▷ los países de origen, tránsito y destino 테러범 출발국, 경유국 및 목적지국

→ Los países de origen, tránsito y destino tienen que crear mecanismos que los ayuden a manejar el incesante flujo migratorio.

▷ Estamos decididos a abordar 대응할 것을 결의하였다

→ El pueblo coreano está decidido a seguir trabajando por la paz mundial.

▷ desarrollando medidas relevantes 적절한 조치를 강구하면서

현재분사를 통해 이유, 상태 등을 나타낼 수 있다.

→ Los voluntarios coreanos llegaron al país a trabajar organizando actividades de integración regional.

→ La inversión es indispensable para identificar oportunidades de negocios desarrollando nuevas ideas de productos al alcance del pueblo.

▷ medidas preventivas y la respuesta adecuada 예방적 조치들과 적절한 대응

→ Cuando los países unen esfuerzos pueden crear acciones preventivas y la respuesta adecuada ante tanto acto vandálico que se presenta en un país.

8. **Los continuos y recientes ataques** terroristas en todo el mundo han demostrado, una vez más, la necesidad de una mayor cooperación internacional y solidaridad **en la lucha contra el terrorismo**. Siempre recordaremos a las víctimas de estos ataques.

전 세계적으로 지속되며 최근 자행되는 테러 공격은 다시 한번 테러리즘 대응에 있어 국제 협력과 연대 증진의 필요성을 보여주었다. 우리는 이러한 공격의 희생자들을 항상 추도할 것이다.

▷ Los continuos y recientes ataques 지속되고 최근에도 발생한 공격

→ Las continuas y recientes reuniones que se han realizado son una muestra que se está haciendo un análisis profundo de las leyes.

▷ en la lucha contra el terrorismo 테러리즘에 대항하여

→ El pueblo coreano en su lucha contra la pobreza siempre buscó la preparación académica de sus jóvenes.

2 비망록

Aide Mémoire

Ministra de Comercio 00, Candidata de 000 al cargo de Directora General de la Organización Mundial del Comercio

00 상무장관, WTO 사무총장 000 측 입후보자

1. El Gobierno de la República de 000 es un firme defensor de la Organización Mundial del Comercio y del sistema multilateral de comercio que lo representa. **Como tal,** 000 cree firmemente que un régimen comercial abierto, transparente y **basado en reglas** es beneficioso para todos sus miembros. **000 ha alcanzado** un alto nivel de crecimiento económico y desarrollo en muchas décadas, y reconoce la deuda que tiene con el sistema multilateral de comercio por su crecimiento. Desde su punto de vista, el buen funcionamiento de la OMC podrá mejorar el bienestar y prosperidad de todos los Estados miembros, como en el caso de 000.

   000 정부는 세계 무역기구와 이를 대표하는 다자간 무역 체제를 강력히 지지합니다. 그리고 000은 개방적이고 투명하며 규칙에 근거한 무역 체제가 모든 회원국에 유익하다고 굳게 믿고 있습니다. 000은 수십 년 동안 높은 수준의 경제 성장과 발전을 이루었으며 그 성장은 다자간 무역 체제 덕분입니다. 000의 관점에서 볼 때 WTO가 올바르게 기능한다면 000의 경우처럼 모든 회원국들의 복지와 번영을 향상시킬 수 있을 것입니다.

▷ Como tal, 그리고, 그리하여,

→ Aquel que anhele la presidencia del país debe estar seguro de poseer un espíritu de servicio. Como tal, debe tener la humildad de escuchar a su pueblo.

▷ basado en reglas 규칙에 바탕을 둔

→ El bienestar de la sociedad, sin duda, necesitará un régimen basado en reglas que busquen el bien común.

▷ 000 ha alcanzado 000이 지금까지 이루어낸

현재완료 시제를 통해 지속된 성과를 표현하였다.

→ Mi país ha logrado mantener una posición económica con un mejor nivel de vida para sus ciudadanos.

2. En la actualidad, está claro que la OMC y el sistema multilateral de comercio están bajo un gran estrés. Su función legislativa se ha estancado durante años y su función judicial se ha paralizado. El funcionamiento de la OMC **se debe revisar a fondo** y mejorar para abordar los **desafíos sin precedentes** a los que se enfrentan los Estados miembros. Para este propósito, la OMC debe recuperar la confianza de todos sus miembros, tanto desarrollados como en vías de desarrollo, **por igual**. 000 está convencida de que dichos desafíos pueden superarse y que la OMC podrá emerger de manera más relevante, receptiva, resistente y más fuerte que antes. Convencida de que, con este espíritu de confianza, las dificultades actuales pueden superarse, 000 **se complace en** presentar la candidatura de la Ministra de Comercio, 00, para el puesto de directora general de la OMC.

현재 WTO와 다자간 무역 시스템은 큰 스트레스를 받고 있습니다. 입법 기능은 수년간 정체되었으며 사법 기능은 마비되었습니다. 회원국들이 직면한 전례 없는 과제를 해결하기 위해 WTO의 기능을 철저히 수정하고 개선해야 합니다. 또한 이를 위해 WTO는 선진국 및 개발도상국을 포함한 모든 회원국들의 신뢰를 회복해야 합니다. 000은 이

러한 도전 과제를 극복할 수 있으며 WTO가 이전보다 더 적절하고 대응력이 뛰어나며, 탄력적이고 강력한 조직으로 변화할 수 있다고 확신합니다. 000은 이러한 자신감을 바탕으로 현재의 어려움을 극복할 수 있다는 확신을 갖고 있으며, WTO 사무총장으로 00 상무장관의 입후보를 제출하게 되어 기쁘게 생각합니다.

▷ se debe revisar a fondo 깊이, 철저하게 분석하다

→ El acuerdo que está por firmarse se debe revisar a fondo para asegurar que esté libre de errores gramaticales.

▷ desafíos sin precedentes 전례 없는 도전

→ Nos toca enfrentar desafíos sin precedentes ante los cambios agigantados quenos trae la tecnología.

▷ por igual 마찬가지로, 동등하게

→ Nuestro pueblo busca apoyar a nuestros países amigos por igual

▷ se complace en 기뻐하다

재귀동사를 사용하여 표현한다.

→ El Gobierno de la República de 000 se complace en difundir la lista de becas que se proporcionarán este año.

3. La Ministra 00 – **primera mujer en ocupar el cargo** de ministro de Comercio de la República de 000 – ha sido innovadora, negociadora, estratega y pionera en su carrera de comercio internacional durante 25 años. Es una hábil negociadora, con profundos conocimientos e ideas sobre los detalles de los acuerdos comerciales y ha trabajado con muchos países. **Ha florecido en su papel** de líder y constructora de consenso, reuniendo a las partes con diversos puntos de vista.

000 상무장관을 지낸 최초의 여성인 00 장관은 25년간 국제 무역 분야에서 혁신가, 협

상가, 전략가 및 개척자로서의 경력을 갖고 있습니다. 그녀는 무역협정의 세부 사항에 대하여 깊은 지식과 아이디어를 가진 숙련된 협상가이며 지금까지 많은 국가들과 협력해 왔습니다. 다양한 견해를 가진 당사자들을 모아 합의를 이루어내는 리더로서의 역할을 훌륭하게 수행하였습니다.

▷ primera mujer en ocupar el cargo ——직을 맡은 최초의 여성

→ Sería un honor que una de nuestras conciudadanas pudiera ocupar un puesto en la OMC, considerando la vasta experiencia de un país que superó la extrema pobreza.

▷ Ha florecido en su papel 그 역할을 빛내다

지속적으로 이루어낸 성과를 표현하기 위해 현재완료를 사용했다.

→ Cabe destacar que nuestro nuevo Presidente ha florecido en el puesto al que dignamente representa.

4. La Ministra 00 comenzó su carrera de comercio internacional en la oficina de políticas de la OMC, dentro del Ministerio de Comercio, **en los inicios de** la OMC, lo que le mostró su valor para promover la prosperidad. Esta experiencia ayudó a 00 a mantener abierto el comercio y abstenerse de tomar **medidas restrictivas que hubieran empeorado la situación**, durante los tiempos de recesión en 2008–2009. Tales experiencias, a la vanguardia de la política comercial en tiempos de dificultad, ayudaron a forjar la creencia fundamental de la Ministra 00 en el sistema multilateral de comercio.

00 장관은 WTO 초창기에 상무부 내 WTO 정책과에서 국제무역 관련 경력을 시작하였는데 이 경험은 번영을 증진하는 데 필요한 WTO의 가치를 그녀에게 보여주었습니다. 이러한 경험은 2008–2009년 경기 침체기 동안 000이 무역 개방을 유지하고, 상황

을 악화시킬 수도 있는 제한적 조치를 자제하는 데 도움이 되었습니다. 어려운 시기에 무역 정책의 최전선에서 얻은 이러한 경험은 다자간 무역 시스템에 대한 00 장관의 근본적 믿음을 강화하는 데 도움이 되었습니다.

▷ en los inicios de ——의 초기에

→ Corea ha tenido participación tecnológica activa desde antes de los inicios de la cuarta revolución industrial.

▷ medidas restrictivas que hubieran empeorado la situación 상황을 악화시키는 제한적 조치

과거 사실에 반대되는 내용이기 때문에 접속법 과거를 사용했다.

→ Estoy muy contento de compartir con ustedes la celebración de este acuerdo que se hubiera cancelado por razones ajenas a nuestra buena voluntad.

5. Sin embargo, en la OMC queda mucho **trabajo por hacer** para ayudar a los miembros **a beneficiarse plenamente** del sistema multilateral de comercio y a expandir su comercio, **creando así empleos y mejorando la calidad de vida** de sus ciudadanos. En ese sentido, la Ministra 00 se compromete a aportar dinamismo para explorar formas innovadoras para lograr los objetivos comunes de los miembros.

그러나 WTO에는 회원국들이 다자간 무역 체제의 혜택을 충분히 활용하고 무역을 확대하도록 지원하여 일자리를 창출하고 국민들의 삶의 질을 향상시키는 등 많은 할 일이 남았습니다. 이런 측면에서 00 장관은 회원국들이 공동의 목표를 달성하기 위해 혁신적인 방법을 모색하도록 역동성을 불어넣겠다고 공약하고 있습니다.

▷ trabajo por hacer 해야 할 일

→ Estamos conscientes que aún nos queda bastante trabajo por hacer, pero con la ayuda de todos, pronto haremos realidad este proyecto.

▷ a beneficiarse plenamente 충분히 혜택을 누리도록

→ Nuestra intención es que cada ciudadano vea las ventajas de beneficiarse plenamente con las nuevas normativas comunitarias.

▷ creando así empleos y mejorando la calidad de vida ——하고, ——하면서 현재분사를 사용해 상태를 나타내는 부사구를 표현했다.

→ Las empresas del país han hecho lo posible por conectar mejor con sus colaboradores, creando canales de comunicación más prácticos y fortaleciendo la integración interna de la institución.

6. La Ministra 00 reconoce que el sistema multilateral de comercio es un marco para el desarrollo y la prosperidad, que **debe ser combinado con** las políticas y estrategias nacionales. La Ministra 00 ha trabajado de manera constructiva y exitosa con las partes interesadas nacionales, con diferentes puntos de vista, incluidos los más vulnerables al comercio, y, como tal, es **plenamente consciente de** las presiones políticas nacionales y las necesidades que afrontan todos los miembros al trabajar con los sectores nacionales.

00 장관은 다자간 무역 체제가 발전과 번영의 틀이며, 국가별 정책 및 전략과 결합되어야 한다는 것을 잘 알고 있습니다. 00 장관은 무역에 가장 취약한 부문의 시각을 포함하여 다양한 견해를 가진 국내 이해 당사자들과 건설적이고 성공적으로 일해 왔으며, 따라서 모든 회원국들이 직면하는 국내 정치적 압력과 요구를 충분히 인식하고 있습니다.

▷ debe ser combinado con ——와 조합을 이루어야 하다

→ El trabajo duro debe combinarse con amor y respeto para forjar lazos de amistad y cooperación.

▷ plenamente consciente de ——를 충분히 이해하다

→ Mi pueblo está plenamente consciente de la necesidad de darnos a conocer más con ustedes.

7. A lo largo de su carrera, laMinistra 00 ha trabajado extensamente con acuerdos comerciales multilaterales y regionales y ha concluido con éxito negociaciones sofisticadas y de alto perfil con los EE. UU., China, el Reino Unido y recientemente con la RCEP. Estos esfuerzos, **de los cuales muchos requerían** enfoques innovadores y flexibles, **fueron posibles** gracias a su liderazgo político y perseverancia, reuniendo diversas opiniones de las partes interesadas, nacionales e internacionales, por igual, para facilitar resultados mutuamente beneficiosos.

그녀의 경력을 통해 00 장관은 다자간 및 지역 간 무역협정 체결을 위해 광범위하게 일해왔으며 미국, 중국, 영국 및 최근 RCEP와의 민감하고 고차원적인 협상을 성공적으로 마무리했습니다. 혁신적이고 유연한 접근 방식을 필요로 했던 이러한 노력들은 그녀의 정치적 리더십과 인내를 통해 이루어졌으며, 상호 이익이 되는 결과를 촉진하기 위해 국내 및 국제적으로 이해관계자들의 다양한 견해를 균형 있게 모았습니다.

▷ de los cuales muchos requerían ——이 필요했었던

직설법 불완료 과거를 사용해 과거에 지속/진행된 내용을 나타냈다.

→ Estamos trabajando en varios proyectos de cooperación, de los cuales muchos eran solicitados con un año de anticipación.

→ Cada año se ofrecían becas de las cuales muchos esperaban obtener ansiosamente.

▷ fueron posibles 가능하였다

과거 시점에서 실제 발생한 내용이므로 직설법 과거가 사용되었다.

→ Muchos de los sueños que tuvieron nuestros niños les fueron hechos realidad en su juventud.

8. El Gobierno de 000 cree que la Ministra 00, con su historial comprobado, es la **candidata óptima para** ayudar a la OMC a salir de su crisis actual. A través de su experiencia y capacidad, **además de** la confianza que ha creado con los países de todo el mundo, podrá hacer grandes contribuciones para restaurar y reforzar el papel primordial de la OMC en el sistema de comercio internacional.

000 정부는 입증된 경력을 가진 00 장관이 WTO가 현재의 위기를 빠져나오도록 도울 수 있는 최적의 후보라고 믿습니다. 그녀는 자신의 경험과 역량, 그리고 전 세계 국가들과 쌓아온 신뢰를 통해 국제무역 체제에서 WTO의 주요 역할을 회복하고 강화하는 데 큰 기여를 할 수 있을 것입니다.

▷ candidata óptima para ——를 위한 최적의 후보

→ Tenemos al candidato óptimo para ese cargo.

▷ además de 그 외에도

→ Además del trabajo duro, es necesario organizar actividades culturales que fomenten el entendimiento mutuo.

3 Non Paper

Non Paper

3-a Posición sobre la denominación del 'MAR DEL ESTE'

동해 표기 관련 입장

1. Los registros históricos y mapas antiguos muestran claramente que hasta finales del siglo 19, la zona marítima entre Corea y Japón fue llamada con varios nombres tales como 'Mar de Joseon(Corea) 1)', 'Mar del Este', y 'Mar oriental', o simplemente no le daban nombre alguno. En la tardía fecha de 1870, muchos mapas japoneses **se referían a este mar como el "Mar de Joseon"** en lugar de 'Mar de Japón'. Esto demuestra que, a finales del siglo 19 el nombre de 'Mar del Japón / Mar de Japón' **no había sido establecido ni siquiera en Japón.**

19세기 말까지 역사 기록물이나 고지도들은 한국과 일본 사이의 수역에 대해 '조선(한국)해', '동해', '동양해' 등 다양한 명칭을 사용하거나 혹은 아무런 명칭을 붙이지 않았다. 1870년대 후반까지 많은 일본 지도들은 '일본해'라고 하는 대신 조선해로 지칭하였다. 이는 19세기 후반까지 '일본해'라는 명칭은 일본에서조차 널리 쓰이지 않았다는 것을 보여준다.

▷ se referían a este mar como el "Mar de Joseon" 이 수역을 '조선해'로 부르고 있었다

직설법 불완료 과거는 과거에 습관적으로 하던 행동을 표현한다.

→ Los encargados de cuidar ese lugar turístico lo consideraban como un lugar pacífico para descansar.

→ Los padres de familia de aquella época procuraban vender sus bienes para brindar educación a sus hijos.

▷ no había sido establecido ni siquiera en Japón 일본에서조차도 확립되지 않았었다

직설법 과거완료(Haber 직설법 불완료 과거 + 과거분사)는 과거에 이미 이루어진 행위를 표현한다.

→ Las manifestaciones de los inconformes eran muy difíciles de controlar porque las reglas no habían sido establecidas en una Ley de Orden Público.

→ Se acordó que se harían enmiendas al anexo del acuerdo recién firmado porque no habían sido tomados en cuenta todos los lineamientos.

2. **A medida que** Japón adoptó una política imperialista y militarista a finales del siglo 19 y principios del siglo 20, Corea **se convirtió en su primera victima**. En el momento que la Organización Hidrográfica Internacional(OHI) publicó la primera y segunda edición del libro 'Limites de los Océanos y Mares(S-23)' en 1929 y 1937 respectivamente, Corea estaba bajo el dominio colonial japonés y **por lo tanto no pudo presentar su punto de vista** sobre el nombramiento del área marítima entre Corea y Japón. Asimismo, cuando la tercera y más reciente edición del libro fue publicado en 1953, Corea **se encontraba en medio de la Guerra de Corea**, y una vez más no fue posible abordar el tema de los nombres.

일본이 19세기 말과 20세기 초 제국주의적 군국주의 정책을 채택하자 한국은 그 첫 번째 희생양이 되었다. 1929년과 1937년 국제수로기구가 "대양과 바다의 경계" 책자의 초판과 재판을 각각 발간했을 당시 한국은 일본 식민지하에 있었기 때문에 한일 양국 사이 수역의 명칭에 대해 의견을 제시할 수 없었다. 또한 1953년 마지막인 3판을 발간했을 당시 한국은 전쟁 중이었으며 이러한 이유로 또 한 번 명칭 결정을 논의할 수 없었다.

▷ A medida que ——함에 따라

→ A medida que el agua inundaba el país, el Gobierno giraba instrucciones para la evacuación de las personas en las áreas más afectadas del país.

▷ se convirtió en su primera victima 그 첫 번째 희생자가 되다

스페인어에는 '재귀동사'라는 독특한 용법이 있다. 특정한 주체가 없이 3자적 입장에서 상황을 객관적으로 말하고자 할 때 사용한다.

→ Las normas de seguridad se volvieron muy estrictas después del atentado.

→ Los estudiantes se comportaron muy amables al recibir a las autoridades de la institución.

▷ por lo tanto no pudo presentar su punto de vista 따라서 자신의 의견을 제시하지 못하였다

→ Las relaciones de amistad entre nuestros países han ido creciendo con el tiempo, por lo tanto los consideramos más que amigos.

▷ se encontraba en medio de la Guerra de Corea 한국전쟁 중에 있었다

직설법 불완료과거는 과거에 진행 중이었던 행동을 표현한다.

→ El público aplaudía con tanta euforia mientras escuchaba su melodía favorita.

3. Sin embargo, desde que la guerra de Corea finalizó, el país ha trabajado arduamente para restablecer el nombre de 'Mar del Este'. Hemos planteado este tema constantemente en nuestras consultas bilaterales con Japón. Además, después de **nuestra admisión a las Naciones Unidas como miembro de pleno derecho** en 1991, la República de Corea oficialmente planteó el tema del nombramiento, en el ámbito internacional. Iniciando con la Sexta Conferencia de las Naciones Unidas sobre la Normalización de Nombres Geográficos(CNUNNG) en 1992, la República de Corea **abordó el tema sobre el nombramiento del área marítima** entre la Península de Corea y el Archipiélago japonés en varias reuniones internacionales, tales

como la Conferencia de la Organización Hidrográfica Internacional(OHI) y en las reuniones del Grupo de Expertos de las Naciones Unidas en Nombres Geográficos(GENUNG).

그럼에도 불구하고 한국은 전쟁이 끝나자 '동해'의 명칭을 재확립하기 위해 적극 노력하였다. 우리는 일본과의 양자 협의 시마다 줄기차게 이 문제를 제기하였다. 이와 더불어 한국은 1991년 유엔의 정규 회원국으로 가입한 이래 동 명칭 문제를 국제사회에 정식으로 제기하였다. 1992년 지명 표기 정상화 관련 제6차 유엔회의 이후부터 한국은 국제수로기구 및 유엔 지명표기전문가 회의 등 국제회의에서 한반도와 일본 열도 사이의 해역 명칭 문제를 제기하였다.

▷ nuestra admisión a las Naciones Unidas como miembro de pleno derecho 우리의 유엔 정규 회원국 가입

→ Se les explicó a todos los interesados en participar que la admisión tendría un costo simbólico.

▷ abordó el tema sobre el nombramiento del área marítima 해역의 명칭 문제를 제기하다

→ En las reuniones se abodaron temas muy delicados entre las partes interesadas.

4. Respetando las reglas generales de cartografía y las resoluciones correspondientes, Corea **ha seguido esforzándose para encontrar una solución** que **sea aceptada mutuamente a través de consultas** bilaterales con Japón. Sin embargo, la pronunciada postura de Japón **de no ser flexible en la consideración de otra opción** que **no sea el uso único y exclusivo** de 'Mar de Japón' a través de las consultas bilaterales, ha evitado que ambas partes logren tener discusiones significativas y avanzar en esta materia.

지도 제작에 관한 일반원칙 및 이와 관련된 결의들을 존중하여 한국은 일본과의 양자 협의를 통해 상호 수용 가능한 해결을 찾기 위해 노력해왔다. 그러나 외교적 협상을 통하여 '일본해'가 배타적이며 유일한 사용은 아니라는 선택은 고려할 수 없다는 일본 측의 선언적 입장은 이 문제에 관해 양자 간 의미 있는 대화나 진전을 막고 있다.

▷ ha seguido esforzándose para encontrar una solución 해법을 찾기 위해 노력해오다
현재완료를 사용해 현재까지 이루어진 행위를 표현했다.

→ El gobierno ha seguido luchando contra la pobreza, dotando a sus ciudadanos con educación a todo nivel.

▷ sea aceptada mutuamente a través de consultas 협상을 통해 상호 수용될 수 있도록
접속법을 사용해 가정적 의미를 표현했다.

→ Se espera que la propuesta que se difundió sea aceptada mutuamente.

→ La negociación se ha realizado de manera progresiva para que sea aceptada mutuamente.

▷ de no ser flexible en la consideración de otra opción 다른 대안을 고려하는 데 유동적이지 않음으로써

→ De no ser flexible en las nuevas disposiciones, el destino de esta organización será incierto.

▷ no sea el uso único y exclusivo 유일무이한 사용이 되지 않도록 하는
접속법을 사용해 가정적 의미를 강조해서 표현했다.

→ Se espera que la decisión de no ampliar el presupuesto para esto año no sea un obstáculo para organizar actividades culturales.

→ Deseo que el cambio que se hizo en el acuerdo no sea una muestra de inconformidad.

5. Tomando en consideración las diferencias identificadas **a lo largo de las consultas bilaterales** y a la falta de un acuerdo en esta etapa, es la firme

postura del Gobierno de la República de Corea que el uso simultáneo de los nombres de 'Mar del Este' y 'Mar de Japón' es **la única solución lógica y equitativa** en ese momento.

지금까지 양자 협상 내내 보여온 이견 및 현재 합의 부재를 감안하여 '동해'와 '일본해'의 동시 병용이 현재로서는 가장 합리적이고 공평한 해결이라는 것이 한국 정부의 확고한 입장이다.

▷ a lo largo de las consultas bilaterales 양자 협상 내내

→ El Director General recibió varias condecoraciones a lo largo de su carrera diplomática.

▷ la única solución lógica y equitativa 유일하게 합리적이고 공평한 해결

→ Cuando se hizo el pacto se buscó establecer una solución lógica y equitativa.

6. **Existe un apoyo creciente en la comunidad internacional** por el punto de vista coreano antes relacionado **en cuanto al uso simultáneo de los nombres en cuestión**, que son 'Mar del Este' y 'Mar de Japón'. **El continuo y constante incremento** en el uso de ambos nombres por muchos respetados cartógrafos a nivel internacional y por los medios, claramente demuestra que la legitimidad de "Mar del Este" **está ganando amplia aceptación.**

문제가 되고 있는 명칭인 '동해'와 '일본해' 동시 사용 관련하여 한국 측 입장에 대한 지지가 국제 사회에 점증하고 있다. 국제적으로 저명한 지도 제작자 및 미디어들 사이에 두 개 명칭의 사용이 지속적으로 증가하고 있는 것은 '동해'에 대한 정당성이 광범위하게 수용되고 있다는 것을 보여주고 있다.

▷ Existe un apoyo creciente en la comunidad internacional 국제사회에 점증하는 지지가 존재하다

→ El pueblo coreano quedó altamente agradecido porque existió un apoyo creciente por parte de los participantes.

▷ en cuanto al uso simultáneo de los nombres en cuestión 문제가 되고 있는 명칭들의 동시 사용에 대해

→ Se platicó que las políticas que se tomarían, en cuanto al nuevo sistema, se darían a conocer lo más pronto posible.

▷ El continuo y constante incremento 항상 그리고 지속적인 증가

→ El progreso del país es el reflejo del continuo y constante trabajo que ha forjado nuestra gente desde su juventud.

▷ está ganando amplia aceptación 광범위한 지지를 얻다

→ Me siento muy satisfecho de que nuestras actividades estén ganando amplia aceptación entre los jóvenes de este país.

칠레의 구국영웅 Prat 제독

3-b Consideraciones ante las medidas que restringen las exportaciones adoptadas por el Gobierno japonés

일본 정부의 수출제한 조치 관련 입장

Japón, como el país vecino más cercano geográfica y culturalmente a Corea, también ha sido un socio con el que Corea continúa cooperando para trabajar por la paz y la prosperidad, **no sólo en la región del noreste de Asia sino en todo el mundo**. Creo que cualquier asunto no resuelto entre Corea y Japón, **por más dificil que parezca**, puede superarse sabiamente a través de consultas estrechas y sinceras.

일본은 지리적, 문화적으로 가장 가까운 이웃 국가로서, 동북아 지역은 물론 세계 평화와 번영을 위해서도 함께 협력해 나가야 할 동반자이다. 한일 양국 간에 아무리 어려워 보이는 현안이라도 긴밀하고 솔직한 협의를 통해 슬기롭게 극복해 낼 수 있다고 믿는다.

▷ no sólo en la región del noreste de Asia sino en todo el mundo 동북아 지역뿐만이 아니라 전 세계에서도

'no solo A sino B'는 'A뿐 아니라 B 역시'의 의미이다.

→ La educación es una herramienta que servirá al progreso no sólo en Corea sino en el mundo entero.

→ Los ciudadanos de este país deben cooperar no sólo con ideas sino también con trabajo arduo.

▷ por más dificil que parezca 아무리 어렵게 보일지라도

→ Por más difícil que parezca, debemos luchar para conseguir la paz que tanto anhelamos en este país.

→ La energía eléctrica debe llegar a cada rincón de esta bella nación, por más difícil que parezca.

El Gobierno de Japón, **sin previa consulta** con el Gobierno de Corea, que es **una parte firmante y patrocinador ejemplar** de los cuatro principales regímenes multilaterales de control de exportaciones y **otros tratados internacionales relevantes**, incluyendo la Convención de Armas Químicas(CAQ), ha decidido adoptar y anunciar medidas de restricción de exportaciones en contra de Corea sobre algunos productos de manera unilateral, lo que es muy lamentable.

지난주 일본 정부가 4대 국제 수출 통제 체제 및 CWC 등 개별 조약에 모두 가입하고 이를 모범적으로 준수하고 있는 대한민국 정부와 사전 협의 없이 일방적으로 일부 품목에 대해 보복적 성격의 대 한국 수출 규제 조치를 취하기로 결정하고, 이를 발표한 것은 매우 유감이다.

▷ sin previa consulta 사전 협의도 없이

→ Quiero que sepan que no podemos permitir que se siga despidiendo personal sin previa consulta.

▷ una parte firmante y patrocinador ejemplar 서명국이자 모범적 지원국인

→ Es importante que tomen en cuenta que mi gobierno es una parte firmante y patrocinador ejemplar.

▷ otros tratados internacionales relevantes 그 외 관련 국제조약에

→ Es necesario hacer ver que se deben considerar todas las normas de seguridad interna relevantes.

La situación se volverá aún más díficil y el sentimiento de la población en ambos países será peor, si Corea y Japón repetidamente implementan **medidas uno en contra del otro**. Para evitar que se produzcan tales situaciones, el Gobierno de Japón debe retirar cuanto antes sus medidas de imponer restricciones a las exportaciones que contravengan intrínsecamente las normas internacionales, incluyendo el Acuerdo de la OMC y el Régimen de Control de Exportaciones.

한일 양국이 상대방 조치에 대한 대응조치를 반복적으로 취하게 되면 상황이 더욱 어렵게 될 것이며, 양국 국민감정도 더욱 악화될 것이다. 이러한 상황을 방지하기 위해서는 일본 정부가 WTO, 전략물자 수출 통제 체제 등 국제규범에 근본적으로 배치되는 수출 규제 조치를 조속히 철회해야 할 것이다.

▷ La situación se volverá aún más difícil 상황은 더욱 악화될 것이다

미래형을 사용해 가능성, 미래에 대한 추측을 표현하고 있다. Aún은 más를 강조하기 위해 사용되었다.

→ Las condiciones del clima se volverán aún más difíciles a finales de este año.

→ La confrontación por la diferencia de ideas se fue incrementando y no sabían que esto se volvería aún más difícil de manejar.

▷ medidas uno en contra del otro 상대방에 대응하는 조치

→ En aquellos días de conflicto interno, nuestros conciudadanos peleaban uno en contra del otro.

Creo que cualquier miembro de la comunidad internacional estaría de acuerdo, inequívocamente, en que Corea es **un país ejemplar, adhiriéndose** a los régimenes internacionales de la no proliferación. Las medidas adoptadas recientemente por el Gobierno de Japón politizan y **socavan el objetivo y propósito** del Régimen de Control de Exportaciones establecido por el Acuerdo de Wassenar. Asímismo, las medidas **van en contra del propósito** del Artículo XI del Acuerdo General sobre Aranceles Aduaneros y Comercio(GATT por sus siglas en inglés)**, el cual** prohíbe a los miembros adoptar medidas para negar o restringir las exportaciones **entre sí**.

우리가 국제 비확산 수출 통제 체제의 모범국이라는 점에 있어 국제사회의 평가는 한결 같을 것이다. 일본 정부가 이번에 취한 수출 규제 조치는 바세나르 체제에 의한 수출 통제의 목적과 취지를 훼손하고 이를 정치화하는 것이다. 또한, 회원국에 대한 수출을 금지하거나 제한하는 조치를 취하지 못하도록 규정한 GATT 제11조 취지에도 배치된다.

▷ un país ejemplar, adhiriéndose ——를 준수하는 모범국

현재분사를 사용해 상태 등을 나타내는 부사구를 만들 수 있다.

→ Los ciudadanos estaban contentos con el discurso del candidato , que fueron sumándose a la lista de seguidores de ese partido.

▷ socavan el objetivo y propósito 목적과 취지를 무너뜨리다

▷ van en contra del propósito 목적에 반대로 가는

→ Los congresistas dejaron ver que la creación de las últimas leyes iba en contra del propósito para el que fueron creadas.

▷ , el cual (앞에 설명한) 그것은

관계대명사로 선행사(Artículo XI)에 대해 설명한다.

→ La falta que se cometió fue inaceptable, lo cual se dejó por escrito en su ficha laboral.

▷ entre sí 상호 간에

→ Los panelistas y participantes acordaron entre sí que se reunirían nuevamente el mes próximo.

Las medidas que restringen las exportaciones adoptadas recientemente por el Gobierno japonés constituyen una flagrante violación del **principio de libre comercio**. Ademas, contradicen el espíritu de la "Declaración de los Líderes del G20 en Osaka", que establece la "realización de un entorno comercial libre, justo y sin discriminación." Asi también, es preocupante que estas medidas causen estragos en la economía mundial, **por no hablar de la economía coreana y japonesa, al desestablizar la cadena de suministro goblal establecida**.

또한, 일본 정부가 이번에 취한 수출규제 조치는 자유무역 규범에 정면으로 위배되며, 금번 오사카 G20 정상회의 시 채택된 '자유롭고 공정하며 비차별적인 무역환경 구축' 정신과도 모순되는 행위이다. 아울러, 오랜 기간 정착된 글로벌 공급체계를 교란함으로써, 한일 양국 경제는 물론 세계 경제에도 심각한 피해를 미치게 될 것이 우려된다.

▷ principio de libre comercio 자유무역의 원칙

→ Es necesario que los países involucrados verifiquen que no están rompiendo ninguno de los principios del Derecho Internacional.

▷ por no hablar de la economía coreana y japonesa, 한일 경제는 말할 것도 없이,

→ Esta bella nación es el reflejo del arduo trabajo que hacen sus connacionales, por no hablar de la dedicación y responsabilidad de sus habitantes.

▷ al desestabilizar la cadena de suministro goblal establecida 기확립된 전 세계 공급망을 교란하면서

→ La orden dictada por el Nuevo gobierno desestabilizó a sus ciudadanos.

4 공청회 발언문
Declaración en la audiencia pública

Declaración del Gobierno de la República de Corea en la audiencia pública para la implementación de medidas de salvaguardia
세이프가드 조치 시행을 위한 공청회 발언문

1. El Gobierno de la República de Corea confía en que **la presente investigación de salvaguardia** sobre importaciones de productos laminados planos se llevará a cabo **de manera imparcial y objetiva,** cumpliendo con **las normas internacionales pertinentes,** incluyendo el Acuerdo sobre Salvaguardias de la OMC. **En línea con lo anterior,** el Gobierno de Corea respetuosamente solicita que el Ministerio de Economía de 000 **tome los siguientes puntos en consideración**:

한국 정부는 조사 대상 물품인 철강 판재류에 대한 본 세이프가드 조사가 WTO 세이프가드 협정 등 관련 국제규범에 입각한 공정하고 객관적인 조사가 될 것임을 믿으며, 000 경제부가 다음의 사항에 대해 각별히 고려해주시기를 요청합니다.

▷ la presente investigación de salvaguardia 본 세이프가드 조사

→ Se agradecerá que se tome la presente nota como un acuerdo entre ambas partes.

▷ de manera imparcial y objetiva, 공정하고 객관적인 방법으로,

▷ las normas internacionales pertinentes, 관련된(적절한) 국제규범

→ Se han realizado las actividades pertinentes para fortalecer las relaciones de amistad y cooperación entre nuestras naciones.

→ Se recomendó la utilización de mecanismos pertinentes para evitar potenciales pérdidas.

▷ En línea con lo anterior, 이와 같은 연장선 상에서,

→ Se le solicitó al personal de toda la institución que trabajara de manera eficiente y en línea con las normas establecidas la semana pasada.

▷ tome los siguientes puntos en consideración 다음 사항들을 고려해 주시기를

주문 주어의 요청(solicita)이 종속문에 이어지도록 접속법(tome)을 사용하고 있다.

→ A los participantes de este foro se les pide que tomen los siguientes puntos en consideración antes de iniciar con su ponencia.

→ Estimados conciudadanos, tomen los siguientes puntos en consideración al momento de viajar en avión.

En este caso, no se han dado las condiciones necesarias para la imposición de una medida de salvaguardia

본건 경우, 세이프가드 조치 부과 요건 불충족

2. El Gobierno de Corea enfatiza que el estándar para aplicar una medida de salvaguardia es más riguroso que para **otras medidas de contingencia**. En este caso, es evidente que no se cumplen **las condiciones establecidas en el Acuerdo** sobre Salvaguardias para la imposición de medidas.

한국 정부는 세이프가드 조치를 취하기 위한 기준은 다른 조치들보다 더욱 엄격하다는 점을 강조하고자 합니다. 이번 조사는 세이프가드에 관한 WTO 협정상의 요건을 충족하지 않고 있다는 점이 분명합니다.

▷ otras medidas de contingencia 다른 위기 대응 조치

→ Durante la reunión se les pidió a los participantes que tomaran otras medidas de seguridad a considerar

→ Es necesario que se tomen otras medidas de precaución como parte de un plan preventivo,.

▷ las condiciones establecidas en el Acuerdo 협정상 규정된 조건들

→ Las actividades se realizaron acorde a las programaciones establecidas una semana antes.

3. Primero, **conforme al artículo** XIX:1(a) del GATT 1994 y el artículo 2.1 del Acuerdo sobre Salvaguardias, solo se pueden imponer medidas de salvaguardia si antes se determina, con **una explicación razonada y adecuada**, que el aumento de las importaciones de **los productos objeto de investigación** es consecuencia de acontecimientos imprevistos y **por efecto de las obligaciones contraídas** en virtud del GATT 1994. Sin embargo, ni la Resolución ni el Dictamen Técnico en la presente investigación **abordan este requisito**.

첫째, GATT 1994 XIX:제1(a)조 및 세이프가드 협정 제2.1조에 따르면, 예상하지 못한 상황의 진전과 GATT 협정 당사국이 부담하는 의무의 결과로서 수입 증가가 유발되고, 그러한 수입 증가가 합리적 근거에 따라 적정하게 설명될 수 있을 경우에 세이프가드 조치가 발동될 수 있습니다. 그러나, 본 조사의 경우, 조사 결정문이나 전문가 의견서에서 동 요건에 관해 전혀 언급을 하고 있지 않습니다.

▷ conforme al artículo 조항에 따라

→ La venta de boletos para la presentación se hará conforme a la demanda.

→ La construcción de ese edificio se programará conforme al convenio firmado la semana pasada.

▷ una explicación razonada y adecuada 합리적이고 적절한 설명

→ Se iba a realizar una reunión razonada y adecuada para discutir los puntos de mayor preocupación para las partes.

▷ los productos objeto de investigación 조사 대상 품목

→ Las personas objeto del atentado fueron citadas para dar su declaración.

▷ por efecto de las obligaciones contraídas ——에 따른 의무의 결과로서

→ La apatía por efecto de la mala relación que existe entre los habitantes de esa región hace más difícil su progreso.

▷ abordan este requisito 이런 필수 조건을 설명하다

→ Se hizo indispensable abordar los problemas de mayor relevancia para encontrarles una solución lo antes posible.

4. Segundo, los artículos 2.1 y 4.2(a) del Acuerdo sobre Salvaguardias exigen que: "las importaciones de ese producto … **hayan aumentado en tal cantidad, en términos absolutos o en relación con** la producción nacional, y se hayan realizado en condiciones tales que causen o amenacen **causar un daño grave** a la rama de producción nacional de productos similares o directamente competidores". No obstante, la información incluída en el expediente de la presente investigación **no sustenta que** el aumento de las importaciones haya sido lo bastante reciente, lo bastante súbito, lo bastante agudo y lo bastante importante como **para justificar la imposición** de una medida de salvaguardia.

둘째, 세이프가드 협정 제2.1조 및 제4.2(a)조는 "해당 제품의 수입이 국내 생산에 비해 절대적 또는 상대적으로 증가된 수입 물량으로 인해 국내 경쟁산업 또는 유사 산업에 심각한 피해나 피해 우려를 초래하기에 충분할 정도로 수입이 증가해야 한다"고 규정하고 있습니다. 그러나, 본 조사 관련 요구서는 세이프가드 조치를 발동할 정도로 최근에,

갑작스럽고, 급격하며, 중대한 수입 증가가 존재하지 않습니다.

▷ hayan aumentado en tal cantidad ——할 정도로 수량이 증가하여

→ Nuestra esperanza es que los eventos culturales que se realizaron el año pasado hayan aumentado un mejor entendimiento entre nuestros países.

▷ en términos absolutos o en relación con 절대적 혹은 상대적 측면에서

→ En términos de tiempo, se establecerá que las reuniones del personal se programarán semestralmente.

→ Se estableció que en términos de espacio, cada persona tenía derecho a 5 metros cuadrados para sus oficinas.

▷ causar un daño grave 심각한 피해를 입히다

→ Para no causar un daño grave entre los habitantes de esa región, se establecieron reglas claras de seguridad ambiental.

▷ no sustenta que ——를 충족하지 않다

→ Este convenio no sustenta que la cooperación esté exonerada de impuestos de importación.

→ Lo establecido en ese acuerdo no sustenta que las partes involucradas deban ser ciudadanos de ese país.

▷ para justificar la imposición 조치를 정당화할 만한

→ Estimados ciudadanos, no hay razón que justifique la violencia que se ejerce entre ciudadanos.

5. Tercero, conforme a los artículos 2.1, 4.1(a) y 4.2(a) y como parte del análisis de daño grave, la autoridad investigadora **está obligada a** evaluar **de manera rigurosa y objetiva** la situación general de la rama de producción nacional **tomando en cuenta todos los factores pertinentes**, incluyendo aquellos mencionados en dichas disposiciones. En la presente investigación,

la productividad, el empleo, la utilización de la capacidad y el margen de ganancias **muestran tendencias positivas** con lo cual es evidente que **no se cumple con el estándar de daño** 'más alto' contemplado en el Acuerdo sobre Salvaguardias.

셋째, 세이프가드 협정 제2.1조, 제4.1(a)조, 제4.2(a)조 등에 따라, 조사 당국은 수입품으로 인해 국내 산업이 심각한 피해를 입었거나 입을 우려가 있다는 점을 세이프가드 협정에서 규정한 모든 관련 지표를 엄정하고 객관적인 평가를 통해 입증해야 할 의무를 부담합니다. 본 조사의 경우, 제소자들의 주장과 달리 국내 산업의 피해 지표 중 생산성, 고용, 설비가동률, 이윤마진 등의 지표에서 긍정적인 추세를 보이고 있는 점을 전체적으로 고려할 때, 세이프가드 협정에서 요구하는 엄격한 기준인 '심각한 피해' 요건을 충족하지 못합니다.

▷ está obligada a ——할 의무가 있다

→ La comunidad está obligada a cuidar su medio ambiente.

▷ de manera rigurosa y objetiva 엄격하고 객관적인 방법으로

▷ tomando en cuenta todos los factores pertinentes 모든 관련 사항들을 고려하여

→ Al momento de redactar el convenio de cooperación bilateral es necesario que tomen en cuenta a todos los beneficiarios.

▷ muestran tendencias positivas 긍정적 추세를 보이다

→ La incursión del baile K-pop ha tenido una tendencia positiva.

▷ no se cumple con el estándar de daño 피해의 기준을 충족하지 않다

→ Cuando se hizo la revisión del documento se detectó que no se cumplió con las normas establecidas de redacción.

6. Cuarto, los artículos 2.1 y 4.2(b) **obligan a la autoridad investigadora** a establecer "**una relación de causalidad** entre el aumento de las

importaciones del producto en cuestión y el daño grave o la amenaza de daño grave". En la presente investigación **no existe una coincidencia** entre el aumento de importaciones y los factores de daño. Además, teniendo en cuenta la obligación de **evaluar las condiciones de competencia** entre el producto importado y el producto de la rama de producción nacional, el Gobierno de Corea resalta que no existe una interacción de competencia entre los productos importados y los nacionales ya que el **producto originario de Corea** tiene una calidad que no se produce en Guatemala.

넷째, 세이프가드 협정 제2.1조, 제4.2(b)조 등에 따라 조사 당국은 해당 제품의 수입 증가와 심각한 피해 또는 피해 우려 간에 인과관계를 증명할 의무가 있습니다. 본 조사에서는 수입 증가와 산업 지표의 악화가 일치하지 않습니다. 또한, 수입품과 국내 생산품 간 경쟁 조건을 검토할 의무가 있음에 비추어 볼 때, 한국산 수입품과 국내산이 경쟁 관계에 있지 않으며 한국제품은 과테말라 국내에서 생산하지 않는 품질임을 한국 정부는 강조하고자 합니다.

▷ obligan a la autoridad investigadora 조사 당국에 의무를 지운다

→ La falta de consciencia por parte de los ciudadanos obliga al gobierno a tomar medidas drásticas ante la actual crisis económica.

▷ una relación de causalidad 인과관계

→ Se debe tomar en cuenta que se hará necesario establecer una relación de causalidad derivada de los productos que se negociarán.

▷ no existe una coincidencia 일치하지 않는다

▷ evaluar las condiciones de competencia 경쟁 조건을 검토하다

→ Los jueces del concurso se reunieron para evaluar los criterios con los que calificarían a los participantes.

▷ producto originario de Corea 한국산 제품

→ Los artículos originarios de Corea han tenido buena aceptación en Latinoamérica.

7. Finalmente, como parte del análisis de causalidad, la autoridad investigadora **debe cumplir con el requisito de "no atribución"**, según el cual la autoridad está obligada a separar y distinguir el **daño causado por factores distintos al aumento de las importaciones** y no puede atribuir dicho daño **al aumento de las mismas**. En este caso, hay indicios de que la rama de producción nacional sufría de daño **a causa de problemas internos** como su bajo nivel de utilización de capacidad, que estuvo por debajo de 45% durante el periodo de investigación. Adicionalmente, **si bien** se dice que la capacidad total de producción del solicitante es de 160,000 toneladas, la autoridad investigadora debe investigar el reciente cierre de una de sus líneas contínuas de galvanización **por estar en malas condiciones**.

마지막으로, 인과관계 분석 시 "수입품 증가와는 다른 요소에 의해 발생한 피해를 분리하고 분석할 의무가 있으며 이러한 피해가 증가된 수입품의 탓으로 돌려지지 아니한다"는 비 전가 의무(non-attribution)를 준수할 의무가 있습니다. 본 건에서는, 국내 산업의 경우 조사 대상 기간 내 국내 산업의 설비가동률은 45% 이하의 수준을 기록한 점으로 미루어볼 때, 국내 산업은 이미 내부적 문제를 겪고 있었다는 증거가 있습니다. 또한, 제소자의 생산 능력이 총 16만 톤인 것으로 알려져 있으나, 1개 생산 라인(continuous galvanizing line)이 열악한 상태로 인해 최근 가동을 중지한 점도 검토해야만 합니다.

▷ debe cumplir con el requisito de 'no atribución' 비 전가 의무 요건을 충족해야 한다

→ El gobierno hizo saber a sus ciudadanos que ellos deben cumplir con los requisitos de la oficina del Registro de Ciudadanos para obtener su nueva identificación.

▷ daño causado por ――에 따른 피해

por는 이유를 나타내는 전치사로서 다양하게 사용된다.

→ Los ciudadanos del país entero quedaron felices al enterarse que serán gobernados por un líder de gran reputación.

▷ factores distintos al aumento de las importaciones 수입증가와는 다른 요인들

→ La presentación cultural dejó ver facetas distintas a la de una simple presentación de habilidades físicas, más bien reveló el intenso deseo de comunicar el pensamiento coreano.

▷ al aumento de las mismas 그 자체(수입)의 증가

→ Las presentaciones cinematográficas consiguieron mostrar al público la importancia de las mismas en la difusión del conocimiento de una cultura.

▷ a causa de problemas internos 내부 문제로 인하여

→ Los pobladores del lugar explicaron que a causa de la tormenta que azotó al país recientemente tuvieron que manifestar su solicitud de ayuda al gobierno.

▷ si bien —— 비록 ——하지만

우리에게는 어색하나 매우 자주 쓰는 표현이다.

→ Si bien el equipo de seguridad acordó llevar a cabo una reunión preparatoria, no todos podrán estar presentes.

→ Si bien el gobierno es el encargado de velar por la protección ciudadana, cada ser humano debe ser responsable de su propia salud y seguridad.

▷ por estar en malas condiciones 열악한 상태로 인해

por는 이유, 원인을 나타내는 전치사로 자주 사용되고 있다.

→ Para el pueblo coreano es de suma importancia colaborar con nuestros amigos más necesitados por estar en un estado de vulnerabilidad.

Los hechos incluídos en el expediente sustentan la exclusión de las importaciones de Corea del alcance de la medida de salvaguardia

한국산 수입품의 세이프가드 조치 제외 요청

8. Corea considera que no procede la imposición de una medida de

salvaguardia porque no se cumplen las **condiciones requeridas por el Acuerdo** sobre Salvaguardias y el GATT 1994 para la aplicación de dicha medida. Aun si el Ministerio procediera con la implementación de una medida de salvaguardia, el Ministerio **debe excluir de la misma** las importaciones coreanas porque éstas no son **la causa del supuesto daño** a la rama de producción nacional. Específicamente, la rama de producción nacional solo puede manufacturar productos de acero galvanizado y el producto importado de Corea es de una calidad que no se produce en 000. **Por lo anterior,** los productos importados de Corea y los productos de la rama de producción nacional no son similares ni compiten entre sí.

한국 정부는 세이프가드 협정이나 GATT 1994에 부합하는 세이프가드 조치 부과를 위한 제반 법적 요건이 충족되지 않는다는 입장입니다. 그럼에도 불구하고 당국이 세이프가드 조치를 부과하는 결정을 내릴 경우에는 한국산 수입품은 소위 추정되는 피해의 원인이 아니기 때문에 조치에서 제외해 줄 것을 요청합니다. 구체적으로 국내에서는 철강 합금 제품만 생산 가능하며, 한국산 수입품은 000 국내 산업이 생산하지 않는 것입니다. 따라서 한국산 수입품과 국내 생산품은 같은 종류가 아니며 경쟁적이지도 않습니다.

▷ condiciones requeridas por el Acuerdo 협정에 따른 조건

→ Cuando las partes interesadas firmaron el acuerdo, pidieron también que se respetara el cumplimiento de las condiciones requeridas por el Convenio Marco de Cooperación.

▷ debe excluir de la misma 그것을(조치 부과) 배제해야 한다

→ La presentación cultural debe excluir de la misma la segunda actividad porque es demasiado extensa y podría aburrir al público.

→ El acuerdo debe excluir del mismo la cláusula donde deja ambiguo el uso de equipo de protección de los trabajadores.

▷ la causa del supuesto daño 추정되는 피해의 원인

→ El caso de la supuesta violación de los derechos humanos del ciudadano en cuestión está en manos de las autoridades correspondientes.

▷ Por lo anterior, 이에 따라,

→ La entrega de la supuesta donación defectuosa está bajo investigación. Por lo anterior, se suplica a los encargados del tema que dejen pendientes las siguientes entregas.

Por ejemplo, el galvalume de Corea posee una calidad inigualable **en términos de resistencia** a la corrosión y al calor lo que lo hace más adecuado para su uso como material para techos y el acero galvanizado pre-pintado ofrece una **ultra resistencia a la intemperie** para proteger contra la decoloración lo que también **lo hace idóneo para su uso en techos**.

예를 들어, 한국산 아연-알루미늄 합금용 용도금 제품은 지붕재로 사용되기에 비교 불가할 만큼 뛰어난 내식성과 내열성을 보유하고 있으며, 컬러 도금 강판은 주 용도인 지붕재에 적합하고 컬라 보호를 위한 저항성을 지니고 있습니다.

▷ en términos de resistencia 저항성 측면에서

→ En términos de calidad, se considera que los productos de los proveedores del norte del país son mejores que los del sur.

▷ ultra resistencia a la intemperie 초고 노천기후 저항성

→ Los interesados en el convenio hicieron énfasis en la ultra importancia de organizar una reunión de revisión previa a la firma.

▷ lo hace idóneo para su uso en techos 지붕재로 매우 이상적인

→ Las presentaciones cinematográfiacs son herramientas visuales, lo que las hacen idóneas para dar a conocer la cultura de un país.

Solicitud de un contingente libre de aranceles e individual por país
무관세 쿼터 / 국가별 쿼터 요청

9. Si el Ministerio establece una medida de salvaguardia global, Corea considera que el Ministerio debe **establecer un contingente libre del pago de arancel** basado en el nivel promedio de importaciones durante los tres últimos años representativos **a fin de minimizar el impacto negativo** a los usuarios nacionales y mantener los niveles de comercio. Corea solicitaría además que **se asigne un contingente especifico individual** a cada país que tenga interés sustancial en el suministro del producto. Esto evitaría **una escasez de productos de alto valor y especialización** requeridos por los usuarios nacionales. Así también, se solicita tomar en cuenta las diferentes distancias geográficas entre países exportadores.

한국 정부는 당국이 세이프가드 조치를 부과할 경우에는 국내 소비자에 미치는 영향을 최소화하고 기존 교역 수준을 유지하기 위해 최근 3년간의 평균 수입량에 근거한 무관세 쿼터(tariff-rate quota)를 채택해 주실 것을 요청합니다. 그리고, 한국 정부는 공급자로서 상당한 이해관계를 갖는 수출국에 대해 별도의 국가별 쿼터를 배분해 주실 것을 요청합니다. 이 조치는 국내 소비자들에게 필요한 특화 및 고급 제품의 부족을 해소할 수 있을 것입니다. 또한 수출국 간 지리적 거리도 고려해 주시기를 바랍니다.

▷ establecer un contingente libre del pago de arancel 무관세 쿼터를 정하다

→ Es necesario que se establezca un listado que describa los productos libres del pago de arancel.

▷ a fin de minimizar el impacto negativo 부정적 영향을 최소화하기 위하여

→ Es necesario que se establezca un listado que describa los productos libres del pago de arancel a fin de que se haga un cálculo del precio de venta final.

▷ se asigne un contingente especifico individual 별도의 개별적 쿼터를 정하다

solicitar라는 요청에 대한 종속문이므로 접속법을 사용한다.

→ Los organizadores del evento explicaron que ningún participante podría ingresar a la sala principal hasta que se le asignara un lugar específico.

▷ una escasez de productos de alto valor y especialización 고급 및 특화 제품의 부족

→ Se estableció que los receptores de las donaciones estaban sufriendo una escasez exrema de alimentos.

10. Por último, el Gobierno de Corea expresa su preocupación porque pareciera que la medida de salvaguardia **está dirigida en contra de importaciones de Corea**, un importante socio comercial de 000 de muchos años. Si bien 000 no es parte del acuerdo de libre comercio suscrito recientemente entre Corea y Centroamérica, el Gobierno de 000 debe tener en cuenta la **posibilidad de adherirse al acuerdo** en un futuro cercano. La imposición de una medida de salvaguardia **solo debilitaría los lazos económicos** entre los dos países.

마지막으로, 한국 정부는 000 당국이 오랜 교역 상대국인 한국을 타겟으로 무역 제한 조치를 취하고자 하는 점에 우려를 표하는 바입니다. 또한, 000가 한-중미 FTA의 당사국은 아니나, 추후 당사국으로 가입할 가능성을 고려해 주실 것을 요청합니다. 세이프가드 조치의 부과는 양국 간 경제적 유대를 약화시키는 결과를 초래할 뿐입니다.

▷ está dirigida en contra de importaciones de Corea 한국수입품을 표적으로 하다

→ Las presentaciones de cine estaban dirigidas a las personas que tenían ultra interés en conocer más de la cultura coreana.

▷ posibilidad de adherirse al acuerdo 협정에 가입할 가능성

자동사가 재귀대명사를 동반하면 의미가 강조되기도 한다.

→ Se estableció en la reunión que las personas que quisieran adherirse al nuevo acuerdo firmado quedaban en la libertad de hacerlo.

▷ solo debilitaría los lazos económicos 경제적 유대를 약화할 뿐이다

직설법 조건(가능법)은 미래에 대한 추측, 가능성을 나타낼 수 있다.

→ Es necesario que todo lo requerido para esta nueva relación comercial se establezca por escrito o se debilitarían las relaciones de amistad y cooperación entre nuestros países.

11. El Gobierno de Corea confía en que el Gobierno de 000 tomará en cuenta los puntos mencionados anteriormente **al considerar si aplica o no** una medida de salvaguardia. Es el deseo del Gobierno de Corea que la presente investigación no tenga un impacto negativo en la promoción del comercio recíproco entre ambas naciones. **Por lo que,** el Gobierno de Corea **está dispuesto a trabajar** estrechamente con el Gobierno de 000 **a fin de encontrar una solución amigable** a este asunto. Muchas gracias.

한국 정부는 000 정부가 세이프가드 조치를 취할지 여부를 고려할 때 위에 언급한 사항들을 고려하여 주실 것을 당부 드립니다. 한국 정부는 금번 조사가 앞으로 양국 간 호혜적인 무역 증진에 부정적인 영향을 끼치지 않기를 바랍니다. 또한, 이 문제에 대해 선의의 해결책을 찾기 위하여 향후에도 긴밀히 협력할 준비가 되어 있습니다. 감사합니다.

▷ al considerar si aplica o no 적용할지 말지 여부를 검토할 때

'al + 동사원형'은 '~할 때'의 의미를 지닌다.

→ Al llegar al final de esta discusión, llegaremos a comprender las motivaciones que nos han hecho distanciarnos entre ciudadanos.

▷ Por lo que, 그리하여, 또한,

→ Al exponer los hechos de una manera más detallada, podremos entrar a una reunión que nos permita llegar a una feliz conclusión. Por lo que los invito a que establezcamos la hora en que nos podamos volver a reunir.

▷ está dispuesto a trabajar 협력할 준비가 되어 있다

→ La comunidad manifestó estar dispuesta a colaborar en lo que fuera necesario para sacar adelante el país.

▷ a fin de encontrar una solución amigable 우호적인 해결을 찾기 위하여

→ A fin de solidarizarnos con nuestros amigos de esta bella nación, venimos hoy a entregar esta donación que nace de lo más profundo de nuestro corazón.

쉬어 가기

어느 나라의 기업이 다른 나라에 수출하는 특정 상품의 양이 지나치게 많아 동 국가의 동종 산업에 과도한 영향력을 미칠 때 해당 국가는 WTO 및 수출국에 이 문제를 통보하고 세이프가드 조치를 부과할 수 있는데, 조치 이전에 관련 산업 및 수출입 회사들을 상대로 조사를 시작하게 된다.

상기 건은 어느 중미 국가가 우리 철강회사들을 상대로 세이프가드 조치 관련 조사를 시작하여 우리 정부, 대사관 및 관련 2개 회사들이 연합하여 적극 대처한 결과 무혐의 판정을 받은 좋은 사례이다.

동 공청회는 경제부의 주관하에 제소사의 변호인, 피고소 회사 측 변호인 및 우리 대사관 변호인들이 각각의 입장 설명, 증인 심문, 반대 심문 등의 절차를 거쳐 엄격하게 실시되었다.

III

기고문

Artículos publicados en diarios locales

◇◇◇

해외에 주재하는 대사관, 회사의 법인, 국제기구 또는 NGO 사무소 등에 근무하는 직원들은 자기 조직의 입장을 주재국 국민들에게 널리 알리고 친근한 이미지를 심어가기 위해 다양한 언론홍보 활동을 한다. 어느 경우이든 상주하는 나라에서 그 나라의 법과 사회 규칙을 존중하면서도 자기 조직의 품격과 위상을 다양한 방법으로 높여 나가야 한다.

저자는 공관장으로 근무하는 동안 여러 행사를 개최하거나 참석하면서 주재국 신문 또는 방송과 많은 인터뷰를 한 경험이 있다. 그런데 돌아보면 방송 인터뷰보다는 일간지 기고가 더 효과적이었던 것 같다. 방송은 시간대 혹은 회사 사정에 따라 편집을 하기 때문에 설명이 왜곡되거나 논점이 흐트러지기도 한다. 또 우리가 상대하는 중요 인사들은 방송 시간은 놓치기도 하지만 신문은 on/off 라인을 막론하고 항상 정독하는 것 같다. 더구나 감동이 있는 글은 오랫동안 많은 사람들의 마음을 얻을 수 있기 때문이기도 하다.

이 장에 수록한 것은 저자가 국내외적으로 부각되었던 이슈들과 이에 대한 우리의 입장을 주재국 사회에 전파하기 위해 주요 일간지에 발표했던 기고문을 선별한 것이다. 앞 장에서와 마찬가지로 기고문 전체를 완역하여 독자들이 번역과 재번역을 해 봄으로써 좋은 문장들을 익히도록 하였다.

기고문은 일단 발표되면 되돌릴 수가 없기 때문에 우리의 입장을 논리적으로 설명하면서도 주재국이나 관련 당사자들의 입장도 신중하게 고려해야 한다. 과장된 홍보를 한다거나 상대의 아픈 구석을 직접적으로 건드린다면 부정적 영향이 발생할 수 있음을 늘 염두에 두어야 한다. 또 기고문은 분량에 제한이 있기 때문에 적절한 문장 구성에도 신경을 써야 한다.

1 정무 / 지역 협력
Asuntos políticos y cooperación regional

1-a Cumbre Intercoreana y Perspectivas sobre la situación política de la Península Coreana
남북한 정상회담과 한반도 정세 전망

El 27 de abril de 2018, la histórica Cumbre Intercoreana fue realizada en Panmunjeom, la parte Sur de la línea divisoria entre las dos Coreas. El Presidente de la República de Corea, Moon Jae-in y el Presidene de Asuntos de Estado de Corea del Norte, Kim Jong-un anunciaron 'la Declaración Panmunjeom por la Paz, la Prosperidad y Reunificación de la Península Coreana', para la desnuclearización, la coexistencia y la prosperidad de la Península Coreana, **teniendo la atención de** todo el mundo.

2018년 4월 27일, 남북한 분계선 남쪽 지역 판문점에서 역사적인 남북한 정상회담이 열렸다. 대한민국의 문재인 대통령과 북한의 김정은 국무위원장은 한반도의 공존과 번영 그리고 비핵화를 위해 전 세계의 이목을 끈 '한반도의 평화, 번영 및 통일을 위한 판문점 선언'을 발표했다.

▷ teniendo la atención de 주목을 끌면서

동사의 현재분사는 '~하면서'라는 의미이다.

→ A todos los que participaron en la presentación cultural se les pasó una encuesta, tratando de obtener algún comentario de su percepción del evento.

La historia de la Península Coreana data de hace más de 4,300 años, tiempo en el que el pueblo coreano ha compartido un mismo idioma, historia, cultura y costumbre. No obstante, debido a los conflictos ideológicos de algunos países, en el año 1945 Corea del Sur y del Norte adoptaron diferentes sistemas políticos, y más aún, **debido a la guerra entre las dos Coreas**(1950-1953), todos los sistemas político, económico y social quedaron en ruinas. Hoy en día, el volumen del PIB de Corea del Sur ocupa el decimotercer lugar y el volumen de la exportación ocupa el séptimo lugar, a nivel mundial. En cambio, en Corea del Norte, su pueblo sufre de hambre y pobreza, **a consecuencia de una economía fracasada**.

한반도의 역사는 4,300여 년 이상 거슬러 올라가며, 한국인들은 같은 언어, 역사, 문화, 관습을 공유하고 있다. 그러나 1945년 일부 국가들의 이념적 갈등으로 인해 남북한은 서로 다른 정치 체제를 채택하였고, 한국전쟁(1950–1953)으로 인해 모든 정치, 경제 그리고 사회 체제는 무너지고 폐허가 되었다. 오늘날 한국의 GDP는 전 세계 13위를 차지하고 수출은 7위를 차지한다. 반면 북한은 경제적 실패에 따라 주민들이 기아와 빈곤으로 고통 받고 있다.

▷ debido a la guerra entre las dos Coreas 남북한 간 전쟁 때문에

→ En aquella época, debido a la crisis económica, los inversionistas coreanos tuvieron que pedir apoyo al gobierno.

▷ a consecuencia de una economía fracasada 실패한 경제 결과로

→ Los coreanos sufrieron a consecuencia de una inmerecida guerra interna.

El Presidente de Corea del Sur, Moon Jae–in inició el diálogo con funcionarios importantes de Corea del Norte, **aprovechando la ocasión de** los Juegos Olímpicos de Invierno de PyeongChang. Aunque el comentario de la posible desnuclearización de parte de Kim Jong-un, fue cuestionado por muchas partes que **ponían en duda su sinceridad**, el Presidente Moon continuó impulsando el diálogo y gracias a ello se pudo lograr la Cumbre Intercoreana y negociar la Cumbre entre Corea del Norte y EE.UU.. Ahora, las dos Coreas y los países involucrados necesitan participar con sinceridad en el diálogo, y se espera la cooperación activa de todas las partes involucradas para la estabilidad y la paz en la Península Coreana.

문재인 대통령은 평창 동계 올림픽 행사를 활용하여 북한의 중요한 관리들과 대화를 시작했다. 비록 김정은의 비핵화 가능성에 대한 비판이 그의 진실성에 의문을 제기하는 많은 사람들에 의해 제기되었지만, 문 대통령은 대화를 진전시켰으며 그로 인해 남북한 정상회담이 이루어질 수 있었고 북미 간 정상회담이 논의되고 있다. 이제 남북한과 관련 국가들은 진정성을 가지고 대화에 참여해야 하며 한반도의 안정과 평화에 관련된 모든 당사자들의 적극적인 협력이 기대된다.

▷ aprovechando la ocasión de —— 계기를 이용하여

→ Como Embajador de Corea aprovecho la ocasión para enviarles un mensaje del Presidente de mi país.

▷ ponían en duda su sinceridad 진정성에 의문을 가진

지속적인 감정을 나타내기 위해 불완료 과거형을 사용한다.

→ La ausencia de participación en el taller ponía en duda el deseo de aprender.

La desnuclearización de la Península Coreana es una decisión imprescindible. En la región de Asia, el desarrollo de las armas nucleares de un país puede conllevar al desarrollo en cadena de armas nucleares por parte de otros países. Es una decisión sabia de Kim Jong-un acordar la desnuclearización de la Península Coreana, el cese de actos hostiles y el intercambio de la cooperación, **de forma pacífica** entre las dos Coreas. De esa manera, se podrá contribuir a la estabilidad y a la paz de Asia del Noreste.

한반도의 비핵화는 피할 수 없는 결정이다. 아시아 지역에서 한 국가의 핵무기 개발은 다른 국가의 핵무기 연쇄 개발로 이어질 수 있다. 한반도의 비핵화, 적대 행위 중단 및 남북 간 평화적 교류 협력에 합의한 것은 김정은의 현명한 결정이다. 그렇게 함으로써 동북아의 안정과 평화에도 기여할 수 있을 것이다.

▷ de forma pacífica 평화적인 방법으로

'de forma + 형용사'는 '~한 방법으로'라는 의미이다.

→ La votación se hizo de forma unánime.

Corea del Norte debe ver claramente que toda la comunidad internacional, incluso 000, **está en contra del conflicto militar** y apoya la coexistencia y la prosperidad. Si Corea del Sur y los países vecinos garantizan su régimen, Corea del Norte debe desmantelar las armas nucleares **de manera completa, verificable e irreversible**. De esta manera, Corea del Norte puede contribuir a la paz mundial y a la prosperidad común de la humanidad, como un miembro responsable de la comunidad internacional.

북한은 000를 포함한 국제 사회 전체가 군사적 충돌에 반대하고 공존과 번영을 지지한다는 것을 분명히 알아야 한다. 한국과 주변국이 정권을 보장한다면 북한은 핵무기를 완전하고 검증 가능하며 돌이킬 수 없는 방식으로 해체해야 한다. 이런 식으로 북한은 국제 사회의 책임 있는 구성원으로서 세계 평화와 인류의 공동 번영에 기여할 수 있다.

▷ está en contra del conflicto militar 군사적 충돌에 반대하다

estar en contra de는 '~에 반대하다'라는 의미이다.

→ El mundo entero debe manifestarse en contra de la violencia intrafamiliar.

▷ de manera completa, verificable e irreversible 완전하고 검증가능하며 불가역적 방법으로

Cuando se realice la desnuclearización, la República de Corea y sus aliados apoyarán activamente al desarrollo económico y social de Corea del Norte, que ha decaído grandemente, ya que la mayoría de los recursos de Corea del Norte se han destinado para el desarrollo de las armas nucleares. Pero ahora, si se invierten los recursos para la producción de alimentos, la lucha contra la pobreza y el crecimiento económico, la economía de Corea del Norte podrá recuperarse, mejorar, con ello, y elevar el bienestar del pueblo norcoreano.

비핵화가 이루어질 때, 한국과 동맹국들은 자원 대부분이 핵무기 개발을 위해 전용됨으로써 크게 침체된 북한의 경제 및 사회 발전을 적극적으로 지원할 것이다. 앞으로 자원이 식량 생산, 빈곤 퇴치 및 경제 성장을 위해 쓰인다면 북한의 경제가 회복되고 개선되어 북한 사람들의 복지를 향상시킬 수 있을 것이다.

▷ Cuando se realice la desnuclearización, 비핵화가 실현될 때,
미래의 (가정적) 사실이므로 접속법을 사용한다.

→ Se espera que cuando se termine la reunión todos estén de acuerdo con las conclusiones.

En el proceso de la desnuclearización de Corea del Norte, **fue indispensable la sanción** y el apoyo de la comunidad internacional para lograr el diálogo. El Gobierno de Corea del Sur espera que Corea del Norte contribuya a la paz mundial y a la prosperidad común de la humanidad, asumiendo una actitud de compromiso y responsabilidad ante la comunidad internacional y saliendo del aislamiento diplomático.

북한의 비핵화 과정에서 국제 사회의 제재와 지원이 대화를 달성하기 위해서 불가피하였다. 한국 정부는 북한이 외교적 고립에서 벗어나 국제 사회에 대한 헌신과 책임감 있는 태도를 가지고 세계 평화와 인류의 공동 번영에 기여하기를 희망한다.

▷ fue indispensable la sanción 제재는 불가피한 것이었다.

Ser 동사의 단순 과거형은 과거에 발생하여 이미 끝난 상태를 표현한다.

→ La semana pasada fue necesario contratar a una empresa especializada en arreglar piso para que revisara la plataforma del teatro antes de realizar la presentacion.

La experiencia de las relaciones entre las dos Coreas demuestra que no es la guerra, ni el conflicto la solución a los problemas entre los pueblos. Solo el diálogo, **abierto, franco y profundo,** en el que las partes involucradas estén dispuestas a ceder y asumir con responsabilidad los compromisos y acuerdos a los que se lleguen, es la respuesta para garantizar la estabilidad de una Nación y crear **una paz auténtica y duradera** para los pueblos.

남북한 관계의 경험은 전쟁이나 충돌이 민족 간 문제에 대한 해결책이 아님을 보여준다. 오직 양측 당사자들이 공개적이고, 솔직하며, 깊은 대화를 통해 기꺼이 양보하고 약속한 합의를 책임감 있게 지켜나갈 때 국가의 안정을 보장하고 민족의 진정하고 영속적인 평화를 달성할 수 있을 것이다.

▷ , abierto, franco y profundo, 공개적이고 솔직하며 심오한,

▷ una paz auténtica y duradera 진정하고 지속적인

1-b Las Relaciones entre Corea y los paises del SICA
한국과 SICA 국가들 간의 관계

Desde la suscripción del Tratado General de Integración Económica Centroamericana, en Managua, en 1960, el proceso de integración centroamericana **ha experimentado importantes avances** que han permitido un mejor intercambio comercial y entendimiento político entre los países miembros y ha constituido el preámbulo para alcanzar su fin último: la unidad y desarrollo integral como subregión.

1960년 마나과에서 중미 경제통합 조약이 서명된 이후, 중미 통합과정은 상당한 진척을 이루어 회원국들 사이의 보다 나은 통상 교류와 정치적 이해 증진을 가능케 하였으며, 마침내 최종 목표인 '소지역으로서의 통합과 발전'을 이루기 위한 서막을 열었다.

▷ ha experimentado importantes avances 중요한 진전을 경험하다

Desde la creación del SICA en 1991, el proceso de integración centroamericana ha logrado grandes avances en su misión unificadora. Sus esfuerzos le han permitido a la subregión centroamericana **obtener una mayor presencia y reconocimiento** en el ámbito internacional, **pasando de ser un mero espectador, al actor principal** en la negociación de acuerdos comerciales, como el Tratado de Libre Comercio DR-CAFTA y el Acuerdo de Asociación con la Unión Europea(AdA).

1991년 창립된 이후 SICA는 중미통합 과정에서 중심 역할을 하며 상당한 발전을 이루었다. 이러한 노력 덕분에 중미 지역은 국제사회에서 존재를 드러내고 주목을 받게 되었으며, 단순한 관중이 아닌 DR-CAFTA 자유무역협정 및 유럽연합과의 협약과 같은 무역

협정 협상에서 주요 행위자로 등장하게 되었다.

▷ obtener una mayor presencia y reconocimiento 존재감과 위상을 얻다

→ Las empresas deben mejorar la calidad de sus productos para obtener una mayor presencia y reconocimiento.

▷ pasando de ser un mero espectador al actor principal 단순한 관중에서 주요 행위자로 바뀌다

Pasando는 '~하면서'라는 의미의 현재분사, 'de ~ a~'는 '~에서부터 ~로'의 의미이다.

→ Los habitantes de la región pasaron de ser jueces de las decisiones tomadas por el gobierno a colaboradores incensantes del progreso del país.

Antes de su incorporación como país observador extrarregional del SICA, la República de Corea ha manifestado su interés por contribuir al desarrollo integral de Latinoamérica. Corea, desde el año 1996, ha cooperado con los países de la región, mediante el mecanismo del Foro de Diálogo de Cooperación. En el año 2010, durante la *III Reunión de Jefes de Estado y de Gobierno* que se celebró entre el SICA y la República de Corea **se plasmó el interés de la República de Corea** por contribuir aún más a la estabilidad y fortalecimiento de la integración regional, al solicitar su incorporación como observador extrarregional del Sistema.

한국은 SICA에 옵서버 국가로 합류하기 전부터 중남미의 통합 발전에 기여하는 데 큰 관심을 표명했다. 1996년부터 한국은 협력대화 포럼이라는 메커니즘을 통해 중미 지역 국가들과 협력해왔다. 2010년에는 SICA와 한국 간 개최된 제3차 정상회담에서 한국은 역외 옵서버 국가로 참여하면서 지역통합의 안정과 강화를 위해 기여하겠다는 의지를 표명하였다.

▷ se plasmó el interés de la República de Corea 한국의 관심을 표현하다

Para fomentar y consolidar la cooperación con los países del SICA, se han celebrado varios Foros de Diálogo y Cooperación entre Corea y Centroamérica, **a partir de los cuales** se han desarrollado congresos y talleres, como el Congreso sobre el 'Impulso de la Innovación y el Desarrollo Tecnológico para la Competitividad de la Región'; y el Congreso Regional sobre 'Desarrollo Rural y Política Coreana', como parte del **intercambio de experiencias entre la nación asiática y el bloque regional**.

SICA 국가들과의 협력을 증진하고 강화하기 위해 그동안 한국과 중미 간에 여러 차례의 협력 대화 포럼이 열렸으며 이를 토대로 다양한 회의들, 예를 들어 '혁신 촉진 및 지역 경쟁력 강화를 위한 기술 개발' 회의, 그리고 한국과 중미지역 블록 간 경험 교환의 일환으로 '한국의 농촌 개발 정책'에 관한 회의 및 워크숍들이 개최되었다.

▷ Para fomentar y consolidar la cooperación 협력을 증진하고 강화하기 위해

▷ , a partir del cual 그로부터

a partir de는 '~로부터'라는 시간을 나타내는 전치사구로 여기서는 관계대명사 el cual과 함께 사용되어 앞뒤 문장을 연결해주는 역할을 하고 있다.

→ Dentro del marco de cooperación se han celebrado varios acuerdos, a partir de los cuales se busca plasmar un sentimiento de solidaridad.

Igualmente, y a través de la Agencia de Cooperación KOICA, **la cual funciona como** una plataforma a nivel internacional para implementar la concesión de ayuda y cooperación técnica del Programa de Ayuda Oficial al Desarrollo(AOD), en diversas partes del mundo, entre ellas Centroamérica, se han desarrollado diversos programas **con el fin de promover el desarrollo económico y social** de los países en vías de desarrollo; y fortalecer los lazos de amistad con los países socios.

또한, 한국은 중미를 포함한 세계 여러 지역에서 ODA(공적 개발지원 프로그램) 차원의 원조 및 기술 협력을 제공하는 국제적 플랫폼 역할을 하는 KOICA를 통하여 개발도상국의 경제 및 사회 발전을 촉진하고 협력국과의 우호 관계를 강화하기 위해 다양한 프로그램을 개발하였다.

▷ , la cual funciona como ──로 기능하는

앞 문장의 Agencia를 받아 뒤 문장의 주어로 이어지게 하기 위해 여성정관사 la와 관계사 cual을 함께 사용한다.

→ En la última década se inauguró una oficina, la cual funciona como sede central de la organización en ese país.

▷ con el fin de promover el desarrollo económico y social 경제 사회적 개발을 촉진하기 위해

Así, se ha contado con la visita de varios expertos para compartir experiencias y realizar recomendaciones sobre cómo alcanzar el desarrollo en diversos sectores, como educación, agricultura, infraestructura, tecnología, comercio, formación técnica, salud, etc.; se han ejecutado programas de capacitación y formación para que estos países cuenten con un **capital humano con conocimiento necesario** para contribuir al desarrollo de los mismos; y también se han desarrollado programas de voluntariado, con el fin de que **jóvenes y adultos provenientes de Corea** fortalezcan los lazos de amistad y comprensión mutua con los países hermanos en vías de desarrollo; y contribuyan a mejorar la calidad de vida de los habitantes de estos países.

이어 한국은 교육, 농업, 인프라, 기술, 상업, 기술 교육, 건강 등과 같은 다양한 분야에서 발전을 선도해 온 경험을 공유하고 개선책을 제시하기 위해 여러 전문가들을 파견하였다. 또 이들 국가가 스스로 개발을 추진해 나가는 데 필요한 지식을 갖춘 인적 자원을 양성할 수 있도록 훈련 및 교육 프로그램도 실시하였다. 자원봉사 프로그램도 개발되어 한국의 청년들과 성인들이 개발도상국과 우정 및 상호 이해를 증진하고 이들 나라 주민들의 삶의 질 개선에 기여할 수 있도록 하였다.

▷ capital humano con conocimiento necesario 필요한 지식을 갖춘 인적 자원

▷ jóvenes y adultos provenientes de Corea 한국에서 온 청년과 성인들

'~에서 유래한, ~에서 온'이라는 의미이다.

→ El gobierno reportó un alto ingreso de inmigrantes, en su mayoría, provenientes de China.

El Gobierno de Corea **siente un gran compromiso** por profundizar la cooperación con sus países socios, a fin de que estos al igual que Corea, puedan alcanzar un desarrollo económico, social y tecnológico **que les permita salir de la pobreza**. En este sentido, el Gobierno de Corea promueve año con año cursos de capacitación, a fin de que los países de Centroamérica tengan acceso a conocimiento técnico avanzado en diversas temáticas y sectores (TIC, agricultura y ganadería, electrónica, industria automotriz, etc.); así como formación académica especializada, a través de los estudios de maestrías y doctorados que **se ofrecen de Gobierno a Gobierno**.

한국 정부는 협력국들이 한국처럼 빈곤을 극복할 수 있도록 경제, 사회, 기술적 발전을 달성할 수 있는 협력을 심화하는 데 큰 책임감을 느끼고 있다. 이와 관련하여 한국 정부는 중미 국가들이 다양한 주제와 분야(ICT, 농업 및 축산업, 전자, 자동차 산업 등)에서 고급 기술 지식을 습득할 수 있도록 매년 연수 과정을 개설하고 있으며 정부 차원에서 석사 및 박사

과정을 제공하여 특정 분야의 학문적 성취도 지원하고 있다.

▷ siente un gran compromiso ——에 책임감을 느끼다

→ Desde que la comunidad coreana se estableció en este país ha sentido un gran compromiso con sus habitantes.

▷ que les permita salir de la pobreza 빈곤을 극복하게 해 주는

▷ se ofrecen de Gobierno a Gobierno 정부 대 정부 차원에서 제공하는

Según datos del Banco de Desarrollo de América Latina(CAF), Corea y Centroamérica han ampliado sus intercambios comerciales **a un ritmo promedio del 16% anual** en sus últimos años. En el año 2014, el monto comercial que Corea exportó a los seis países de América Central fue de U$ 3.8 mil millones de dólares y la importación de productos provenientes de la región centroamericana fue de U$ 1.2 billones de dólares; **habiendo alcanzado en ese año** una inversión de U$3.86 billones de dólares.

중남미 개발은행(CAF)의 자료에 따르면 한국과 중미는 최근 몇 년 동안 연평균 16%까지 교역을 확대해왔다. 2014년에 한국이 중미 6개국에 수출한 금액은 38억 달러였고, 중미 지역에서 수입한 금액은 12억 달러였으며 그 해에 38.6억 달러를 투자했다.

▷ a un ritmo promedio del 16% anual 연평균 16% 비율로

▷ habiendo alcanzado en ese año 그해에 달성하였다

과거에 진행되는 상황을 묘사하기 위해서 과거완료 진행형을 사용한다.

→ Conforme pasaron las décadas, Corea superó la pobreza habiendo alcanzado uno de los primeros lugares de las economías más sanas del mundo.

En la actualidad, en cada país de América Central existe alrededor de 30-100 PYMES coreanas principalmente en la industria textil. Pero recientemente, están aumentando las empresas que se dedican a los sectores de construcción, transmisión eléctrica, energías renovables etc. Estas empresas coreanas establecidas en Centroamérica aportan al desarrollo de la región **al fortalecer y diversificar sus áreas de inversión.**

현재 중미 각국에는 주로 섬유 산업에 종사하는 약 30-100개의 한국 중소기업이 있다. 그러나 최근에는 건축, 전기 송전, 재생 에너지 등의 분야에 종사하는 회사가 증가하고 있다. 중미에 설립된 한국 기업들은 투자 분야를 심화하고 다양화함으로써 지역 발전에도 기여하고 있다.

▷ En la actualidad, 현재,

▷ al fortalecer y diversificar sus áreas de inversión 투자를 심화하고 분야를 다양화하면서

'al + 동사원형'은 '~할 때, ~하면서'의 의미이다.

→ Al llegar a una feliz conclusión de la discusión, la reunión se terminó.

1-c La Cooperacion interregional entre Corea y América Latina en el marco de FOCALAE

한국과 중남미 간 FEALAC 차원의 지역 협력

El Foro de Cooperación de América Latina y Asia del Este(FOCALAE) fue creado en septiembre de 1999, para promover el entendimiento mutuo y la cooperación entre Asia del Este y América Latina, **a fin de establecer nuevas alianzas**, promover la cooperación en diversas áreas, como economía, ciencia y tecnología, cultura; y para lograr el beneficio mutuo, **compartiendo las posiciones en asuntos a nivel internacional**. Actualmente, el Foro se encuentra integrado por 36 países(16 países de Asia y 20 países de América Latina).

1999년 9월, 동아시아와 라틴아메리카 국가들 간의 상호 이해와 협력을 증진함으로써 새로운 동맹을 구축하고, 경제·과학기술·문화와 같은 다양한 분야에서 협력을 촉진하는 한편, 이를 통해 상호 이익을 달성하고 국제적 이슈에서 같은 입장을 공유하기 위해 동아시아 라틴아메리카 협력 포럼(FOCALAE)이 만들어졌다. 현재 이 포럼은 36개국(아시아 16개국, 라틴 아메리카 20개국)으로 구성되어 있다.

▷ a fin de establecer nuevas alianzas 새로운 동맹을 구축하기 위해

▷ compartiendo las posiciones en asuntos a nivel internacional 국제적 이슈에 대한 입장을 공유하다

El FOCALAE es el único espacio de consulta multilateral intergubernamental entre Asia oriental y Latinoamérica, y **se está convirtiendo en un foro integral de cooperación**, que representó en 2016, el 38% de la economía global. Este canal de diálogo, funciona básicamente en cuatro niveles: la Reunión de

Ministros de Relaciones Exteriores(FMM), Reunión de Funcionarios de Alto Nivel(SOM), Reunión de los Grupos de Trabajo(WG) y Reunión del Grupo Central(CG). En particular, la FMM es la instancia decisoria más alta del Foro y celebra reuniones cada dos años, con la participación de los Ministros de Relaciones Exteriores de los países miembros.

FOCALAE는 동아시아와 라틴아메리카 간 유일한 정부 간 다자 협의체이며, 2016년 세계 경제의 38%를 차지하는 포괄적인 협력 포럼이 되고 있다. 이 대화 채널은 기본적으로 외교장관 회의(FMM), 고위관리 회의(SOM), 실무 그룹 회의(WG) 및 중앙그룹 회의(GC)의 네 가지 수준에서 이루어진다. 특히, FMM은 포럼의 최고 의사 결정 기관이며 2년마다 회원국 외교장관의 참여하에 회의가 개최된다.

▷ se está convirtiendo en un foro integral de cooperación 포괄적 협력 포럼이 되고 있다

→ Los lazos de amistad y cooperación se están convirtiendo en un poderoso vínculo entre nuestros países.

Corea participa activamente en diversas reuniones del FOCALAE desde su creación hasta la fecha y **ha desempeñado un papel destacado** en la promoción de la cooperación entre ambas regiones. El Gobierno de Corea **da gran importancia a las actividades** y desarrollo de FOCALAE, esperando que los vínculos económicos, sociales y culturales con 000 también mejoren a través de las actividades del FOCALAE.

한국은 FOCALAE의 설립 당시부터 현재까지 다양한 회의에 적극적으로 참여하고 있으며 두 지역 간의 협력을 촉진하는 데 주도적인 역할을 해왔다. 한국 정부는 FOCALAE의 활동을 통해 000와의 경제, 사회 및 문화적 유대 관계가 개선되기를 희망하면서 FOCALAE의 활동과 발전에 큰 중요성을 부여하고 있다.

▷ ha desempeñado un papel destacado 주도적 역할을 해 오다

→ A nivel mundial, las comunidades coreanas han desempeñado un papel importante en los países donde se han establecido.

▷ da gran importancia a las actividades 중요한 의미를 부여하다

dar importancia a는 '~에 중요성을 주다'라는 의미이다.

→ Las actividades culturales que se han organizado, año con año, dan gran importancia a la relación de amistad que ha existido entre nuestros pueblos a lo largo del tiempo.

A través de este Foro se desarrollan tanto proyectos de cooperación a nivel nacional, como proyectos de cooperación interregional. Los primeros, constituyen proyectos en los que un país miembro voluntariamente investiga y **conduce proyectos de cooperación específicos**, asumiendo los costos para la propuesta del mismo. Los segundos**, en cambio,** son proyectos que involucran la participación de **al menos un país de cada de región**, quienes de forma conjunta promueven proyectos de cooperación.

이 포럼을 통해 국가별 협력프로젝트와 지역 간 협력 프로젝트가 개발되고 있다. 전자는 각 회원국이 비용을 스스로 부담하면서 특정 협력 프로젝트를 자발적으로 조사하고 수행하는 프로젝트를 말한다. 반면에 후자는 각 지역에서 최소 1개국 이상의 참여를 포함하여 공동으로 협력 프로젝트를 추진하는 것을 말한다.

▷ conduce proyectos de cooperación específicos 특정한 협력계획을 수행하다

▷ , en cambio, 반대로,

▷ al menos un país de cada de región 각 지역에서 최소 1개국이

'최소한'이라는 의미의 부사이다.

→ Es importante que, al menos una vez al mes, se considere una reunión para abordar los temas de mayor relevancia.

Los proyectos de cooperación interregional **no han sido desarrollados a plenitud**; no obstante, el número de proyectos regionales está aumentando, debido a la importancia del fortalecimiento de la cooperación regional que el FOCALAE promueve. En principio, las áreas del proyecto se habían limitado a programas de visitas, cursos de idiomas, seminarios, talleres y turismo. Sin embargo, recientemente, **ha habido un incremento de la tendencia a** la promoción del comercio y la inversión, la investigación científica y de desarrollo e intercambio cultural.

지역 간 협력 프로젝트는 아직 충분히 개발되고 있지 않다. 그러나 FOCALAE가 추진하는 지역 협력 강화의 중요성으로 인해 지역 프로젝트의 수가 계속 증가하고 있다. 애초에 프로젝트 영역은 방문 프로그램, 언어 연수, 세미나, 워크샵 및 관광으로 제한되었다. 그러나 최근에는 무역 및 투자, 과학적 연구 및 개발, 문화 교류 등을 촉진하는 경향이 증가하고 있다.

▷ no han sido desarrollados a plenitud 충분히(완전히) 추진되지 않고 있다

전치사 a와 명사 plenitud이 만나 형용사의 역할을 한다.

→ Las donaciones que se proyectan para este año no han sido definidas a plenitud.

▷ ha habido un incremento de la tendencia a ——하는 경향이 증가하고 있다

haber 동사의 현재완료형으로 과거에서 시작해서 현재까지 이어지는 현상을 묘사할 때 사용한다.

→ La queja de las empresas fue que, en un corto tiempo, había habido falta de insumos para trabajar.

→ La tendencia a la moda musical ha alcanzado a los jóvenes de todo el mundo.

El gobierno coreano **está dispuesto a contribuir con ciertas cantidades** para el Fondo, a fin de fomentar estos proyectos de cooperación regional(en temas claves, como la cooperación para el desarrollo, salud, cambio climático, seguridad cibernética y promoción del comercio) **si otros miembros están de acuerdo**.

한국 정부는 다른 회원국들이 동의한다면 지역 협력사업들(개발 협력, 건강, 기후 변화, 사이버 보안, 무역 촉진 등 주요 이슈)을 장려하기 위해 기금에 일정액을 기부할 의사가 있다.

▷ está dispuesto a contribuir con ciertas cantidades 일정액을 기부할 준비가 되다
estar dispuesto a는 '~할 준비가 되다'라는 의미이다.
→ Ante la catástrofe ocurrida recientemente, mi gobierno está dispuesto a negociar acuerdos de cooperación a fin de expresar sus sentimientos de solidaridad al país.

▷ si otros miembros están de acuerdo 다른 회원국들이 동의한다면

De igual manera, se propone la realización de una Cumbre de FOCALAE, con el fin de impulsar la visibilidad del Foro en el ámbito internacional y **obtener un enfoque más integral de gobierno** de parte de los países miembros. Igualmente, se recomienda la inclusión de grupos de expertos, que a través de su conocimiento y experiencia, enriquecerían las reuniones de FOCALAE y podrían hacer recomendaciones e identificar mejores prácticas en temas relacionados a su área de experticia; así como, la posibilidad de aprovechar los conocimientos y recursos de Organismos Internacionales y Regionales, que se involucren en los procesos de FOCALAE.

또한, 국제무대에서 포럼의 가시성을 높이고 회원국 정부의 보다 포괄적인 참여를 촉구하기 위해 FOCALAE 정상회담을 개최할 것을 제안한다. 마찬가지로, 지식과 경험을 통해

FOCALAE 회의를 충실하게 하고 각자의 전문 분야에서 모범 사례를 확인 및 권고할 수 있는 전문가 그룹을 포함시킬 것을 제안한다. 이들은 FOCALAE 프로세스에 참여하는 국제 및 지역 기구의 지식과 자원을 활용할 가능성도 있기 때문이다.

▷ obtener un enfoque más integral de gobierno 정부의 보다 포괄적인 관심을 얻다

El Gobierno coreano espera que las iniciativas detalladas en el Nuevo Plan de Acción, fortalezcan el marco institucional de FOCALAE, promuevan la efectividad de los Proyectos y Grupos de Trabajo; y permitan crear alianza con organismos internacionales y regionales. Para Centroamérica, FOCALAE es un espacio que debe aprovecharse**, para lo cual se hace necesario de una participación** más activa de parte de los representantes y líderes de gobierno, a fin de que se fortalezca la organización y mejore la eficiencia de las reuniones y actividades que se desarrollen en el seno de FOCALAE.

한국 정부는 새로운 행동계획에 상세히 기술된 이니셔티브가 FOCALAE의 제도적 틀을 강화하고 프로젝트와 실무그룹의 효과성을 증진하며, 국제 및 지역 단체와 동맹을 형성할 수 있기를 희망한다. 중미 국가들에게 FOCALAE는 활용성을 갖추어야 하는 공간이다. 이를 위해서 정부 대표 및 지도급 인사들의 적극적인 참여가 필요하며 이러한 참여를 통해 FOCALAE를 강화하고 이 기구 내부에서 열리는 회의와 추진되는 활동의 효율성 개선을 도모하고자 한다.

▷ , para lo cual se hace necesario de una participación 이를 위해 참석이 필요하다

'이를 위해'라는 의미로, 전치사 para와 앞선 문장 전체를 뒤 문장의 주어로 받기 위해 중성 정관사 lo와 관계사 cual을 사용한다.

→ Ante la catástrofe ocurrida, mi gobierno está dispuesto a enviar donaciones de apoyo a los más necesitados, para lo cual convoca una reunión de trabajo para la próxima semana.

1-d La cooperación activa internacional es la clave para resistir la recesión económica mundial, secuela del Covid-19

국제협력 활성화가 코로나19 후유증에 따른 세계 경기침체 대응을 위한 열쇠

La Organización Mundial de la Salud estableció que el nuevo Coronavirus ya alcanzó el estatus de pandemia y los jefes de Estado de G20 han proclamado mensajes sobre la necesidad de confrontar a este enemigo común y sobre la agilización de cooperación internacional. El mundo **se apodera de temores que, si bien están justificados**, podrían dejar secuelas nefastas para la economía mundial.

세계보건기구는 신종 코로나바이러스가 세계적 대유행 단계로 접어들었다고 선포하였으며, G20 국가 정상들은 바이러스라는 공동의 적과 맞서 싸워야 할 필요성과 활발한 국제협력에 관해 성명을 발표하였다. 전 세계가 공포에 휩싸이는 것은 당연하나 세계 경제에 심각한 후유증을 남길 수도 있을 것이다.

▷ se apodera de temores que —— 이하의 공포에 휩싸이다

→ En la época del conflicto armado, el temor se apoderó de los ciudadanos coreanos.

▷ si bien están justificados 비록 당연하기는 하지만

si bien은 '비록 ~하나'라는 의미이다.

→ Si bien los padres vendieron sus bienes para brindarles educación a sus hijos, los hijos también hicieron su parte en estudiar y salir adelante.

Al respecto, son aplaudibles las medidas que el Presidente de la República, Alejandro Giammattei, proclamó dentro del Estado de Calamidad que decretó el 6 de marzo, por un lapso de 30 días y que extendió por otros 30 días, a partir del 24 de marzo, con las cuales tiene la facultad para **restringir y limitar algunos derechos constitucionales** de sus ciudadanos.

이러한 상황에서 알레한드로 쟈마떼이 대통령이 3월 6일 국민의 헌법적 권리 일부를 30일간 제한하는 국가 재난 사태를 선포하고 3월 24일 동 재난 사태를 30일간 추가 연장키로 결정한 것은 매우 적절한 조치였다.

▷ restringir y limitar algunos derechos constitucionales 일부 헌법적 권한을 구속하고 제한하다

La preocupación del pueblo 0000 tambien es muy válida y adecuada, así como la intención y voluntad de su gobierno, **cuyas medidas buscan proteger la salud** y estabilidad social del pueblo, tales como: limitar el acceso a ciudadanos de otros países, hospitalizar a los contagiados y tratarlos con los medicamentos necesarios.

코로나19 확산에 대한 000 국민들의 우려 또한 당연하며, 정부가 국민의 건강을 보호하고 사회적 안정을 유지하기 위해 취한 외국인 입국 제한, 확진자 격리 및 치료와 같은 조치들도 매우 적절하였다.

▷ cuyas medidas buscan proteger la salud 건강을 보호하고자 하는 조치들

→ Un pueblo, cuyas actitudes son inconscientes, debe reflexionar y pensar más en el bienestar del prójimo.

Todas esas medidas reflejan la fuerte esperanza y certeza de salir adelante enfrentando esta situación y, siendo así, se debe pensar más allá que la sobrevivencia y considerar que, tan pronto el Covid–19 se extinga, **habrá que reflexionar en cómo levantar la economía** que hoy sufre las consecuencias del cumplimiento de un toque de queda, distanciamiento social, costo extra de operación de plantas, bajas demandas de los consumidores y altas expectativas de salarios de sus colaboradores.

이러한 조치들은 현재 상황을 극복하고 국가를 발전시켜 나가고자 하는 희망과 확고한 의지를 보여주는 것이기는 하나, 동시에 우리는 코로나19가 극복되고 난 이후 정부가 취한 이동 제한 명령, 사회적 거리 두기, 공장의 운영비 증가, 수요 감소, 근로자들의 임금 인상 등으로 인해 고통 받고 있는 경제를 어떻게 활성화해 나갈 것인지를 고민해야 한다.

▷ habrá que reflexionar en 숙고해야만 한다

haber que의 동사원형은 '~해야 한다'라는 의미이다.

→ Como comunidad habrá que reflexionar en cómo trabajar en equipo para aportar lo mejor al país.

▷ cómo levantar la economía 경제를 어떻게 일으킬지

→ Los principales sectores de la economía se reunieron para estudiar cómo mejorar las condiciones económicas del país.

Por ello, me permito compartir algunas de las experiencias de **cómo mi país enfrentó** esta pandemia que, hasta principios de febrero, fue uno de los países más contagiados, después de China y, pese a ello, puso a trabajar duro a su gente, haciendo diagnósticos rápidos y eficaces **de tal manera que pudo ofrecer** tratamientos adecuados a los pacientes, dándole la ventaja de mantener la cifra de mortalidad más baja, haciendo que la situación esté bajo control epidemiológico.

이런 측면에서 한국에서는 어떻게 코로나19의 세계적 대유행을 극복하고 있는지 그 경험을 공유하고자 한다. 2월 초까지 한국은 중국에 이어 가장 많은 감염자가 발생했던 국가였으나, 신속하고 효율적인 진단 체제를 구축하기 위해 총력을 기울이고 환자들에게 적절한 치료를 제공함으로써 현재 전 세계적으로 가장 낮은 사망률을 기록할 정도로 전염병을 통제하고 있다.

▷ cómo mi país enfrentó 우리나라가 어떻게 대처하였는지

▷ de tal manera que pudo ofrecer ——를 제공하도록

de manera que는 '~하는 방안으로, ~하도록'이라는 의미이다.

→ El moderador pidió a la concurrencia que diera su opinión sobre el conflicto de tal manera que se resolviera el mismo día.

→ La empresa implementó cambios en sus políticas internas de manera que ahora todos los trabajadores ingresaran una hora más tarde.

Una de sus prioridades fue el desarrollo rápido de tecnología que procuró la detección del contagio, así como la suma de esfuerzos por encontrar una vacuna y tratamiento que detenga este virus, con la firme esperanza que, dentro de unos cuantos meses, las compañías coreanas empezaran a experimentar con animales y, posteriormente, con humanos.

한국은 우선 확진자 선별 기술을 신속히 개발하는 데 중점을 두면서, 더불어 바이러스를 막을 수 있는 백신 및 치료법 개발에 대한 노력도 동시에 진행하였다. 이러한 노력의 결과 한국 기업들은 수개월 내 동물 실험을 거쳐 인체 임상실험을 실시할 것으로 기대되고 있다.

Sin embargo, además de ello, habrá de tomar las acciones necesarias para encontrar soluciones para la segunda crisis mundial, la **inminente recesión económica**, luego del control del nuevo Corona virus del planeta. Para ello, habrá que implementar una nueva política nacional e internacional para fomentar un ambiente progresivo y favorable para los empresarios mundiales, manteniendo el balance entre la prevención del virus y la restauración de la economía, así como el desarrollo de nuevas tecnologías científicas que garanticen mejores ganancias.

그러나, 그러한 노력 외에 전 세계에 퍼진 코로나바이러스 대유행의 여파로 생길 세계 2차 위기 즉, 임박한 경제침체를 극복하기 위한 조치를 이제 취할 필요가 있다. 바이러스 예방과 경제회복 사이에 균형을 유지하면서 전 세계 기업인들에게 우호적이고 전향적인 환경을 제공할 수 있는 국내외 정책이 수립되어야 할 것이며, 더 나은 수익을 창출할 수 있는 새로운 과학기술 개발도 함께 이뤄져야 한다.

▷ inminente recesión económica 임박한 경제 침체

En ese sentido, **vale la pena reflexionar** sobre medidas que faciliten el movimiento necesario de los empresarios que llegan y salen del país, residentes o no, **ya que dichos movimientos**, en su mayoría, son para realizar actividades de tipo comercial y de inversión y, al respecto, cabe destacar que, un pasajero que viene de Corea debe pasar, al menos unas 5 evaluaciones para llegar a 000, lo cual baja las probabilidades de contagio.

이러한 의미에서, 국내 영주권자 여부에 관계없이 기업 활동을 목적으로 나라 사이를 출입국하는 사람들의 이동을 돕는 조치에 대해 숙고할 필요가 있다. 왜냐하면 이들은 대부분이 무역 및 투자 활동을 목적으로 방문하기 때문이다. 이와 관련하여 한국에서 000

에 도착하는 여행자는 적어도 5번의 검사를 받고 오기 때문에 전염 가능성은 극히 낮다는 점을 상기코자 한다.

▷ vale la pena reflexionar 숙고할 필요가 있다

→ Los espectadores del evento aplaudieron tanto que valieron la pena las horas de ensayo invertidas por los artistas.

▷ ya que dichos movimientos 이러한 활동들은 ——하기 때문에

'~하는 한, ~이지만, ~이므로'라는 의미로 사용한다.

→ Esta mañana me siento feliz de entregar esta donación ya que es una manera de expresarles el cariño que mi pueblo le tiene al pueblo guatemalteco.

La llegada de esta pandemia tomó al mundo por sorpresa, pero **no hay que ser presa del temor**. Se tiene que tener la esperanza que el mundo salga de esta crisis de salud como lo ha hecho a lo largo de la historia y que, **conscientes de ello,** se tienen que buscar los mecanismos que reactiven la economía y que sólo a través de una cooperación más activa internacional y junto con los conceptos resistentes, positivos e innovativos lo podremos lograr.

코로나19의 대유행이 전 세계를 놀라게 했지만 그렇다고 모두가 공포에 사로잡혀서도 안 된다. 역사적으로 늘 그래왔듯이 전 세계는 금번 보건 위기도 슬기롭게 헤쳐나갈 것이라는 희망을 가져야 하며, 그런 인식 하에서 경제를 회복할 방안을 찾아야 한다. 모두가 적극적이고 긍정적이며 혁신적인 자세로 국제협력을 활성화해 간다면 이 위기를 함께 극복할 수 있을 것이다.

▷ no hay que ser presa del temor 공포의 포로가 되어서는 안 된다

haber que 동사원형은 '~해야 한다'라는 의미로 사용한다.

→ Hay que considerar que él, en su calidad de diplomático, trabaja arduamente por fortalecer los lazos de amistad entre ambas naciones.

▷ , conscientes de ello, 그러한 인식 하에,

→ Como habitantes de esta región debemos estar conscientes de que es nuestra responsabilidad cuidar nuestro medio ambiente.

칠레 아따까마, 달의 계곡

2 경제 / 기술 협력
Economía y Cooperación Tecnológica

2-a TLC entre Corea y Centroamérica: su contexto y expectativas
한국과 중미 국가 간 FTA: 내용과 기대 효과

La política comercial de Corea **tiene como objetivo crear una economía libre** y abierta, basada en los principios del mercado. Desde 1990, Corea ha expandido rápidamente su comercio con América Central, América del Sur y Asia, mediante la celebración de una serie de TLCs, **bajo una política de 'apertura'**, promovida por el gobierno.

한국의 무역 정책은 시장 원칙에 따라 자유롭고 개방된 경제를 창출하는 것을 목표로 합니다. 1990년 이후 한국은 정부의 개방 정책을 바탕으로 일련의 FTA를 체결함으로써 중미, 남미 및 아시아 지역과 무역을 급속히 확대해 왔습니다.

▷ tiene como objetivo crear una economía libre 자유경제체제 수립을 목적으로

→ Esta reunión tiene como objetivo acordar las actividades culturales que se presentarán la próxima semana.

▷ bajo una política de 'apertura' 개방 정책 하에

En noviembre del año 2016, Corea y Centroamérica culminaron, en Managua, el proceso de negociaciones del Tratado de Libre Comercio y el día de 21 de este mes realizarán la firma oficial del tratado en Seúl, **el cual**

se prevé entrará en vigencia en el año 2019, **una vez que se obtenga la aprobación** y ratificación de las entidades pertinentes de cada país. Se espera que el comercio entre ambas partes aumente dramáticamente, **debido a la eliminación inmediata o gradual de aranceles** en más del 95% del total de sus rubros.

2016년 11월 한국과 중미 국가들은 마나과에서 자유무역협정 협상을 종료하였고, 이달 21일에는 서울에서 공식 서명할 예정이며, 각국 관련 기관의 승인 및 비준을 거쳐 2019년 중 발효될 것으로 예상됩니다. 양 당사자 간의 교역은 총 95% 이상 품목의 관세가 즉시 또는 점진적으로 철폐될 것이므로 급격히 증가할 것으로 예상됩니다.

▷ , el cual se prevé entrará en vigencia 그것은 발효가 예상되다

el cual은 정관사를 동반한 관계대명사로 바로 앞에서 언급된 남성명사 el Tratado de Libre Comercio를 의미한다.

→ Al finalizar la reunión, se aprobó el nuevo convenio de cooperación, el cual se dará a conocer a todos los involucrados en un mes.

▷ una vez que se obtenga la aprobación 일단 승인을 득하면

una vez que는 '일단 ~하면'의 의미로, 아직 일어나지 않은 상황에 대한 언급이므로 접속법이 사용된다.

→ Los artistas podrán empezar los ensayos una vez que se apruebe el permiso para el uso del teatro.

▷ debido a la eliminación inmediata o gradual de aranceles 관세의 즉시 또는 점진적 철폐에 따라

debido a는 '~에 의하여, ~ 때문에'를 뜻하는 전치사구이다.

→ La presentación se tuvo que suspender debido al apagón de luz.

Los seis países de América Central y Corea **han celebrado en total nueve**

negociaciones, desde que se realizó la primera ronda de negociaciones, en septiembre de 2015, en Seúl. En estas negociaciones sectoriales se abordaron aspectos, como las concesiones de productos básicos, alivio comercial, inversión, origen de los productos, derechos de propiedad intelectual, contratación pública y cooperación, entre otros.

중미 6개국과 한국은 2015년 9월 서울에서 1차 협상을 개시한 이래 총 9번의 협상을 진행했습니다. 분야별 협상에서는 기초 상품의 양허, 무역규제 완화, 투자, 제품의 원산지, 지적 재산권, 공공 조달 및 협력 등이 다루어졌습니다.

▷ han celebrado en total nueve negociaciones 총 9차의 협상을 진행했다

Con relación a las concesiones de los productos, cinco países centroamericanos(exceptuando Guatemala) y Corea acordaron una liberalización de alto nivel, con una concesión del 90% en los primeros 10 años y una tasa de liberalización final cercana o superior al 95% para los principales artículos de exportación de cada país, **con el fin de maximizar los beneficios económicos** de una forma equilibrada.

제품 양허와 관련하여 5개 중미 국가(과테말라 제외)들과 한국은 균형 잡힌 관계 속에 경제적 이익을 극대화하기 위해 처음 10년 동안 90%의 양허를 포함하여 최종 자유화율이 95% 이상인 높은 수준의 자유화에 동의했습니다.

▷ Con relación a las concesiones de los productos 상품 양허와 관련하여
→ Con relación a las relaciones diplomáticas que existen entre nuestros países, me gustaría resaltar que...

▷ con el fin de maximizar los beneficios económicos 경제적 이익을 극대화하기 위해

con el fin de는 '~을 목적으로, ~을 위해'라는 의미의 부사구이다.

→ Nuestros connacionales hicieron una encuesta de los productos con mayor demanda en el país, con el fin de aumentar las exportaciones hacia Corea

En cuanto a la inversión, se acordaron cuestiones relacionadas a la entrada temporal de empresarios, finanzas, y comunicación; así como, **lo relacionado a comercio electrónico**, comprometiéndose las partes a fijar los medios de transmisión y asuntos técnicos de los **bienes digitales libres de impuesto**.

투자 관련하여서는 각국의 기업가, 금융 및 커뮤니케이션의 일시적인 진입과 관련된 문제가 합의되었으며, 전자 상거래와 관련하여 당사자들은 면세 디지털 상품의 전송 수단 및 기술적 문제를 해결하기 위해 노력하기로 하였습니다.

▷ En cuanto a la inversión, 투자와 관련하여서는,

en cuanto a는 '~에 대하여, 관하여'라는 의미의 부사구이다.

→ Los convenios de paz quedaron clausurados. En cuanto a los convenios de cooperación, tendremos que volver a reunirnos para rescatarlos.

▷ lo relacionado a comercio electrónico 전자 상거래 관련된 것

중성정관사 lo는 형용사나 형용구 앞에 붙여서 추상 명사화한다.

→ Los artistas acordaron enfocarse solo en las presentaciones de baile, y lo relacionado a las presentaciones de canto quedaría eliminado del programa.

▷ bienes digitales libres de impuesto 면세 디지털 상품

libre는 '자유로운'의 뜻 외에 '구애됨이 없는, 무료, 무 과세'의 뜻으로 사용된다.

→ Los inversionistas solicitaron al gobierno su apoyo en dejar libres de impuesto a los artículos artesanales.

De igual manera, se discutieron **acuerdos vinculados al origen de los productos** y se establecieron 73 disposiciones **concernientes a los derechos de propiedad intelectual**; así como, el acuerdo de establecer un plan para la cooperación de las PYMEs, la cooperación en el ámbito cultural y la cooperación en materia de salud.

마찬가지로, 제품의 원산지 관련 협정에 대해 논의하고 지적 재산권에 관한 73개의 조항이 확정되었으며, 중소기업 협력, 문화 분야 협력 및 보건 분야 협력을 위한 계획을 수립하기로 합의했습니다.

▷ acuerdos vinculados al origen de los productos 제품의 원산지 관련 협정

vinculado는 동사 vincular(연관되다)에서 파생된 형용사로 부사 a와 함께 사용된다.

→ Los proyectos de cooperación quedaron vinculados a las necesidades sociales del pueblo chapín.

▷ concernientes a los derechos de propiedad intelectual 지적재산권에 관련된

'~에 관한'이라는 의미의 형용사로 전치사 a와 함께 사용된다.

→ En la reunión se trataron temas concernientes a la presentación cultural del año próximo.

Corea y los países centroamericanos tienen **estructuras industriales mutuamente complementarias** y se esperan varios efectos positivos de este TLC, asegurando la competitividad de precios con los recortes arancelarios. Corea espera como **uno de los efectos principales** de este tratado el aumento del comercio, la diversificación de los mercados de exportación y el fortalecimiento de las relaciones comerciales con el mercado latinoamericano.

한국과 중미 국가들은 상호 보완적인 산업 구조를 가지고 있으며, 이 FTA는 관세 인하에 따라 가격 경쟁력 강화 등 많은 긍정적인 효과가 기대됩니다. 한국은 이 조약의 주요 효과 중 하나로서 무역의 증가, 수출 시장의 다각화 및 라틴 아메리카 시장과의 무역 관계 강화를 기대하고 있습니다.

▷ estructuras industriales mutuamente complementarias 상호 보완적 산업 구조

▷ uno de los efectos principales 주요 효과 중 하나

Por su parte, para la región centroamericana, el mercado asiático representa una gran oportunidad para diversificar sus mercados, sobre todo en momentos en los que las principales economías del mundo atraviesan dificultades**, las cuales han incidido negativamente** en el dinamismo del comercio mundial. **En este sentido,** Corea podría servir de plataforma, para que la región pueda **ingresar a otros mercados asiáticos**.

중미 지역 국가들에게 아시아 시장은 특히 세계 주요 경제국들이 어려움을 겪고 있고 이는 다시 세계 무역의 역동성에 부정적인 영향을 미치고 있는 현재 상황에서 시장을 다각화 할 수 있는 좋은 기회를 제공합니다. 이런 의미에서 한국은 다른 아시아 시장에 진출할 수 있는 플랫폼이 될 수도 있습니다.

▷ Por su parte, 그 입장에서,

▷ , las cuales han incidido negativamente 부정적으로 작용하다

정관사를 동반한 관계대명사로 바로 앞 단어인 **dificultades**를 의미(정관사의 성과 수를 보면 어떤 명사를 받아주는 것인지 파악할 수 있다.)

→ Los artistas han dejado por escrito sus requerimientos, los cuales se espera queden cumplidos antes del primer ensayo programado para la próxima semana.

▷ En este sentido, 이런 의미에서,

▷ ingresar a otros mercados asiáticos 다른 아시아 시장에 진출하다

→ Los inversionistas coreanos se propusieron ingresar al mercado centroamericano por considerarlo más un amigo que un aliado comercial.

Para ello, **se hace necesario que** la región centroamericana mejore la calidad y diversidad de sus productos, **siendo necesaria la tecnificación**. En este sentido, Corea podría también contribuir a la tecnificación de los países centroamericanos, mediante la capacitación a empresarios y productores, y con la introducción de maquinaria y equipos que le permitan a la región mejorar su nivel de producción.

이를 위해서 중미 지역은 산업기술 향상을 통해 제품의 품질과 다양성을 개선할 필요가 있습니다. 이런 측면에서 한국은 기업가와 생산자들의 능력을 강화하고 역내 생산품의 수준을 향상시킬 수 있는 기계와 장비를 새로 도입함으로써 중미 국가들의 산업기술 향상에 기여할 수 있을 것입니다.

▷ se hace necesario que ——이 필요하게 되다

hacer동사가 재귀대명사와 만나면 '~이 되다'라는 의미로 ser동사와 같은 역할을 할 수 있다.

→ Se hace necesario que juntos, gobierno y sociedad, trabajen en unidad para lograr la paz y seguridad del país.

▷ siendo necesaria la tecnificación 산업화 필요성과 함께

Asimismo, Centroamérica puede aprovechar la infraestructura y tecnología avanzada de Corea. Corea es uno de los países líderes en tecnología y con una de las infraestructuras más desarrolladas a nivel mundial. La región centroamericana **podría aprovechar la experiencia de Corea en esta área** para desarrollar su infraestructura.

마찬가지로 중미는 한국의 첨단 기술과 인프라를 활용할 수 있습니다. 한국은 기술을 선도하는 국가 중 하나이며 전 세계에서 가장 발전된 인프라를 가진 나라 중 하나입니다. 중미 지역은 인프라 개발을 위해 이 분야에서 한국의 경험을 활용할 수 있을 것입니다.

▷ podría aprovechar la experiencia de Corea en esta área 이 분야에서 한국의 경험을 활용하다

→ Los jóvenes centroamericanos han podido aprovechar nuestra experiencia de trabajo, a través de una serie de cursos que han sido impartidos en Corea, a los cuales han sido invitados a participar.

La experiencia de Corea, en la mejora de la calidad, cobertura de la educación y la implementación de políticas gubernamentales adecuadas y oportunas, **hizo posible la industrialización** y globalización de Corea. La región centroamericana puede encontrar en Corea **un modelo a seguir para alcanzar el desarrollo** y mejorar las condiciones de vida de su pueblo.

한국은 교육의 질적 개선과 범위의 확대, 그리고 유용하고 시의적절한 정부 정책의 시행을 통해 산업화와 세계화를 이룩하였습니다. 중미 지역 국가들은 한국에서 경제를 발전시키고 국민 생활 수준을 향상시킬 수 있는 좋은 모델을 찾을 수 있을 것입니다.

▷ hizo posible la industrialización 산업화를 가능하게 하다

hizo는 hacer 동사의 직설법 과거 3인칭 단수형. 뒤의 형용사를 보어로 사용하여 '~하다'라는 의미로 사용한다.

→ Esta mañana quiero agradecer a todos los que hicieron posible la realización de este evento.

▷ un modelo a seguir para alcanzar el desarrollo 발전을 이루기 위해 따라야 할 모델

'a + 동사원형'은 '~을 위한'의 의미로 위 문장에서는 '따르기 위한'의 의미이다.

→ Las acciones a seguir deben ser consideradas cuidadosamente porque perdurarán en el largo plazo.

과테말라 Tikal 마야 유적

2-b La eficiencia energética: clave por la competitividad industrial y por la calidad de vida de una nación

에너지 효율화: 산업 경쟁력 제고 및 국민 삶의 질 향상을 위한 열쇠

De todos es conocido que el tema de la eficiencia energética forma parte vital de todos los países del mundo, especialmente **de aquellos cuyos medios de producción** no son propios, **razón por la que se han visto en la necesidad** de implementar programas y políticas nacionales **en búsqueda de la reducción del consumo** de energía con el objetivo de impulsar el desarrollo económico y, por ende, mejorar la calidad de vida de las naciones.

모두가 주지하는 것처럼 에너지 효율화 문제는 전 세계 모든 국가들, 특히 고유의 생산수단을 보유하지 못한 국가들에게 있어 특히 중요한 문제입니다. 왜냐하면 많은 국가들은 에너지 소비 절감을 통해 경제 성장 및 국민 삶의 질 향상 등의 목표를 달성하기 위해 다양한 사업과 정책 마련의 필요성을 느끼고 있기 때문입니다.

▷ De todos es conocido que —— 이하가 모든 사람에게 알려진 바와 같이

'ser동사(es) + 과거분사(conocido)'는 수동태로 '알려져 있다'는 의미로 사용한다.

→ Como es sabido por ustedes, requiere de mucha sabiduría guiar a todo un pueblo.

▷ de aquellos cuyos medios de producción 그러한 생산 수단이 ——한 나라들

cuyo는 관계소유대명사로 선행사인 aquellos와 뒤 문장을 이어준다.

→ Los coreanos cuyas familias quedaron separadas por la división inesperada de la península sufrieron indescriptiblemente.

▷ razón por la que se han visto en la necesidad 필요성을 느끼고 있기 때문에

razón은 '이유'라는 의미의 명사로 전치사 por와 함께 사용되어 '~ 때문에'라는 의미로 사용한다.

→ Los visitantes no lograron venir a tiempo, razón por la cual perdieron el vuelo.

▷ en búsqueda de la reducción del consumo 소비 절감을 위해

en búsqueda de는 '~을 모색하며, ~을 찾기 위해'라는 의미이다.

→ Nosotros debemos ponernos de acuerdo en búsqueda de una mejor solución.

En el caso de Corea, **la cultura de la eficiencia energética surgió** en 1979, con la promulgación de la Ley de racionalización del uso de energía y con la creación de la Agencia de Energía de Corea(KEA, por sus siglas en inglés), en 1980. Desde entonces, KEA trabajó arduamente en el tema, **valiéndose de varias estrategias para dar paso después a** cinco planes básicos de racionalización del uso de energía.

한국의 에너지 효율 문화는 1979년 에너지 이용 합리화법 공포 및 1980년 한국에너지공단(KEA) 설립과 함께 본격화되었습니다. 이때부터 KEA는 에너지 효율화 분야에서 다양한 전략을 마련하였고, 이를 바탕으로 에너지 사용 합리화를 위한 5개의 기본 계획을 수립하였습니다.

▷ la cultura de la eficiencia energética surgió 에너지 효율화 문화가 생겨나다

surgir(출현하다, 발생하다)의 단순과거 3인칭 단수형이다.

→ Las ideas de programar una presentación cinematográfica surgieron de la necesidad de conectar mejor con la sociedad receptora de la comunidad coreana.

▷ valiéndose de varias estrategias para dar paso después a 나중에 ——를 하기 위한 여러 가지 정책을 마련하면서

para는 '~을 위해'라는 의미의 전치사로 동사원형과 함께 사용할 수 있다.

→ La población de la nación está preparada para dar paso a las ideas de las nuevas generaciones.

Estos planes arrancaron en 1993 y el objetivo del primero fue rebajar la demanda energética de 169.3 a 150.2 millones de toneladas equivalentes de petróleo(MTEP), finalizando con un quinto plan en 2017, con un resultado de reducción de la pérdida de transmisión de energía a un 3,8%, **a través del uso de las redes inteligentes** *smart grid*, **estando el promedio de los países centroamericanos** entre un 17% y 19%.

이러한 계획들은 1993년부터 실행되기 시작했으며, 첫 번째 목표는 에너지 수요를 169.3에서 150.2 Mtoe(석유 환산 백만 톤)으로 감소시키는 것이었습니다. 마지막 5차 계획이 2017년 종료될 때, 스마트 그리드라는 스마트 망 이용을 통해 송전 에너지 손실률을 3.8%까지 감소시키는 성과를 얻게 되었는데, 중미 국가들의 경우는 평균 손실률이 17–19%에 달하고 있습니다.

▷ a través del uso de las redes inteligentes 스마트 망 이용을 통해

→ Es necesario que nosotros busquemos los mecanismos a través de los cuales se pueda llegar a un buen consenso.

▷ estando el promedio de los países centroamericanos 중미 국가들의 평균인

동사의 현재분사(estando)를 사용하면 '~하면서'라는 의미로 사용한다.

→ Estando presentes todos en la sala, se inició la reunión.

Otro de los mecanismos que utilizó y sigue utilizando KEA son sus servicios de auditoría, **con los cuales ha tenido la capacidad** de identificar el potencial de ahorro en las instalaciones de los negocios, **hasta llegar a la optimización de patrones de uso de energía** basada en las TIC en la industria y los edificios.

KEA는 이외에도 에너지 진단 제도를 추진해 왔는데, 동 제도를 통해 KEA는 사업장

의 에너지 절감 방안을 파악한 후 ICT 기술을 이용하여 산업 및 건물군에 에너지 사용 체계의 최적화를 이끌고 있습니다.

▷ con los cuales ha tenido la capacidad 그를 통해 ——할 수 있었던

앞 문장의 명사(mecanismos)를 받아 뒤 문장과 연결하여 사용하기 위해 대명사 남성복수형 los와 관계대명사 복수형 cuales를 사용한다.

→ En aquella oportunidad se hizo necesario establecer los instrumentos con los cuales se iban a realizar los desembolsos del préstamo.

▷ hasta llegar a la optimización de patrones de uso de energía 에너지 이용 체계를 최적화하는 데까지 이른

hasta는 '~까지'라는 의미의 전치사로 동사와 함께 사용하면 '~하기까지 하는'이라는 의미로 사용된다.

→ Los organizadores del evento dieron inicio hasta que toda la concurrencia hizo silencio total.

Esta agencia también **ha estado iluminando el futuro energético** de Corea al asegurar fuentes de energía renovables, tales como la energía solar y eólica, y se ha convertido en una organización experta en eficiencia energética, **por medio del adiestramiento de cómo usar menos energía** en aparatos eléctricos, edificios y vehículos

KEA는 이외에도 태양광 및 풍력과 같은 신재생 에너지원을 확보함으로써 한국의 에너지 미래를 밝히고 있으며 전자제품, 건물 및 자동차들의 에너지 사용 감소에 관한 교육 훈련을 통해 에너지 효율 분야 전문기관으로 발돋움하였습니다.

▷ ha estado iluminando el futuro energético 에너지의 미래를 밝히고 있다

과거에서부터 시작하여 현재까지 진행되는 상황을 표현하기 위해 현재 완료 진행형을 사용한다.

→ Esta institución benéfica ha estado contribuyendo con la formación de jóvenes cuyos talentos serán de utilidad a la sociedad en general.

▷ por medio del adiestramiento de cómo usar menos energía 에너지 사용 절감 교육을 통해

por medio de는 '~을 통해'라는 의미이다.

→ Mi gobierno, por medio de sus misiones diplomáticas en el mundo, busca compartir la experiencia coreana para ayudar a fortalecer algunas áreas de conocimiento de los países con quienes conserva una estrecha amistad.

A través de este uso racional y eficiente de energía, Corea ha logrado mejorar su competitividad en el mercado internacional, no sólo por rebajar sus costos de operación y ofrecer mejores precios, sino porque desde la década de los '90 **ha ido presentando electrodomésticos** que consumen entre un 30% y 40% menos de energía **en comparación con los productos de sus competidores**.

이러한 합리적이고 효율적인 에너지 사용을 통해 한국은 국제 시장에서 경쟁력을 제고할 수 있었는데, 이는 공장 운영 비용 절감 및 최적의 가격 제시뿐만 아니라 90년대부터 경쟁사 제품들보다 에너지 소비가 30–40% 낮은 가전 제품을 선보인 덕분입니다.

▷ ha ido presentando electrodomésticos 가전제품을 선보여왔다

ir동사도 과거에서부터 시작하여 현재까지 계속 진행되고 있는 상황을 강조하기 위해 현재완료 진행형에 사용한다.

→ Poco a poco nos hemos ido incorporando al grupo de países que luchan por lograr la paz mundial.

▷ en comparación con los productos de sus competidores 경쟁사 제품과 비교하여

en comparación con는 '~와 비교하여'라는 의미이다.

→ La República de Corea ha sido considerada como una de las naciones con mayores avances tecnológicos en comparación con otros países de Asia.

Por el ahorro que se ha logrado y **en pro del bienestar común**, Corea **no ha querido dejar de compartir** parte de su experiencia con la nueva tecnología, en especial con los amigos chapines, razón por la cual, el 28 de mayo de este año, se tuvo la visita de una delegación de KEA, la cual participó en un seminario de intercambio de conocimientos sobre eficiencia energética, donde expusieron la introducción del sistema de auditorías de energía, cuya implementación se hizo obligatoria en el país a partir de 2007 y con la que se han logrado beneficios ambientales impresionantes**, en adición, a** los beneficios financieros ya mencionados.

한국은 이러한 새로운 기술에 대한 축적된 경험을 과테말라와 공유함으로써 공동의 이익을 증진하고자 지난 5·28 KEA 대표단을 파견하여 '에너지 효율화에 관한 지식공유 세미나'를 개최하였습니다. 동 계기에 KEA 대표단은 2007년도부터 시행이 의무화됨으로써 위에 언급한 대로 재정적 이익뿐만 아니라 엄청난 환경 이익을 가져온 에너지 진단 제도에 대해 소개하였습니다.

▷ en pro del bienestar común 공공복지를 위하여

en pro de는 '~을 위하여'라는 의미이다.

→ Todos debemos de trabajar en unidad y solidaridad, en pro del progreso de la nación.

▷ no ha querido dejar de compartir 공유하고자 하였다

'dejar de + 동사원형'은 '~을 중단하다, 그만두다'라는 의미이다.

→ Mi país no ha dejado de cooperar con nuestros países amigos, especialmente en estos momentos de crisis.

▷ , en adición, a ——에 추가하여

adición은 '부가, 추가'라는 의미의 명사로 전치사 en, a와 함께 사용하여 '~에 추가하여'라는 의미로 사용된다.

→ En adición a todo lo que se ha dicho, me gustaría decir que me siento muy satisfecho de la colaboración que ustedes han brindado a nuestra Comunidad Coreana.

En este seminario también se explicaron**, en detalle,** los procesos de recuperación de energía en las plantas de fibras, en las plantas de vidrio, en las calderas y en los sistemas de refrigeración. Así también, **se dieron a conocer algunos métodos** utilizados en las prácticas de auditoría aplicados a las partes generadoras de calor y a las partes eléctricas de equipo utilizado en diversas plantas.

동 세미나에서는 이외에도 섬유공장, 유리공장, 보일러 및 냉장 시스템에서의 에너지 복원 과정에 대해 자세한 발표가 이루어졌습니다. 이 밖에도 다양한 공장에서 사용되는 설비의 전기 부품 및 열 발생 부품에 적용된 에너지 진단 방법에 대한 소개가 이루어졌습니다.

▷ , en detalle, 상세하게,

detalle는 '상세, 정밀'이라는 의미의 명사로 전치사 en과 함께 사용하여 '상세하게'라는 부사로 사용된다.

→ Esta mañana no puedo describirles en detalle en qué consistirá la donación, pero se los haremos llegar por escrito muy pronto.

▷ se dieron a conocer algunos métodos 몇 가지 방법을 알려주었다

darse a conocer는 '알려주다'라는 의미로 사용한다.

→ La semana pasada se dieron a conocer varias técnicas con las cuales Corea ha sacado adelante la agricultura.

Aunque en este seminario se trataron temas con contenido más técnico, mi máxima ilusión es la búsqueda de mecanismos que desarrollen nexos más prácticos entre gobiernos y empresarios, **de tal suerte que** se puedan ejecutar planes que permitan el trabajo conjunto en la eficiencia energética, **clave por la competitividad industrial** y por la calidad de vida de una nación.

이번 세미나에서는 주로 기술적인 내용이 다뤄졌지만, 궁극적으로는 양국 정부 및 기업들을 이어주는 보다 실질적인 협력 체제를 구축함으로써, 산업 경쟁력 제고 및 국민 삶의 질 향상의 열쇠인 에너지 효율화 분야의 협업을 끌어낼 수 있는 계획들이 실행되기를 기원합니다.

▷ de tal suerte que ——할 수 있도록

suerte(행운)는 전치사 de와 관계대명사 que와 함께 사용하여 '~하도록, ~한, 그래서'라는 의미로 사용된다.

→ Es importante que sepan que mi país está organizando una serie de seminarios de intercambio de conocimientos tecnológicos, de tal suerte que compartamos ideas innovadoras para nuestro mutuo beneficio.

▷ , clave por la competitividad industrial

clave por는 '~을 위한 핵심'이라는 의미이다.

→ Mi misión está organizando una serie de eventos culturales, clave por la construcción de relaciones de amistad.

2-c Banda Ancha: pieza clave para enfrentar los desafíos de la cuarta Revolución Industrial

광대역 통신망: 4차 산업혁명의 도전에 대응하기 위한 핵심적 요소

El mundo **se está adaptando al ingreso de la era** de la cuarta revolución industrial, donde las redes de banda ancha **se han convertido en un medio de transmisión** de información de gran capacidad, permitiendo navegar a altas velocidades en internet, enlazar datos entre diferentes entidades, tener extensiones de una red privada, acceder al servicio cibernético, entre otros.

전 세계는 광대역 통신망이 인터넷상에서 빠른 속도로 여러 기관 간 정보를 연결하고, 민간 기관 간 전산망을 확충하며, 사이버 서비스를 제공하는 등 다양한 편의와 정보를 빠른 속도로 전송하는 4차 산업혁명 시대로 접어들고 있습니다.

▷ se está adaptando al ingreso de la era ──시대의 진입을 맞고 있다

adaptarse a는 '~에 적응하다'라는 의미로 위 문장에서는 현재진행형으로 사용된다.

→ Los jóvenes del mundo entero se han ido adaptando a una nueva manera de trabajar, ajustándose a los retos y desafíos de la tecnología.

▷ se han convertido en el medio de transmisión 운송수단이 되고 있다

convertirse en은 '~으로 변화하다, ~이 되다'라는 의미로 현재완료형으로 사용된다.

→ Hoy por hoy, la tecnología se ha convertido en la herramienta indispensable del progreso de la humanidad.

Cada vez más, el mayor uso de redes de banda ancha demuestra la correlación que existe entre el crecimiento de los servicios móviles y de internet con el incremento de la producción de un país que **mejora el bienestar del pueblo** y transforma a un gobierno, porque la tecnología está presente en la mayor cantidad de productos y servicios que se ofrecen y demandan en un mercado **que ya no tiene límites geográficos.**

날이 갈수록 광대역 통신망을 통한 모바일과 인터넷 서비스의 증가가 국민의 삶의 질을 개선하고 정부 시스템 개선을 통해 한 나라의 생산성 증가와 상관관계에 있다는 것을 보여주고 있습니다. 기술이 발달함에 따라 더 많은 상품과 서비스가 지리적 한계가 없는 인터넷 시장에서 거래되고 있습니다.

▷ mejora el bienestar del pueblo 국민의 복지를 증진하다

▷ que ya no tiene límites geográficos 지리적 한계가 없는 시장

관계대명사 que 이하가 앞 문장의 명사 mercado를 꾸며주는 문장이다.

→ El gobierno ha tenido que implementar medidas drásticas ante la crisis económica que ya impera en todo el país.

Esto lo validan investigaciones como la realizada, en 2012, por la Unión Internacional de Telecomunicaciones que afirma que un incremento del 10% en la penetración de la banda ancha móvil de cualquier país, genera un incremento entre 0.25% y 1.38% en su PIB.

이러한 사실은 2012년 국제 전기통신연합(ITU)에서 실시한 조사가 보여주고 있는데 광대역 통신망 사용이 10% 증가한 국가는 GDP도 0.25%~1.38% 증가한 것으로 나타나고 있습니다.

▷ Esto lo validan investigaciones 조사가 이것을 증명해 보여주고 있다

validar는 '유효하게 하다, 효력을 인정하다'라는 의미의 동사이다.

→ Cabe destacar que la labor que hacen los jóvenes por su país es validada por la sociedad a la que pertenecen.

Sin duda, estas redes **han sido cruciales para el desarrollo** económico de Corea quien, en la década de los noventa, implementó el Plan Nacional de Informatización con el fin de expandir la infraestructura digital y su accesibilidad a los ciudadanos, empresas e instituciones del país. Este plan incluyó el **establecimiento de políticas y lineamientos** diseñados por el gobierno, **en conjunto con el sector empresarial,** beneficiando principalmente a las zonas de mayor prioridad.

광대역 통신망은 의심할 여지 없이 한국의 경제 발전에도 중요한 역할을 하였는데, 한국 정부는 1990년대에 디지털 인프라 확대와 국민, 민간 기업 및 국가기관의 상호 연결을 목적으로 국가 전산화 계획을 수립한 바 있습니다. 이 계획은 정부가 기업 부문과 함께 구상한 정책 기조를 포함하고 있으며 주로 최우선 지역에 혜택을 제공하였습니다.

▷ han sido cruciales para el desarrollo 발전에 결정적 역할을 하다

과거에서 시작하여 현재까지 이어지는 상황을 표현하기 위해 현재완료형을 사용한다.

→ Es necesario aclarar que el trabajo conjunto de la sociedad ha sido clave en el desarrollo y progreso del mismo.

▷ establecimiento de políticas y lineamientos 정책 기조 수립

▷ en conjunto con el sector empresarial 민간 기업들과 함께

en conjunto con은 '~와 함께'라는 의미의 전치사구이다.

→ Como representante de mi país me enorgullece ver cómo mis ciudadanos, en conjunto con los ciudadanos de este país, consolidan la extensa amistad que ha existido por largo tiempo entre nosotros.

Contar con este plan, le permitió a Corea alcanzar logros tales como: tener la mejor tecnología e infraestructura en el campo de las TIC's y convertirla en el primer país en comercializar el servicio 5G para la comunicación móvil mundial, proyectándose beneficiar, en diciembre de este año, al 93% de la población y a 85 municipios del país. Aprovechando esta trayectoria tecnológica, Corea quisiera colaborar estrechamente con Guatemala para aumentar su accesibilidad a las redes cibernéticas para mejorar el nivel y calidad de vida de sus ciudadanos, con **herramientas como la capacitación tecnológica**.

동 계획을 통해 한국은 ICT 분야 관련 최첨단 기술 및 인프라를 확보하게 되었고 세계 최초로 모바일 통신 시장에서 5G 기술을 상용화하는 국가가 되어 금년 12월에 국민의 93%, 전국 85개 도시에 5G 서비스를 제공할 수 있을 것으로 전망됩니다. 이러한 한국의 첨단 통신 기술을 활용하여 과테말라 국민의 삶의 수준과 질적 개선을 목표로 사이버망 접근성 확대, 기술 교육 등 긴밀한 협력 관계가 이루어지기를 바랍니다.

▷ Contar con este plan, 동 계획 실행이.

동사 원형이 이끄는 절이 주어 역할을 한다.

Contar con은 '의지하다, 기대하다'라는 의미이다.

→ Mi pueblo está muy contento de contar con la amistad del pueblo chapín, con quien ha cultivado estrechos lazos de amistad y cooperación.

▷ herramientas como la capacitación tecnológica 기술 훈련 등을 통해

Como는 '~처럼, ~와 같은'이라는 의미의 접속사이다.

→ Cada día nos hemos unido más, prueba de ello son los convenios de cooperación bilateral como el firmado la semana pasada.

Muestra de ese deseo **por poner a la disposición de Guatemala** estos conocimientos, KOTRA, nuestra Oficina Comercial en Guatemala y el Banco Interamericano de Desarrollo realizaron recientemente el 'Diálogo sobre conectividad digital para la mejora productiva y social en Guatemala'. Este evento reiteró la necesidad de implementar un Plan Nacional de Banda Ancha en Guatemala y generó ideas de cómo trabajar en algunas áreas de oportunidad, empezando por la actualización de su marco legal, institucional y regulatorio **en lo concerniente a la información y tecnología**.

이러한 지식을 과테말라와 공유하고자 하는 한국의 희망은 KOTRA 과테말라 무역관과 미주개발은행이 주최한 '과테말라의 사회적 생산성 향상을 위한 디지털 연결에 관한 대화'에서 엿볼 수 있습니다. 동 행사는 과테말라 광대역 통신망 구축을 위한 국가계획 수립의 필요성을 강조하고, 정보 기술 분야 관련 법률적, 제도적 규칙 수립을 통해 어떤 분야에서 어떻게 추진해 나갈지에 대한 아이디어를 이끌어 내는 계기가 되었습니다.

▷ por poner a la disposición de Guatemala 과테말라와 공유하고자 하는

por는 '~를 위한'이라는 의미의 전치사로 동사원형과 함께 사용한다.

→ El deseo de mi gobierno por apoyar a esta nación es tan grande que nos hemos unido para recabar una donación entre mis connacionales, la cual ponemos hoy a su disposición.

▷ en lo concerniente a la información y tecnología 정보 및 기술 관련한

형용사 concerniente는 전치사 a와 함께 사용되어 '~에 관한'이라는 의미로 사용된다.

→ En lo concerniente a los préstamos no reembolsables, se dictarán las normas para el uso del mismo la próxima semana

Así también **se expusieron otras sugerencias**, agrupadas en varias categorías, tales como, mejorar la infraestructura, especialmente en **zonas poco atractivas para la inversión** y la asequibilidad, revisando las cargas arancelarias e impuestos aplicados a los dispositivos de usuario, entre otros.

또한 여러 부문별로 다양한 대안을 제시하고 특히 투자와 가격 접근성 측면에서 유인

요인이 적은 지역의 인프라 개선 방안을 제시하였으며, 사용자의 기기에 부과되는 관세 부담과 세금 등을 검토했습니다.

▷ se expusieron otras sugerencias 다른 대안들을 제시하다

동사의 3인칭 복수를 사용하여 주어를 특정화 대신 일반화한다.

→ La semana pasada se expusieron las razones por las cuales se hizo necesario realizar enmiendas en los contratos firmados en lo que va del año.

▷ zonas poco atractivas para la inversión 투자 유인 요인이 적은 지역

→ Durante el seminario, los participantes explicaron temas poco difíciles de comprender, de tal suerte que todos aprendieron sin complicaciones.

Superar desafíos como éstos, le permitiría **a los chapines** mejorar la conectividad de la banda ancha y el entorno digital, crear nuevas oportunidades de negocios y facilitar la asociación pública y privada en beneficio de su pueblo, porque la banda Ancha **es y seguirá siendo una pieza clave** para enfrentar a los desafíos de la cuarta Revolución Industrial.

과테말라 국민들이 이러한 도전을 극복한다면 광대역 통신망 연결과 디지털 환경을 개선하고, 새로운 비즈니스 기회를 창출하며, 국민의 삶의 질을 제고할 수 있는 민관 협력이 용이해질 것입니다. 왜냐하면 광대역 통신망은 현재는 물론 미래에도 4차 산업혁명의 도전에 대응할 수 있는 핵심이기 때문입니다.

▷ Superar desafíos como éstos, 이런 도전을 극복하는 것,

절이 주어 역할을 할 수 있도록 동사원형을 사용한다.

→ Vivir ocupados en la búsqueda de la paz mundial es una acción que va en pro de la humanidad.

▷ a los chapines 과테말라 사람들에게

los chapines는 과테말라인들을 칭하는 속어

▷ es y seguirá siendo una pieza clave 현재에도 미래에도 핵심요소이다

'계속 ~하다'라는 의미의 동사 **seguir** 다음에는 동사의 현재분사형을 사용한다.

→ Cuidar de la seguridad de nuestra nación es y seguirá siendo nuestro más sagrado deber.

과테말라 대성당

2-d El Libre Comercio: la puerta a nueva tecnología y competitividad industrial

자유무역: 첨단 기술과 산업 경쟁력 제고를 위한 관문

El comercio **se ha ido transformando** y ha pasado de ser un simple intercambio mercantil a un intercambio de conjunto de personas, mercancías, servicios, finanzas y tecnologías a nivel internacional**, lo que ha dado origen a** establecer mecanismos de libre comercio. El propósito del libre comercio es reducir las barreras al intercambio de bienes y servicios entre distintos países, con el objetivo de fomentar la libre competencia y atraer inversiones desde el extranjero.

오늘날 무역은 과거의 단순한 상품 교환에서 벗어나 인력, 상품, 서비스, 금융, 첨단 기술 등을 포함한 종합적 교류로 확대 발전하여 자유무역 체제를 구축해 왔습니다. 자유무역체제는 여러 국가 간에 재화와 서비스의 교환을 막는 장벽을 낮추고 시장의 자유 경쟁과 외국인 투자유치를 목표로 합니다.

▷ se ha ido transformando 변화되어 왔다

현재완료 시제(ha ido)와 현재진행형(ido transformando)이 함께 사용되어 과거에서 시작되어 현재까지 지속되는 상황을 강조한다.

→ Nuestros jóvenes se han ido formando con las experiencias que fueron acumulando en los distintos cursos de capacitación que se les impartieron en el extranjero.

▷ , lo que ha dado origen a 그러한 것들이 ——를 태동시켜 왔다

앞 문장 전체를 뒤 문장의 주어로 받기 위해 중성정관사 lo와 관계사 que를 사용한다.

→ El deseo de fomentar los lazos de amistad y cooperación entre nuestras naciones es lo que ha hecho que nos unamos cada día más.

El intercambio de mercancías no es únicamente el ingreso de éstas a otros países, sino la introducción de la nueva tecnología aplicada para la creación de esos bienes. **Esto se traduce en** una mayor competitividad industrial, ya que las empresas locales deben volverse más eficientes y ofrecer **productos de mejor calidad a menores precios**, lo que **a largo plazo** genera nuevas fuentes de empleo, contribuyendo al crecimiento económico de un país.

한 나라의 상품 교환은 어떠한 물건이 다른 나라로 유입되는 것만이 아니라 이를 통해 동 재화에 응용된 새로운 첨단 기술이 도입되는 것을 의미합니다. 이것은 결국 산업경쟁력으로 이어지는데 그 이유는 국내 기업들은 효율성을 제고하여 더 저렴한 가격으로 더 좋은 제품을 공급하게 되며 장기적으로는 새로운 일자리를 창출함으로써 전반적인 국가 경제 성장에 기여하기 때문입니다.

▷ Esto se traduce en 이것은 ——로 귀결된다

traducir en은 '~로 해석하다, 표현하다'는 의미로 수동형 문장으로 사용하기 위해 재귀대명사 se를 사용한다.

→ Nuestro deseo por demostrar nuestra amistad al pueblo chapín se traduce en una serie de proyectos de cooperación que hemos trabajado en conjunto.

▷ productos de mejor calidad a menores precios 저렴하고 질 좋은 상품

▷ a largo plazo 장기적으로

Sin embargo, hay quienes aseguran que la apertura comercial puede ser contraproducente y dañar la industria nacional, **razón por la que** se creó **una serie de medidas** con el fin de proteger las industrias nacionales. Una de estas medidas es **la salvaguardia;** medida de emergencia para proteger la industria nacional, **que se ve amenazada** ante el creciente aumento de las importaciones de un bien o servicio.

그러나 불행히도 시장 개방이 역효과를 유발하여 국내 산업에 막대한 피해를 가져올 것이라고 주장하는 의견도 있으며, 실제로 국내 산업 보호를 위해 예외적인 조치가 취해지기도 합니다. 이런 조치 중 하나인 세이프가드는 특정 재화나 서비스의 예측하지 못한 급격한 수입 증가로 인해 국내 산업이 위협을 받을 때 긴급히 취해지는 조치입니다.

▷ , razón por la que 그러한 이유로

앞 문장의 razón을 정관사로 받아 이유를 나타내는 전치사 por와 함께 사용하여 '~한 이유로'라는 의미로 사용된다.

→ Esta mañana quiero reiterarles nuestros más sinceros sentimientos de amistad, razón por la que hago entrega de esta donación de alimentos que espero contribuya a las personas más vulnerables de la región.

▷ una serie de medidas 일련의 조치

▷ la salvaguardia; 세이프가드 조치;

그 의미를 정확히 하고자 뒤에 ';'을 붙였다.

▷ , que se ve amenazada 위협을 당하고 있는

Ver 동사의 수동형 표현을 위해 재귀대명사 se를 사용한다.

→ La comunidad coreana se siente fortalecida cada vez que los guatemaltecos le expresan su solidaridad.

Según el Acuerdo sobre Salvaguadias de la Organización Mundial del Comercio, se permite la implementación de estas medidas **siempre y cuando cumplan** con las estrictas condiciones contempladas en una medida excepcional, **lo que la difiere de** las medidas arancelarias compensatorias o de antidumping.

세계무역기구의 세이프가드 규정에 따르면 동 조치는 매우 엄격한 요건을 모두 충족할 경우에만 취할 수 있는 예외적 조치로서 상계 관세나 반덤핑 조치와는 차이가 있습니다.

▷ siempre y cuando cumplan —— 조건을 충족할 경우에만

siempre(언제나, 항상)과 cuando(~할 때)를 함께 사용하여 '항상 ~할 때만'의 의미를 강조하며, 이 부사구 뒤에는 접속법을 쓴다.

→ El bienestar de la sociedad será una realidad siempre y cuando haya colaboración de todos sus ciudadanos.

▷ , lo que la difiere de ——와는 다른

앞 문장 전체를 받아 뒤 문장과 연결하기 위해 중성 정관사 lo와 관계사 que를 사용한다.

→ Es necesario mencionar que lo que nosotros buscamos es apoyar en todo lo que sea posible el engrandecimiento de esta bella nación.

La imposición de medidas para proteger el mercado, **si bien sirven para mantener un equilibrio comercial**, se vuelve problemática cuando se busca imponerlas por razones diferentes a la protección de la industria afectada y solo con el objetivo de beneficiar a una empresa en específico, **lo que va en contra del principio** de la "no discriminación" de la Organización Mundial del Comercio.

국내 산업과 시장 보호를 위한 조치 시행은 무역수지 균형을 유지하는 데 유용할 수는 있지만, 산업 보호가 아닌 다른 이유, 특히 특정 회사의 사익을 위해 동 조치가 사용된다면 심각한 문제가 되며 이는 세계무역기구 협정에 명시된 '차별 금지' 원칙을 위반하는 것이기도 합니다.

▷ , si bien sirven para mantener un equilibrio comercial,

비록 통상 균형 유지를 위해 사용될 수는 있지만,

si bien은 '비록 ~하더라도'라는 의미이다.

→ Si bien nuestro deseo es seguir enviando donaciones, es necesario que también se trabaje en la aprobación de la exoneración de impuestos de importación.

▷ , lo que va en contra del principio 그것은 원칙에 어긋나는 것이다

→ Nuestros ancestros afrontaron una serie de dificultades, pero jamás tomaron acciones que fueran en contra del principio del respeto al prójimo.

Tal y como lo establece John H. Jackson en su libro The World Trading System(1989), las salvaguardias tienden a tener un fundamento proteccionista originado, muchas veces por una presión política y social de corto plazo**, lo cual es preocupante** ya que el proteccionismo únicamente busca restringir las importaciones de otros países para proteger **a productores nacionales privilegiados.**

John H. Jackson이 자신의 저서 The World Trading System(1989)에서 밝혔듯이 세이프가드 조치들은 많은 경우 단기적인 정치적 사회적 압력에 의해 야기되는 보호주의에 기초를 두는 경향을 보입니다. 이러한 현상이 우려스러운 것은 보호주의는 기득권을 향유하는 국내 생산기업들을 보호하기 위해 다른 나라로부터의 수입 제한을 추구할 뿐이기 때문입니다.

▷ , lo cual es preocupante 그것이 우려스러운 것이다

앞 문장 전체를 뒤 문장의 주어로 받기 위해 정관사 lo와 관계사 cual을 사용한다.

→ El gobierno coreano ha sufrido una serie de situaciones difíciles, pero todas las ha superado con el esfuerzo de sus ciudadanos, lo cual es admirable.

▷ a productores nacionales privilegiados 특혜를 받은 국내 생산자

La implementación de medidas proteccionistas **constituye un duro golpe a los principios** de apertura comercial entre los pueblos, atentan contra la libre transferencia de personas y mercancías, así como la libre competencia entre productos nacionales e importados, afectando negativamente el crecimiento y bienestar económico de las naciones, así como a los consumidores finales **al aumentar el costo de los bienes** y servicios importados.

보호무역 조치 시행은 국가들 간 교역 개방 원칙에 큰 타격을 주고 자유로운 인적 물적 교류, 국산품과 수입제품 간의 자유 경쟁 등을 가로막아 국가 경제의 성장 및 경제적 복리에 악영향을 끼치며, 또한 수입 재화와 서비스 비용의 증가로 최종 소비자들에게 피해를 입힙니다.

▷ constituye un duro golpe a los principios 원칙에 큰 타격을 주다

▷ al aumentar el costo de los bienes 상품 생산비용이 증가하여서

'al + 동사원형'은 '~할 때, ~하면서'라는 의미이다.

→ Al agradecer la invitación que me hicieron para asistir a este evento, aprovecho para enviarles un saludo fraternal del Presidente de mi nación.

Por ello, prevalece en el mundo la confianza de que el libre comercio y la libre transferencia de recursos y tecnologías es el camino para el desarrollo económico de un país, por lo que hay que apoyar la eliminación de barreras comerciales y no comerciales que sacrifiquen el desarrollo económico sostenible, la prosperidad nacional y el bienestar de todo un pueblo, **a cambio del beneficio de unos cuantos.**

이와 같은 이유로 자원과 기술의 자유로운 무역과 이동이야말로 국가 경제 발전의 첩경이라는 믿음이 전 세계에 폭넓게 수용되고 있습니다. 따라서 소수의 이익을 지키기 위해 지속 가능한 경제 개발, 국가 번영 및 전 국민의 복지를 희생시키는 무역 및 비무역 장벽 철폐를 지지해야 합니다.

▷ , a cambio del beneficio de unos cuantos 몇몇의 이익과 바꾸기 위해

cambio는 '변화, 교환'이라는 의미의 명사로 전치사 a, de와 함께 사용되어 '~ 대신에' 라는 의미로 사용한다.

→ Es inaceptable que un país progrese económicamente a cambio del bienestar de unos cuantos ciudadanos y no de la totalidad de los mismos.

과테말라 대통령궁

2-e Nuevo sistema del gobierno electrónico busca mejorar el servicio público y la confianza de sus ciudadanos

새로운 전자정부 시스템을 통한 공공서비스 개선 및 국민의 신뢰 제고

Hoy por hoy, la aplicación de tecnologías de la informática y las telecomunicaciones **han pasado a formar parte fundamental** de la superación y desarrollo de cualquier país, en especial de los países desarrollados quienes, con el fin de mejorar y transparentar su funcionamiento, han tenido que **valerse del uso estratégico de toda clase de herramientas** que la tecnología pueda ofrecer, en la búsqueda de dos cosas esenciales: brindar trámites más rápidos a sus ciudadanos y crear confianza total del pueblo a su gobierno.

오늘날 어느 국가든 도전과제를 극복하고 발전하기 위해서는 IT 기술 활용이 필수적입니다. 특히 선진국들은 행정 개선 및 투명성 제고를 위해 IT 기술이 제공할 수 있는 모든 유형의 툴을 전략적으로 활용해야만 했는데 국민들에게 신속한 민원서비스를 제공하는 것과 정부에 대한 신뢰 제고 두 가지가 기본적인 목표입니다.

▷ han pasado a formar parte fundamental 중요한 부분이 되었다

→ Los becarios han pasado a ser una pieza fundamental para el intercambio de conocimiento entre nuestros dos países.

▷ valerse del uso estratégico de toda clase de herramientas 모든 수단들을 전략적으로 이용하다

valerse동사는 전치사 de와 함께 사용하면 '사용하다, 이용하다'라는 의미를 갖는다.

→ La comunidad coreana se ha valido de la organización de eventos culturales para darse a conocer ante el pueblo guatemalteco.

Corea **no ha sido la excepción y ha tenido que** valerse del gobierno electrónico y, en aras de apoyar al pueblo chapín en el desarrollo de esta herramienta, ha organizado un foro bilateral, este 20 de mayo, donde una delegación coreana compuesta por diez especialistas en tecnología informática compartirán la experiencia de Corea en el tema con especialistas tecnológicos chapines.

한국도 예외가 아니어서 전자 정부를 활용했으며, 과테말라의 플랫폼 구축을 지원하기 위해 5월 20일 양국 간 포럼을 개최할 예정입니다. 동 포럼에는 10명의 정보 분야 전문가로 구성된 한국 사절단이 참여하여 과테말라 기술 전문가들과 한국의 경험을 공유할 예정입니다.

▷ no ha sido la excepción y ha tenido que 예외가 아니었으며 ——해야만 하였다

→ El mundo entero debe velar por la paz mundial y mi país no ha sido la excepción.

→ Los coreanos, al igual que los guatemaltecos, hemos tenido que trabajar arduamente para sacar adelante al país.

Parte del proceso del gobierno electrónico incluyó una serie de etapas que iniciaron con la creación de bases de datos de administración, donde se digitalizaron los documentos en papel, **para pasar luego al desarrollo de sistemas** para organizaciones gubernamentales G2G, tales como el sistema de documentos electrónicos y el sistema presupuestario. **Terminada esa etapa,** se desarrollaron servicios para el público, desde donde los coreanos experimentaron los servicios en línea llamados G2C/G2B.

한국의 전자정부 개발 과정은 종이문서를 디지털화하는 행정 데이터베이스 구축을 시작으로 여러 단계를 거쳤습니다. 행정 데이터베이스 구축 이후에는 전자문서 시스템과 예산 시스템을 갖춘 G2G 시스템이 개발되었으며, 이후 G2C/G2B라는 온라인 공공서비

스가 도입되었습니다.

▷ para pasar luego al desarrollo de sistemas 이후 ——시스템 개발에 이르는

▷ Terminada esa etapa, 이 단계가 끝난 후에는,

El siguiente paso fue la integración de la infraestructura y las plataformas de Tecnología Informática y así, el centro de datos del gobierno **pasó a ser el ejemplo más famoso** e importante del manejo de información. Luego **se dio paso a la integración de servicios** y conjuntos de datos y se desarrolló una ventana única de servicio para los ciudadanos, así como una plataforma de intercambio de datos para entidades gubernamentales.

그다음 단계는 인프라와 IT 플랫폼을 통합하는 것이었으며, 통합에 성공함에 따라 한국 정부의 데이터센터는 정보 관리 분야에서 가장 유명하고 선도적인 모델이 되었습니다. 이후 서비스와 데이터의 통합이 이루어졌으며 국민들을 위한 단일 창구 서비스와 정부 기관 간 정보교류를 위한 플랫폼이 개발되었습니다.

▷ pasó a ser el ejemplo más famoso 가장 유명한 사례가 되다

'pasar a + 동사원형'은 '~이 되다'라는 의미로도 사용된다.

→ En la década de los 70's, mi país pasó a ser una nación próspera después de haber vivido una gran pobreza ocasionada por las guerras que le tocó vivir.

▷ se dió paso a la integración de servicios 서비스 통합에 이르게 되다

동사 dar(주다)와 명사 paso(걸음, 통행)이 함께 쓰여 '~에 이르게 되다'라는 의미로 사용된다.

→ Nos acercamos a una nueva era, en la cual damos paso a las ideas innovadoras de los jóvenes que, con el uso de la tecnología, abren paso a otras dimensiones del conocimiento.

Corea, cuenta actualmente, con un servicio del Registro Civil, al que le llama 'Registro Residente'. Con este servicio, a cada ciudadano se le brinda un número único que será la llave de acceso a la diversidad de servicios gubernamentales, **desde la cuna hasta la tumba**, literalmente.

현재 한국은 '주민등록'이라 불리는 시민등록 시스템을 갖추고 있습니다. 이 서비스를 통해 모든 국민들은 고유한 번호를 지정받으며, 이 번호는 태어날 때부터 사망할 때까지 다양한 정부 서비스에 접근할 수 있는 열쇠의 역할을 합니다.

▷ desde la cuna hasta la tumba 요람에서 무덤까지

Para dar una idea de este servicio, se citan algunos ejemplos del tipo de asistencia que **se le brinda a cada ciudadano**, desde su llegada al mundo. Cuando un coreano nace se le asigna un número de subvención de parto; de infante, se les recomienda un calendario de vacunación y se le notifica su proceso de matrícula escolar; de adolescente, se le da su tarjeta de identificación; llegado su cumpleaños 19 años, se le asigna su derecho de voto; cuando alcanza la edad mediana, se le brinda apoyo de arrendamiento o préstamos para compra de vivienda; **al llegar a la ancianidad**, se le brinda servicio nacional de pensiones.

동 서비스의 구체적 예를 든다면 한국 정부가 국민들에게 태어날 때부터 제공하는 다양한 서비스를 열거할 수 있습니다. 모든 한국민은 출생할 때 출산장려금을 받고, 유아기 때 예방접종 및 학교 등록 절차에 관한 정보를 제공받으며, 청소년기에는 주민등록증을 갖게 되고 19세가 되면 선거권을 누립니다. 이후 중년이 되어서는 주택임대나 구입을 위해 정부 대출 등의 지원 시스템을 이용할 수 있으며, 노년기에는 국민연금 서비스가 제공됩니다.

▷ Para dar una idea de este servicio 이러한 서비스에 대한 아이디어를 보여주고자

▷ se le brinda a cada ciudadano 모든 시민들에게 ——를 제공하다

이 문장에서 se는 동사 3인칭 단수형과 결합하여 무인칭 문장을 만들 때 사용되고, le는 명사 ciudadano를 받는 간접목적대명사이다.

→ A toda persona que desee asistir al teatro se le asignará un lugar a su llegada.

▷ al llegar a la ancianidad 노년이 되었을 때

전치사 a를 사용하여 'al + 동사원형'은 '~할 때'라는 의미로 사용한다.

→ Al entregar esta donación, me siento muy feliz de poder expresar nuestros sentimientos de solidaridad.

Es de mencionar que, la herramienta del gobierno electrónico no es algo que ha surgido de la noche a la mañana, sino que es producto de una serie de procesos que hasta el día de hoy **ha permitido contar con una serie de servicios** como el 'Registro Residente' y con otro denominado 'Sistema de procesos de negocios On Nara(Business Process System)', **con el cual** no sólo se gestiona documentos, sino se administra, acelera y archiva todo el flujo de trabajo para aumentar la productividad y la transparencia en el trabajo gubernamental.

전자정부 시스템은 하루아침에 만들어진 것이 아님을 언급할 필요가 있습니다. 전자정부는 오늘날 한국인들이 '주민등록' 서비스와 비즈니스 처리 시스템인 '온나라 시스템' 등의 서비스를 누릴 수 있게 해준 다양한 노력의 결과입니다. '온나라 시스템'은 정부의 생산성 및 투명성 향상을 위해 모든 업무의 흐름을 관리하고 속도를 높이며 문서화하는 시스템입니다.

▷ Es de mencionar —— 이하를 언급해야 한다

'ser + de + 동사원형'은 '~해야 한다'는 의미이다.

→ Es de hacer notar que el pueblo coreano busca y seguirá buscando los medios para apoyar a esta bella nación.

▷ ha permitido contar con una serie de servicios 일련의 서비스를 즐길 수 있게 해주다

→ La mayor satisfacción que mi gobierno ha podido recibir de parte de ustedes es contar con su valiosa amistad.

▷ , con el cual 그것을 가지고

앞 문장의 명사(sistema)를 뒤 문장의 목적어로 받아 연결되는 문장으로 만들기 위해 정관사 el과 관계사 cual을 사용한다.

→ Toda esta actividad no se hubiera podido realizar sin su apoyo, con el cual hemos contado en todo momento y en todo lugar, gracias por ser nuestros amigos y aliados.

Corea aún tiene mucho camino por recorrer en este tema, porque, sin duda, **se debe mejorar la usabilidad**, accesibilidad y seguridad, en colaboración entre el sector privado y el sector público, pero se espera que su ejemplo de superación deje una enseñanza a la humanidad, en especial a los países en vías de desarrollo, de que **sí es posible salir de la pobreza** por medio de dos acciones importantes: la búsqueda del desarrollo de su educación técnica y el entendimiento colectivo sobre cómo mejorar la eficiencia y transparencia de su administración gubernamental.

의심할 여지 없이 한국은 민관 협력을 통해 전자 정부 시스템의 사용성, 접근성 및 안전성을 개선해야 하기 때문에 이 분야에서 여전히 많은 과제를 안고 있습니다. 그러나 한국이 그간 이룩한 모범적인 도전 극복 과정이 두 가지 중요한 정책을 통해 빈곤 문제를 해결할 수 있다는 교훈을 전 세계 특히 개발도상국들에게 줄 수 있기를 고대하는바, 그것은 기술교육 강화와 정부행정의 효율성과 투명성을 어떻게 개선할 것인가에 대한 공동의 인식입니다.

▷ se debe mejorar la usabilidad 사용성을 개선해야 한다

대명사 se와 3인칭동사 단수형을 사용하여 무인칭 문장으로 사용한다.

→ Se debe tomar en cuenta que parte de las actividades culturales se ha programado para la primera mitad del año.

▷ sí es posible salir de la pobreza 빈곤 탈출이 가능하다

sí는 긍정의 부사로 긍정의 문장을 만들 때 사용한다.

→ Amigos y amigas, sí es posible salir adelante si trabajamos unidos.

칠레 폴리네시안 춤

2-f Economía de Corea: De la Miseria al Milagro

한국경제: 빈곤에서 기적으로

Con una brillante cultura de más de 5 mil años, la historia de Corea ha estado marcada por diferentes acontecimientos, que van desde el triunfo de la historia humana, invasiones extranjeras, hasta su división en dos países, después de la Segunda Guerra Mundial**, los cuales dejaron al país** y a su población **sumergidos en una situación de extrema pobreza**(con un PIB per cápita aproximadamente de US$ 67 dólares en ese momento) y alta dependencia de la ayuda externa que otras naciones pudieran brindarle.

5천년의 찬란한 문화를 지닌 한국의 역사는 인류 역사의 승리부터 외세 침략, 2차 세계대전 이후 국토 분단 등 수많은 역사적 사건들로 점철되어 왔습니다. 이러한 어려운 상황들로 인해 한국과 한국민들은 당시 1인당 GDP 67불 수준의 극심한 빈곤 상태에 빠졌으며, 다른 나라들의 원조에 크게 의존하게 되었습니다.

▷ , los cuales dejaron al país 그것들은 나라를 —— 상태로 남겼다

앞 문장에서 언급된 명사(diferentes acontecimientos)를 받아 뒤 문장의 주어로 연결해 주기 위해 정관사 los와 관계사 cuales(cual의 복수)를 사용한다.

→ El arte coreano cuenta con una serie de características particulares como la simplicidad y la espontaneidad, las cuales marcan una clara diferencia entre el arte de sus vecinos.

▷ sumergidos en una situación de extrema pobreza 극단적 빈곤 상태에 빠지다

→ Estimados amigos, he de compartirles que el arte de mi pueblo fue desconocido por largo tiempo, debido a que mi país estuvo sumergido en un gran aislamiento exterior, producto de la colonización extranjera.

No obstante, **a inicios de la década de 1960,** la situación del país comenzó a cambiar, gracias a la estrategia oportuna por parte de los líderes y la sociedad coreana en general, quienes supieron desarrollar e implementar políticas adecuadas, que permitieran al país alcanzar un desarrollo económico en un período relativamente corto de tiempo y mantener este crecimiento económico **de manera sostenida hasta la fecha**.

그러나 1960년대 초기부터 국가 지도자들의 적절한 정책과 전 국민의 노력으로 상황이 변화하기 시작하였습니다. 그들은 적절한 정부 정책을 개발하고 시행함으로써 비교적 단기간 내에 경제를 발전시켰으며 현재까지 경제성장 기조를 지속적으로 유지하고 있습니다.

▷ a inicios de la década de 1960, 1960년대 초기부터,

▷ de manera sostenida hasta la fecha 오늘날까지 지속된 방법으로

→ El pueblo coreano ha querido contribuir de manera continua con los programas de capacitación con la región centroamericana, tal como lo demuestra el memorándum de entendimiento firmado entre Koica y Sica.

Dentro de las diversas estrategias que se implementaron en el país, **resulta oportuno destacar** la elaboración de un “Plan de Desarrollo Económico”, **el cual fue implementado por primera vez,** en 1962, y que se continuó aplicando hasta 1996. Este Plan tenía una duración de cinco años, tiempo en el que era revisado y adaptado, **en atención a las demandas** y al contexto que se vivían, tanto a nivel de país, como a nivel mundial, en cada período determinado.

당시 한국에서 시행된 여러 전략 중 가장 주목할 만한 것은 1962년 시행하기 시작해

1996년까지 지속되었던 '경제개발 계획'입니다. 동 계획은 한국 및 국제사회의 시기별 수요와 상황에 맞추어 검토와 수정을 거치며 5년 단위로 시행되었습니다.

▷ resulta oportuno destacar —— 이하를 강조하는 것이 적절하다

Resultar는 '결과로 ~이 된다'라는 의미이다.

→ La gastronomía coreana además de ser muy variada es original y resultó ser del agrado del gusto occidental.

▷ , el cual fue implementado por primera vez 그것은 처음으로 실시되었다

앞 문장의 명사 el Plan de Desarrollo Económico를 뒤 문장의 주어로 받기 위해 정관사 el과 관계사 cual을 함께 사용한다.

→ El chef coreano explicó a la concurrencia las características del Kimchi, el cual es el plato más famoso de Corea.

▷ en atención a las demandas 수요에 부응하여

→ La comunidad coreana, en atención a la curiosidad de los guatemaltecos sobre cómo preparar Kimchi, organizó un taller de gastronomía coreana, como parte del festival coreano del año.

En total se desarrollaron e implementaron siete Planes Quinquenales de Desarrollo, **los cuales permitieron al país sentar las bases** para iniciar un proceso transformador que les permitiera alcanzar la industrialización y lograr la independencia económica que buscaban, **a través de la promoción de las exportaciones**, la atracción de capital extranjero, el desarrollo de las redes de transporte, infraestructura y comunicación.

총 7차에 걸친 경제개발 5개년 계획이 개발 및 시행되었으며, 동 계획을 통해 산업화의 기반을 다지고, 수출 장려, 외국자본 유치, 교통·통신·인프라망 구축 등을 통해 경제적 독립을 달성하였습니다.

▷ , los cuales permitieron al país sentar las bases 기반을 구축하게 하였다

앞 문장의 명사 Planes Quinquenales de Desarollo를 뒤 문장의 주어로 받기 위해 남성 복수 정관사 los와 관계사 cual의 복수인 cuales를 함께 사용한다.

→ Durante la reunión mensual, se estudiaron los proyectos de cooperación bilateral, los cuales pasaron a formar parte de los instrumentos más útiles de solidaridad entre nuestros países.

▷ a través de la promoción de las exportaciones 수출 증진을 통해

La aplicación de estas estrategias **dio como resultado el surgimiento** de grandes corporaciones coreanas, que se crearon a partir de empresas familiares(chaebol) y que con sus actividades **contribuyeron a un crecimiento económico** elevado del país, que hizo posible superar el PIB per cápita de 1963, de aproximadamente US$ 100 dólares, y lograr un PIB per cápita de US$ 10,000 dólares en 1995(100 veces mayor). Hoy en día, el PIB de Corea es de US$ 32,000 dólares.

이러한 정책을 통해 가족기업에서 출발한 대기업들이 탄생하였고, 이들의 활동이 국가의 고도 경제성장에 기여하여 1963년 약 100불 정도였던 1인당 GDP가 1995년에는 100배 이상 증가한 1만불을 달성하게 되었으며, 현재는 3만2천불이 되었습니다.

▷ dio como resultado el surgimiento 결과적으로 ——의 부상을 가져왔다

como는 '~로서, ~와 같은'이라는 의미의 접속사이다.

→ Como les había explicado, el Kimchi es la comida más famosa de mi país y está preparado con ingredientes como col china adobada con nabo, pimienta roja y otros vegetales.

▷ contribuyeron a un crecimiento económico 경제성장에 기여하다

A finales de 1997, tras la crisis financiera de esa época, la economía coreana revisó completamente su estrategia de desarrollo, y **se adoptaron una serie de reformas** dirigidas a transformar el sistema financiero coreano, orientado en ese momento a la banca, y transformarlo a un sistema financiero orientado al mercado. Así mismo, se implementaron políticas gubernamentales que **tenían como fin la apertura de la economía** e internacionalización del mercado, debido, en parte, a la incorporación de Corea a la OMC en 1995 y a la OCDE en 1996.

1997년 말 외환위기를 겪게 된 한국은 경제개발 정책에 대한 전면적인 검토에 들어갔고, 금융구조를 개편하여 은행 중심이 아닌 시장 중심의 금융시스템으로 개혁하였습니다. 더불어 정부는 1995년 WTO 가입, 1996년 OECD 가입에 발맞추어 개방 경제와 시장의 국제화 정책을 추진하였습니다.

▷ se adoptaron una serie de reformas 일련의 개혁정책을 채택하다

▷ tenían como fin la apertura de la economía 경제의 개방을 목표로

como는 '~로서'라는 의미의 접속사로 명사 fin(목표, 목적)을 만나 '목표로'라는 의미로 사용된다.

→ El grupo de voluntarios que se envían cada año tiene como fin apoyar a las labores sociales del país.

De igual manera, **cabe destacar la implementación de una estrategia** enfocada en desarrollar y promover una 'economía del conocimiento', que le permitiera al país innovar su estructura industrial, aumentar el valor agregado de sus actividades económicas y por ende, mejorar su competitividad en el plano internacional, a través de la promoción de la investigación y desarrollo tecnológico, **lo cual le ha permitido a Corea** pasar de ser un importador de tecnología a un país tecnológicamente avanzado, convirtiéndose en un 'líder tecnológico' y globalizando su estructura económica.

또한, '지식 경제'를 개발하고 증진하는 전략을 추진한 점에 주목할 필요가 있는데, 이로써 한국은 산업구조 혁신, 경제활동의 부가가치 확대, 기술 분야의 R&D 장려 등을 통한 국제시장에서의 경쟁력 향상 등이 가능하게 되었습니다. 이는 한국이 기술 수입국에서 기술 선도국으로 변모하도록 하였고 경제구조를 세계화 할 수 있도록 하였습니다.

▷ cabe destacar la implementación de una estrategia ——전략을 추진한 점에 주목하다
'Cabe(동사 caber의 3인칭 단수) + 동사원형'은 '~할 수 있다'라는 의미이다.
→ Cabe mencionar que la amistad que existe entre nuestros pueblos se ha ido forjando a lo largo de más de seis décadas.

▷ , lo cual le ha permitido a Corea 그것은 한국으로 하여금 —— 하도록 하였다
중성 정관사 lo와 관계자 cual을 함께 사용하여 앞 문장 전체를 뒤 문장의 주어로 연결한다.
→ Compartir con otros nuestras experiencias acumuladas es nuestro deber de amigos, lo cual nos ha permitido demostrar el gran cariño y respeto que le tenemos a esta bella nación.

La inversión que destina el gobierno de Corea en investigación y desarrollo es realmente alta, y **fue la mayor a nivel mundial**, según datos de la UNESCO, representando el 4.3% de su PIB en el año 2014. Asimismo, según el índice de innovación de Bloomberg, publicado en enero de 2017, Corea ocupó el primer lugar entre los 78 países encuestados, **siendo nombrado el país más innovador** por cuarto año consecutivo.

한국 정부는 R&D 분야에 세계 최고 수준으로 투자를 집중하고 있는데, 유네스코 자료에 의하면 2014년 한국의 R&D 투자 비율은 GDP의 4.3%에 달하고 있습니다. 또한 2017

년 1월 기준 블룸버그 이노베이션 지수에 의하면 조사를 실시한 78개 국가 중 4년 연속 1위를 차지하였습니다.

▷ fue la mayor a nivel mundial 세계 최고 수준

▷ siendo nombrado el país más innovador 가장 혁신적인 국가로 지명되다

→ Cabe mencionar que mi país ha sido nombrado dentro de los países con las mejores economías mundiales.

Asimismo, las empresas coreanas, con el fin de aumentar la competitividad de los precios de sus productos, han buscado distintas oportunidades para sus exportaciones, **lo que ha llevado al establecimiento** de redes de producción en todo el mundo. Con esta red global, **se ha fortalecido la competitividad de los sectores no exportadores** en toda la economía coreana y se han buscado estrategias efectivas de globalización.

마찬가지로 한국기업들도 상품의 가격 경쟁력 향상을 위해 수출을 위한 다양한 기회를 모색하였으며 이를 통해 전 세계에 걸쳐 생산 네트워크를 구축할 수 있게 되었습니다. 동 생산 네트워크를 통해 한국 경제 전반에 걸쳐 비수출 분야의 경쟁력도 강화되었고, 효과적인 세계화 전략을 모색해왔습니다.

▷ , lo que ha llevado al establecimiento 그것은 ——의 수립을 가져왔다

앞 문장 전체를 뒤 문장의 주어로 받아 연결하기 위해 중성 정관사 lo와 관계사 que를 사용한다.

→ Otro de los platillos tradicionales de la gastronomía coreana es el "Bulgogi" que consiste en tiras delgadas de carne de res, lo que la hace fácil de comer con palillos.

▷ se ha fortalecido la competitividad de los sectores no exportadores 비수출 분야의 경쟁력을 강화해 오다

La experiencia de Corea **puede servir de ejemplo para otros países**, como la región centroamericana, quienes al igual que Corea de la post guerra, constituyen economías pequeñas y hasta cierto punto **dependientes de la cooperación externa.**

한국의 발전 경험은 다른 국가들에게 모범적인 사례가 될 수 있을 것인데, 특히 한국전쟁 후의 한국과 유사하게 소규모 경제구조를 가지며 국제원조에 일정 수준 의존하고 있는 중미지역 국가들에게 좋은 사례가 될 것입니다.

▷ puede servir de ejemplo para otros países 다른 나라에게 모범사례가 되다

→ Estoy convencido que el trabajo arduo de los jóvenes de este país podrá servir de ejemplo al resto de la humanidad.

▷ dependientes de la cooperación externa 외부 원조에 의존하는

→ Esta mañana quiero agradecer que me haya invitado a la inauguración de este proyecto que busca hacerlos menos dependientes de las importaciones, a través del impulso de los talentos de la región.

2-g El Tratado de Libre Comercio: nueva ventana por la prosperidad económica de la Región Centroamericana y Corea

자유무역협정: 중미지역과 한국의 경제적 번영을 위한 새로운 창구

Bien sabido es que los Tratados de Libre Comercio(TLC), desde su creación, han traído beneficios relacionados no sólo con aspectos comerciales, sino con la economía en general de sus suscriptores, **puesto que** sus empresas generan oportunidades para mejorar su competitividad al ganar igualdad de condiciones con otros países.

자유무역협정(FTA)이 서명국들의 무역 분야뿐만 아니라 경제 전반에 많은 혜택을 가져다준다는 것은 잘 알려진 사실입니다. 그 이유는 FTA 체결 국가의 기업들이 다른 국가들과 동등한 조건을 누리게 되면서 기업 경쟁력을 향상시키기 위해 보다 많은 기회를 창출하기 때문입니다.

▷ Bien sabido es que ~는 잘 알려진 사실이다

이 문장에서는 뒤 문장 전체를 주어로 받기 위해 ser의 3인칭 단수인 es를 사용하여 주어 없이 무인칭으로 사용되었다.

→ Bien sabido es que el apoyo que la comunidad coreana ha dado a los países que la han acogido, ha sido de gran significado.

▷ , puesto que 왜냐하면

'왜냐하면, ~ 때문에'라는 뜻의 접속사이다.

→ Me siento muy agradecido con esta bella nación, puesto que hemos podido sentir la calidez de su corazón en cada acción que nos demuestran.

Por esta sencilla razón, la República de Corea **no se ha quedado sin aprovechar** esta magnífica herramienta y sostiene una política comercial,

cuyo objetivo es crear una economía libre y abierta, **basada en los principios del mercado** y, desde los 90's, **se ha propuesto buscar aliados** comerciales a nivel mundial**, con lo que ha logrado** expandirse rápidamente.

이러한 간단한 이유로 한국은 FTA라는 훌륭한 도구가 제공하는 기회를 놓치지 않고 시장원리에 입각한 자유롭고 개방된 경제 실현을 목표로 하는 무역정책을 유지해 왔으며, 90년대부터 전 세계적으로 교역 파트너를 모색하는 구상을 하여 많은 국가들과 빠른 속도로 FTA 체결을 확장해 나갈 수 있었습니다.

▷ Por esta sencilla razón, 이런 간단한 이유로,

▷ no se ha quedado sin aprovechar 기회를 놓치지 않았다(적극적으로 활용하였다)

quedarse는 '남다, (결과적으로) ~이 된다'라는 의미의 동사로, 과거에서 시작하여 현재까지의 상황을 표현하기 위해 현재완료형을 사용한다.

→ Estimados amigos, aprecio los momentos en los que ustedes no se han quedado callados y sin aprovechar para expresarnos sus sentimientos de solidaridad ante los últimos acontecimientos acaecidos en mi país.

▷ , cuyo objetivo es crear 그 목적이 ──를 만드는 것인

cuyo/a는 관계 소유 대명사로 수식하는 명사의 성, 수에 따라 어미를 변화한다.

→ Año con año, mi país organiza eventos culturales, cuyo objetivo primordial es dar a conocer parte de la cultura que nos caracteriza de una manera única en el mundo.

▷ Basada en los principios del mercado 시장원리에 입각하여

▷ se ha propuesto buscar aliados 전략적 동반자를 찾기 시작하다

'proponerse + 동사원형'은 '~하기 시작하다'라는 의미이다.

→ Como pueblo que trabaja en unidad, nos hemos propuesto seguir adelante y trabajar en unidad y solidaridad.

▷ , con lo que ha logrado 그를 통해 ──를 이룬

앞 문장을 뒤 문장의 목적어로 받기 위해 '전치사 con + 중성정관사 lo + 관계사 que'를 함께 사용한다.

→ El arte coreano tiene diversidad de características con las cuales ha conseguido vislumbrar a todo tipo de público.

En esta búsqueda, **no podían faltar los amigos centroamericanos** con quienes, **después de una serie de negociaciones**, iniciadas en Seúl, en 2015, finalmente se suscribió un TLC entre Corea y **cinco países del istmo centroamericano**, con excepción de Guatemala, en 2018.

이러한 교역 파트너 모색 과정에서 중미 국가들이 빠질 수 없었으며, 2015년 서울에서 개최된 첫 협상을 시작으로 여러 차례 협상한 결과 2018년 과테말라를 제외한 중미 5개국과 FTA를 체결할 수 있었습니다.

▷ no podían faltar los amigos centroamericanos 중미 친구들이 빠질 수 없었다
과거에 지속되는 상황을 나타내기 위해 불완료 과거형을 사용한다.
→ Los inversionistas coreanos han incursionado en diversos sectores en donde, sin lugar a dudas, no podía faltar el sector tecnología.

▷ después de una serie de negociaciones 일련의 협상 결과

▷ cinco países del istmo centroamericano 중미 지협의 5개국

Con este paso trascendental, el gobierno coreano espera que con la eliminación de las barreras comerciales, **resultado de la entrada en vigencia de este convenio,** se aumente el comercio, se diversifiquen los mercados de exportación y se fortalezcan las relaciones comerciales con el mercado centroamericano, aprovechando que ambas partes cuentan con estructuras industriales mutuamente complementarias.

이런 획기적 과정을 통해 한국 정부는 한–중미 FTA를 통해 무역장벽을 철폐하고 양측의 상호 보완적인 산업구조를 이용하여 무역 규모 확대, 수출시장 다각화, 중미 시장과의 교역 관계 증진 등을 기대하고 있습니다.

▷ Con este paso trascendental, 이런 획기적 과정을 통해,

con은 '~와 함께'라는 의미의 전치사이다.

→ La presentación que hicieron los chefs coreanos durante el festival gastronómico internacional fue todo un deleite para los comensales, quienes quedaron sorprendidos con la gran gama de coloridos y sabrosos platillos.

▷ , resultado de la entrada en vigencia de este convenio, 이 협정의 발효 결과,

→ El teatro quedó abarrotado con miles de fans deseosos de presenciar el show de K-pop, resultado de la gran popularidad que este ritmo ganó últimamente entre los jóvenes latinoamericanos.

Por su parte, Centroamérica podrá aprovechar la experiencia tecnológica de Corea**, quien además de ser uno de los países líderes en tecnología,** cuenta con una de las infraestructuras más desarrolladas a nivel mundial. Asimismo, Centroamérica puede utilizar estas negociaciones como una plataforma para incursionar**, con mayor facilidad,** a otros mercados asiáticos, como Japón y China continental.

반면 중미는 기술 선진국 중 하나이자 세계적인 수준의 인프라를 자랑하는 한국의 기술개발 경험을 배울 수 있을 것입니다. 또한 일본, 중국 등 아시아 국가 시장에 쉽게 진출할 수 있는 플랫폼으로서 한–중미 FTA를 이용할 수도 있을 것입니다.

▷ , quien además de ser uno de los países líderes en tecnología, 기술 선진국 중의 하나인 것 외에도,

además는 '더욱이, 게다가, 그 밖에'라는 의미의 부사로 전치사 de와 함께 '~ 이외에도'라는 의미로 사용된다.

→ Una manera de intercambiar conocimientos con los jóvenes de la región centroamericana consiste en compartir cursos en línea, además de los cursos que ya se vienen impartiendo en Corea.

▷ , con mayor facilidad, 쉽게

→ Los festivales cinematográficas, organizados por la comunidad coreana, han permitido que podamos acercarnos al pueblo chapín con mayor facilidad.

Pero no todo son importaciones y exportaciones, **hay que destacar que** la inversión también será incentivada, **gracias a un marco normativo que** favorece un buen clima de negocios, con seguridad y estabilidad, brindándoseles a los extranjeros los mismos derechos y oportunidades que tienen los inversionistas nacionales.

그러나 수출입 분야에서만 좋은 결과가 기대되는 것은 아닙니다. 안전하고 안정적인 비즈니스 환경을 보장하는 규정을 통해 투자 또한 촉진될 것이라는 점에 주목해야 합니다. 외국인 투자자에게도 내국인 투자자와 같은 권한과 기회가 제공될 것입니다.

▷ hay que destacar que ——를 주목(강조)해야 한다

Haber 동사의 3인칭 단수형인 hay와 관계사 que를 함께 사용하면 '~해야 한다'라는 의미의 무인칭 문장을 만들 수 있다.

→ Hay que destacar que la amistad que existe entre nuestros pueblos es una relación que se ha ido construyendo poco a poco y que se ha ido fortaleciendo con el paso del tiempo

▷ gracias a un marco normativo que ——하는 규정 덕분에

'감사'를 의미하는 gracias와 전치사 a를 함께 사용하면 '~ 덕분에'라는 의미이다.

→ He de resaltar que este evento se pudo organizar gracias a la colaboración de la Municipalidad Metropolitana, a la cual felicito por el buen trabajo que hace por su comunidad.

Así también, considerando **la posición geográfica privilegiada** de Centroamérica, en conjunto con los esfuerzos para alcanzar una unión aduanera y gracias a los TLCs suscritos con socios importantes, esta región se convertirá en un mercado atractivo en donde, su nuevo aliado, Corea, **facilitará y fortalecerá la presencia de sus productos** en mercado asiático.

이외에도 중미 지역은 특별한 지리적 이점, 중미 관세동맹 추진 노력 및 세계 주요 국가들과 기 체결한 FTA 등으로 인해 매력적인 시장이 될 것이며, 중미의 새로운 협력국이 될 한국은 중미 제품의 아시아 시장 진출을 도와주고 지원하게 될 것입니다.

▷ la posición geográfica privilegiada 특별히 유리한 지리적 위치
▷ facilitará y fortalecerá la presencia de sus productos 제품의 홍보를 지원할 것이다

No cabe duda que este tipo de acuerdos, con sus beneficios también traerán nuevos desafíos, para ambas partes, pero con una actitud y mente positiva, se eliminarán más que barreras comerciales, se eliminarán modelos mentales antiguos que impiden la prosperidad económica de Corea y la Región Centroamericana.

이러한 협정은 양측에 많은 결실과 함께 새로운 도전과제를 가져다줄 것은 의심할 여지가 없으나, 낙관적인 정신과 자세를 유지한다면 더 많은 무역장벽이 철폐되고 한국과 중미지역의 경제적 번영을 가로막는 구시대적 사고들이 없어질 것으로 기대됩니다.

▷ No cabe duda que —— 이하는 의심할 여지가 없다

'~할 여지가 있다'라는 의미의 '동사 **caber** 3인칭 단수 + 명사 **duda**(의심) + 관계사 **que**'를 사용하면 **que** 이하의 문장에 대한 의심의 여지가 없다는 의미이다.

→ Amigos míos, mi corazón se siente satisfecho al ver la presentación de baile de estos jóvenes. No cabe duda que se prepararon durante varios días para dar lo mejor de ellos en el escenario.

페루 고산지대 염전

3 문화 / 교육 / 체육

Cultura, Educación y Deporte

3-a La educación: pilar del desarrollo económico y social de Corea
교육: 한국의 경제·사회적 발전의 기둥

Hoy, Corea es reconocida mundialmente como la undécima potencia económica en términos del PIB y el sexto mayor exportador del mundo. Corea también es uno de los países que más invierte en su programa de investigación y desarrollo. Sin embargo, esto no siempre fue así. Después de la guerra de Corea(1950–1953), Corea **quedó completamente devastada y en ruinas.** Aún a principios de la década de los 60 el país no recuperaba lo que tenía antes de la guerra.

오늘날 한국은 GDP 기준 세계 11위 경제대국이자 6위 수출국으로 알려져 있으며, 연구 개발 프로그램에 가장 많이 투자하는 국가 중 하나입니다. 그러나 항상 그랬던 것은 아닙니다. 한국전쟁(1950–1953) 이후 한국은 완전한 폐허로 남았고, 심지어 60년대 초까지도 전쟁 이전의 상태를 회복하지 못하였습니다.

▷ quedó completamente devastada y en ruinas 완전히 무너지고 폐허로 남다
Quedar(남다, ~가 되다) 동사의 단순과거형이다.
→ Los convenios de cooperación quedaron firmados después de la reunión.

En 1962, con un PIB per Cápita de $67 al año, el Gobierno de Corea, decidió implementar una serie de planes quinquenales **que agrupaban diferentes políticas de desarrollo** económico, social y educativo. Los primeros planes se enfocaron en desarrollar las exportaciones, especializar mano de obra y hacer la educación primaria y secundaria obligatoria. El resto de planes, priorizaron el mejoramiento de los niveles tecnológicos, la búsqueda del desarrollo equitativo y el aseguramiento de **una economía auto-sostenible.**

1962년 한국이 연간 1인당 GDP 67달러를 기록할 당시 한국 정부는 다양한 경제·사회·교육 개발 정책으로 이루어진 일련의 5개년 계획들을 시행하기로 결정하였습니다. 초창기 계획은 인력 개발, 수출증진 및 초중등 교육 의무화 등에 집중했으며, 이후 산업기술 수준 향상, 수출과 내수가 균형 잡힌 발전방안 모색 및 자립 경제 확립을 주요 목표로 하였습니다.

▷ que agrupaban diferentes políticas de desarrollo 다양한 개발 정책들을 망라한

▷ una economía auto-sostenible 자립 경제

Desde antes de implementar el primer plan quinquenal, tanto el Gobierno como la sociedad **estaban convencidos de que** la educación era el medio para lograr el desarrollo económico, individual y nacional. Por ello, **independientemente de su situación económica**, los padres de familia procuraron que sus hijos siempre tuvieran acceso a la educación, llevándolos **a las escuelas necesarias de su alcance**.

한국 정부와 국민들은 제1차 5개년 계획 추진 이전부터 교육을 통해 개인과 국가의 경제 발전을 이룰 수 있다는 믿음을 갖고 있었습니다. 그렇기 때문에 각 가정마다 부모들은 경제적 형편과 상관없이 할 수 있는 한 자식들을 학교에 보내며 늘 교육을 받을 수 있도록 힘썼습니다.

▷ estaban convencidos de que ——에 대해 확신하고 있었다

convencer(설득하다)의 과거분사를 estar 동사와 함께 사용하여 '설득되다, ~를 확신하다'라는 의미를 갖는다.

→ Todo el pueblo estaba enterado de las disposiciones que el gobierno implementó para la reconstrucción del país.

▷ independientemente de su situación económica 경제 상황에 관계없이

Independiente의 부사형과 전치사 de를 함께 사용하여 '~와 관계없이'라는 의미를 갖는다.

→ Independientemente de la cantidad de espectadores, los artistas siempre dan lo mejor de sí en el escenario.

▷ a las escuelas necesarias de su alcance 형편에 맞추어 필요한 학교에

alcance는 '닿음, 범위, 거리'라는 뜻으로 전치사 de와 함께 사용되어 '그 범위, 사정에 따라, 형편에 따라'라는 의미를 갖는다.

→ Por ahora, se hace necesario capacitar a los jóvenes para que aprendan a utilizar herramientas de alcance superior a las que actualmente manejan.

Por su parte, el Gobierno empezó implementando programas de alfabetización que lograron reducir la tasa de analfabetismo de 87% en 1945 a 4.1% en 1958. Desde entonces, las autoridades gubernamentales **siempre están en la búsqueda de mejorar la calidad** educativa y asegurar de que sus ciudadanos tengan acceso a ella. Actualmente, el Gobierno destina al menos el 7% de su PIB a la educación, equipando escuelas **con tecnología de punta**, especializando a maestros y proveyendo a los estudiantes con mejores materiales educativos.

한편 정부는 문해 교육 프로그램을 추진하기 시작해 1945년 87%에 달했던 문맹률을 1958년 4.1%로 낮추었습니다. 그때부터 한국 정부 당국은 교육의 질을 높이기 위한 방안을 모색하기 시작했고, 국민의 교육받을 권리를 보장하기 위해 노력하였습니다. 오늘날

에도 정부는 전체 GDP의 최소 7%를 교육에 투자하고 있으며, 이를 통해 학교에 최신장비를 공급하고, 교사들을 전문적으로 양성하며, 학생들에게 더 나은 교육 교재를 제공하고 있습니다.

▷ siempre están en la búsqueda de mejorar la calidad 품질의 제고를 늘 모색하다

estar en la búsqueda는 '~을 모색 중이다'라는 의미이다.

→ Sabemos que la adquisición de conocimiento es un camino sin fin. Por ello, mi gobierno siempre está en la búsqueda de medios alternativos de educación para aquellas personas que están lejos de alcanzarla.

▷ con tecnología de punta 첨단 기술을 가진

Con el afán de incrementar la capacidad innovadora y tecnológica del país, el Gobierno de Corea ha implementado una serie de leyes y planes para la promoción y desarrollo de la ciencia y la tecnología, y **destina un buen porcentaje de su presupuesto a** la creación y funcionamiento de institutos gubernamentales de investigación y desarrollo. El compromiso de Corea con la innovación ha permitido varios avances en áreas clave como: tecnologías de la información, telecomunicaciones, biotecnología, robótica, vehículos eléctricos, entre otros.

국가의 기술혁신 능력을 높이기 위해 한국 정부는 과학기술 발전을 위한 일련의 법안과 계획들을 추진해 왔으며, 높은 비중의 국가 예산이 정부 연구개발 기관의 설립과 운영에 배정되고 있습니다. 혁신에 대한 한국 정부와 국민들의 의지에 따라 IT, 통신, 바이오기술, 로봇공학, 전기차 등의 핵심 분야에서 많은 진전을 이룰 수 있었습니다.

▷ Con el afán de incrementar ——를 증진하기 위하여

afán은 '열심, 노력'이라는 뜻의 명사로 전치사 con과 함께 사용하여 '~하기 위하여'라는 의

미로도 사용된다.

→ La comunidad coreana en Guatemala, con el afán de demostrar su deseo por contribuir al bienestar común del país, ha organizado una serie de actividades de tipo social.

▷ destina un buen porcentaje de su presupuesto a 상당한 예산을 ——에 배정하다

→ Es necesario que nuestros jóvenes destinen un tiempo para compartir ideas con otros jóvenes de la región, de tal suerte que juntos generen ideas de mejoras tecnológicas.

Todo esto le ha valido al país para que sea reconocido como un líder en innovación a nivel mundial, según la agencia de Bloomberg, que nombró a Corea como el país más innovador por cinco años consecutivos(2014-2018), **sobrepasando a los países considerados los más avanzados**.

이러한 노력 덕분에 한국은 다른 선진국들을 제치고 '블룸버그 혁신지수'에서 5년 연속(2014–2018) 세계 1위 자리를 지키는 등 세계 혁신 선도국가로 간주되고 있습니다.

▷ sobrepasando a los países considerados los más avanzados 가장 선진적인 나라로 간주되는 나라들을 앞서는

→ El secreto de un buen inversionista es analizar las oportunidades de negocios de productos, cuya calidad sobrepase las expectativas de los consumidores.

Corea **basa su transformación en la educación**, por eso invierte en ella y la hace accesible a todos sus ciudadanos. Porque solo a través del conocimiento se asegura el crecimiento económico y desarrollo social de su país.

한국의 발전 과정에서 교육이 중심적인 역할을 했기 때문에 한국 정부는 지금도 교육에 대한 투자를 계속하고 있으며, 국민들에게 교육에 대한 접근성을 보장하고 있습니다. 왜냐하면 오직 지식을 통해서만 경제성장과 사회적 발전을 이룰 수 있다는 것을 알고 있기 때문입니다.

▷ basa su transformación en la educación 그 변화는 교육에 바탕을 두고 있다

basar는 '~에 기초, 근거를 두다'라는 의미의 동사로 전치사 en과 함께 사용한다.

→ Aunque Corea basa su crecimiento económico en la educación, cabe resaltar que la práctica del respeto y amor al prójimo también han sido claves para el desarrollo del país.

Hay muchos que llaman el rápido desarrollo económico y social de Corea un 'Milagro del Río Han', pero la verdad es que **no existe ningún secreto en este fenómeno**, simplemente es el resultado de la educación y el incesante trabajo de su pueblo.

많은 사람들이 한국의 빠른 경제 사회적 발전을 '한강의 기적'이라고 부르지만, 사실 다른 숨겨진 비법이 있는 것은 아니며 오직 교육과 국민들의 끊임없는 노력이 있었을 뿐입니다.

▷ no existe ningún secreto en este fenómeno 이러한 현상에 비밀은 존재하지 않는다

→ No existe ninguna fórmula mágica para el éxito, más que el trabajo arduo y disciplinado.

3-b La Escuela Regional de Políticas Públicas de USAC: Eje central para el desarrollo regional

USAC의 중미 공공정책대학원: 중미지역 발전의 핵심축

El 12 de septiembre del 2017 el Consejo Superior Universitario Centroamericano(CSUCA), **en acompañamiento con el Instituto** para el Desarrollo de Corea(Korea Development Institute-KDI- por sus siglas en inglés), inauguró oficialmente la Escuela Regional de Políticas Públicas para el Desarrollo(ERPPD), **cuya sede se encuentra en** la Facultad de Ciencias Económicas de la Universidad de San Carlos de Guatemala, y **a donde tendrán acceso todos los países** del Sistema de la Integración Centroamericana(SICA).

2017년 9월 12일, 중미 고등교육협의회(CSUCA)는 과테말라의 산카를로스 대학교(USAC) 경제학부 내에 한국개발연구원(KDI)과 공동으로 중미통합체제(SICA) 모든 회원국이 참여할 수 있는 중미 공공정책대학원(ERPPD)을 공식 개원하였습니다.

▷ en acompañamiento con el Instituto 기구와 함께

acompañamiento는 '동반, 동행'이라는 의미의 명사로 전치사 en, con과 함께 사용하여 '~와 함께'라는 의미를 지닌다.

→ Las nuevas autoridades, en acompañamiento con sectores de la sociedad civil, se pusieron de acuerdo en crear nuevas oportunidades de inversión para promover el comercio interno.

▷ cuya sede se encuentra en 그 본부가 ──에 있는

cuya는 앞 문장과 뒤 문장을 연결해주는 관계소유대명사로 선행사인 ERPPD를 받는다.

→ El baile K-pop, cuya aceptación crece a diario, es un género musical compuesto de una mezcla de estilos como el pop, hip hop y la música electrónica.

▷ a donde tendrán acceso todos los países 모든 국가들이 접근할 수 있는

donde는 위치를 나타내는 관계대명사로 방향을 나타내는 전치사 a를 관계대명사 앞에 배치

해 앞뒤 문장을 연결해준다.

→ Corea es un destino a donde podrán llegar a deleitarse con lugares sorprendentes.

Este tipo de institución es vital para el desarrollo económico de los países, ya que persigue el diseño y la implementación de políticas sólidas, que busquen **el desarrollo sostenible de los países a mediano y largo plazo**, así como la formación especializada de funcionarios públicos al más alto nivel en las instituciones gubernamentales.

이러한 연구소는 중장기적으로 지속 가능한 발전을 위해 강력한 정책을 구상하여 추진할 수 있고, 국가기관 소속 최고위 공무원들을 전문적으로 교육할 수 있기 때문에 국가 경제 발전을 위해 필수적입니다.

▷ el desarrollo sostenible de los países a mediano y largo plazo
중장기적으로 지속 가능한 발전

Un ejemplo de esto es el Instituto para el Desarrollo de Corea(KDI) que, desde su fundación en 1971, ha logrado un rápido y sostenido crecimiento económico en el país. Esta institución es la encargada de investigar y asesorar al gobierno en la implementación de **políticas públicas apropiadas y efectivas** que contribuyan al desarrollo económico, social y político de Corea. Es por ello que, KDI se ha convertido en el centro de estudios e investigación más importante de Corea y **uno de los más reconocidos a nivel mundial.**

가장 좋은 예가 한국의 KDI인데 1971년 설립 이래 한국의 빠르고 지속적인 경제성장을 견인하였습니다. 동 연구소는 한국의 정치. 경제. 사회 발전을 위하여 효율적이고 적절한 공공 정책들을 추진함에 있어 연구를 담당하고 정부 측에 제안하는 역할을 하였습니다. 이에 따라 KDI는 한국에서 가장 중요한 조사 연구 센터가 되었고 세계적으로도 인지도가 가장 높은 연구기관 중 하나가 되었습니다.

▷ políticas públicas apropiadas y efectivas 적절하고 효율적인 정책

▷ uno de los más reconocidos a nivel mundial 전 세계에서 가장 유명한 것 중 하나

→ Corea se ha destacado en el área de la tecnología con marcas como Samsung, una de las más reconocidas a nivel mundial.

Gracias a la intervención de KDI, Corea ha experimentado una de las mayores transformaciones económicas de los últimos 60 años. **Pasó de ser** uno de los países más pobres, con una economía basada principalmente en la agricultura en la década de 1960, **a ser** la onceaba economía más grande del mundo, **en términos de Producto Interno Bruto**(PIB). Ahora, en una nueva era de crecimiento económico, Corea hábilmente ha realizado su transición hacia una economía del conocimiento que utiliza la sabiduría adquirida, **mediante la inversión en**: educación, investigación y desarrollo, innovación científica y desarrollo del recurso humano, como el motor principal de su economía.

KDI의 역할 덕분에 한국은 1960년대 농업 중심의 가난한 국가에서 불과 60년 만에 첨단산업 중심국가로 놀라운 변화를 이룩하여 현재 GDP 규모 세계 11위의 경제대국이 되었습니다. 새로운 경제성장 시대를 맞아 한국은 교육, R&D, 과학혁신, 인적자원 개발 등에 대한 투자를 통해 얻은 경험을 바탕으로 지식경제로 전환하고 있습니다.

▷ pasó de ser—— a ser, ——에서 ——로 변화하다

pasar는 '지나가다, 통행하다'라는 뜻으로 전치사 de(~로부터), a(~까지)와 함께 사용하

여 '~로부터 ~까지로 되다'라는 의미로 사용한다.

→ Corea pasó de ser un país agrícola a ser un país industrial.

▷ en términos de Producto Interno Bruto, GDP 규모 면에서,

▷ mediante la inversión en ——에 투자를 통해서

mediante는 '~를 통해, ~에 의해'라는 의미의 전치사이다.

→ Los inversionistas de mi país demuestran cada día el interés que tienen por hacer negocios, mediante acercamientos con los principales líderes del sector comercial de esta bella nación.

Al igual que Corea, los países de Centro América luchan por lograr un desarrollo integral, tener avances significativos en el crecimiento de sus economías que permitan atender los problemas más grandes en la región: la pobreza, la falta de educación y la falta de empleo. Sin embargo, la falta de continuidad en la implementación de políticas específicas, hace que no se logre un verdadero crecimiento **dado que,** con frecuencia se ve como, **con cada cambio de gobierno hay cambio de políticas y prioridades.**

한국과 마찬가지로 중미 국가들도 역내 가장 큰 문제인 빈곤, 교육 및 일자리 부족 등의 문제를 해결하기 위하여 경제성장을 견인하고 통합적인 발전을 이루고자 노력하고 있습니다. 그러나 특정 정책들의 지속성 결여로 인해 실제 성장을 이루기 힘든 상황이 반복되고 있는데, 이는 각국의 정권이 바뀔 때마다 정책 및 우선순위가 변함으로써 나타나는 현상입니다.

▷ dado que, —— 때문에,

Dado(dar 동사의 과거분사)는 que와 함께 사용하여 '~ 때문에'라는 의미의 전치사구가 된다.

→ Es necesario que nos unamos como sociedad, dado que somos seres interdependientes.

▷ con cada cambio de gobierno hay cambio de políticas y prioridades. 정부의 교체와 함께 정책과 우선순위가 변화하다.

De igual forma, la implementación de políticas de corto plazo, muchas veces improvisadas y sin el análisis adecuado, tiene un alcance limitado **por lo que sus resultados no son perceptibles. Es por ello que se hace necesario** capacitar a los funcionarios públicos en el diseño y la implementación de políticas públicas apropiadas, que complementen las acciones del **gobierno en turno**.

또한, 정책을 단기적으로 실행할 때에도 자주 수정되거나 적절한 분석이 결여되어 있기 때문에 가시적인 결과를 얻는 데 한계가 있습니다. 따라서 정부가 순환되더라도 계획을 완수할 수 있도록 적절한 공공정책을 수립하고 이행하는 공무원들의 능력을 강화할 필요가 있습니다.

▷ por lo que sus resultados no son perceptibles 결과가 가시적이지 않기 때문에

앞 문장 전체를 받아 '~ 때문에, 그리하여'라는 의미로 말하기 위해 이유를 나타내는 전치사 por와 중성정관사 lo, 관계사 que를 함께 사용한다.

→ A lo largo de la historia, el pueblo coreano ha sufrido momentos de crisis económica, por lo que ha considerado útil compartir las estrategias que lo hicieron sobrellevar esas circunstancias.

▷ Es por ello que se hace necesario 따라서 ——할 필요가 있다

'그 때문에'를 의미하는 por ello와 '~이다'는 es(ser 동사의 3인칭단수)를 함께 사용하여 '그리하여, 그 때문에, 따라서'라는 의미를 지닌다.

→ La unidad de un país es algo que no se logra de manera accidental. Es por ello que se hace necesario promover actividades de integración social.

▷ gobierno en turno 순환되는 정부

Al respecto, el proyecto de la escuela de políticas públicas para el desarrollo, **es la muestra más clara del compromiso** que tiene Corea con el progreso de Guatemala y el resto de la región, y **me es grato ver** la manera en que catedráticos, funcionarios públicos y universidades de la región centroamericana han expresado su interés en participar en los cursos y la operación de esta institución **que, sin duda alguna,** impulsará la creación e implementación de políticas adecuadas para el crecimiento de **este gran país de chapines** y el resto de Centro América.

이와 관련, 공공정책대학원 설립 계획은 한국이 과테말라와 다른 중미지역 국가들의 발전에 기여하겠다는 약속을 보여주는 가장 확실한 증거입니다. 중미지역 여러 나라 대학교수, 공무원 및 대학들이 동 대학원의 수업 및 운영에 참여하고 싶다는 의사를 표한 것을 저는 매우 기쁘게 생각합니다. 틀림없이 동 대학원은 과테말라 및 중미 국가들의 발전을 위하여 적절한 정책을 개발하고 이행하는 데 동력을 제공할 것입니다.

▷ es la muestra más clara del compromiso 약속에 대한 가장 분명한 표현

muestra는 '샘플, 증거'라는 뜻의 명사로, '가장 ~한'과 같이 형용사의 최상급을 표현하고자 할 때는 형용사 앞에 부사 más를 붙여서 사용한다.

→ La donación que entregamos hoy es una muestra más sólida de nuestro aprecio por este país.

▷ me es grato ver ——를 보는 것이 기쁘다

me는 1인칭 간접목적대명사로 '내가 기쁘다'고 표현할 때 동사인 es 앞에 간접목적대명사를 사용하여 표현할 수 있다.

→ Me hace tan feliz estar en la inauguración de este proyecto, en el cual se han invertido varias horas de trabajo.

▷ que, sin duda alguna, 틀림없이,

▷ este gran país de chapines 이 위대한 과테말라인들의 나라

★ chapín은 원래 식민지 시대 스페인 출신 여성들이 신던 굽 높은 신발이었으나 현재는 모든 과테말라 출신자를 지칭하는 애칭이다.

Por todo lo expuesto, es mi esperanza que esta escuela **cuente con el apoyo necesario** para su promoción y funcionamiento. **Que los funcionarios** públicos participen activamente, que aprovechen la oportunidad de adquirir nuevos conocimientos y que luchen para que la Escuela de Políticas Públicas para el Desarrollo, se convierta en el centro de estudios e investigación que contribuya al desarrollo económico, social y político de los países centroamericanos.

위에 설명한 바와 같이 동 대학원의 운영과 발전을 위해 필요한 지원이 이루어지기를 바랍니다. 각국 공무원들이 보다 적극적으로 참가하여 새로운 지식을 얻는 기회로 활용함으로써 공공정책대학원이 중미지역 국가들의 정치·경제·사회적 발전에 필요한 조사·연구센터가 될 수 있기를 바랍니다.

▷ Por todo lo expuesto, 위에 설명한 바와 같이,

▷ cuente con el apoyo necesario 필요한 지원을 받을 수 있기를

앞 문장이 본인의 희망을 나타내는 문장이기에(**es mi esperanza**) **que** 뒤 문장에서는 **contar**의 접속법 현재형인 **cuente**를 사용한다.

→ Es importante que tengamos claro que para desarrollar herramientas tecnológicas se hace necesario contar con el apoyo de un amigo experimentado, por lo que quiero que sepan que mi país se ofrece a ocupar ese lugar.

▷ Que los funcionarios

앞에 **Espero**, **Ojalá** 등의 동사가 생략된 형태이다. 따라서 뒤에는 모두 접속법 형태의 동사가 와야 한다.

→ Mi mayor deseo es que sepan que cuentan con nosotros. Que nuestra amistad crezca cada día más es nuestro mayor anhelo.

3-c Premios Oscar 2020: El auge de la película coreana "Parásitos"

2020년 아카데미 시상식: 한국 영화 "기생충"의 부상

La semana pasada, la 92ª edición de los Oscar terminó dando varios galardones, entre ellos, a Joaquin Phoenix, como mejor actor en 'Joker' y a Renée Zellweger, como mejor actriz en 'Judy'.

지난 주에 개최된 제92회 아카데미 시상식은 조커의 호아킨 피닉스가 남우 주연상, 주디의 르네 젤위거가 여우 주연상을 수상하며 화려하게 막을 내렸습니다.

Esta edición de premios se hizo histórica para los coreanos porque **marcó un antes y un después** en tan gloriosa e icónica actividad por la penetración internacional que hizo el cine surcoreano en Hollywood, con su película 'Parásitos', dirigida por Bong Joon-ho, la cual se hizo acreedora de 4 premios: 'Mejor película', 'Mejor Película Internacional', 'Mejor Director' y 'Mejor Guión Original'.

이번 아카데미 시상식은 한국 영화가 할리우드와 국제사회에서 인정받은 영광스럽고도 기념비적인 순간이 되었습니다. 봉준호 감독의 기생충은 작품상, 국제영화상, 감독상, 각본상을 수상하며 아카데미 4관왕이라는 전무후무한 역사를 썼습니다.

▷ marcó un antes y un después 유일한, 전무후무한

Lo más destacado de esta edición es que solo 11 **películas de lengua no inglesa** habían logrado ser nominadas a los premios de 'Mejor Película' y 'Mejor Película Extranjera, **sin haber adquirido tan anhelados premios**, desde su creación en 1929.

이번 시상식에서 가장 두드러진 것은 1929년 아카데미상이 제정된 이후 오직 11개의 비영어권 작품만이 작품상과 국제영화상 후보작으로 노미네이트 된 적이 있었고 이 작품들 가운데 그토록 염원하던 수상을 이룬 작품이 없었다는 사실입니다.

▷ Lo más destacado de esta edición 이번 시상식에서 가장 두드러진 것은

▷ películas de lengua no inglesa 비영어권 영화

▷ sin haber adquirido tan anhelados premios 그렇게 열망하던 상을 타지 못하고

Sin은 '~ 없이, ~를 제외하고'라는 의미의 전치사이고, 과거에 지속되어 온 행위를 나타내기 위해 완료형인 haber adquirido를 사용한다.

→ Quisiera agradecerles la invitación que me hicieron para participar en esta ceremonia de inauguración del proyecto de agua, el cual no hubiera sido posible sin haber contado con el apoyo de todos ustedes.

Esta película, presentada en idioma coreano, narra la historia del choque de dos familias de distintas clases sociales que **se unen por necesidades mutuas** dejando ver la interdependencia humana. Fue calificada por los valores y técnicas artísticas bien fusionadas con las interminables brechas entre los que tienen riqueza, oportunidad y fortuna y quienes no tienen nada de eso.

한국어로 상영된 이 영화는 상호 필요에 의해 함께 살아가는 서로 다른 사회 계층의 두 가족이 충돌하는 이야기를 풀어가면서 인간의 상호 의존성을 엿보게 해 줍니다. 기생충은 부, 기회 그리고 돈을 소유한 자들과 아무것도 가지지 못한 자들 간의 끝없는 괴리에 탁월하게 녹아든 가치와 예술적 기법들로 인해 좋은 평가를 받았습니다.

▷ se unen por necesidades mutuas 서로의 필요에 따라 결합하다

Para muchos, el cine coreano está dando sorpresas, sin embargo, desde la década de los 90's, con **el avance económico y la plena llegada de la democracia**, empezó a florecer la industria audiovisual en Corea.

많은 이들이 한국 영화를 생소하게 느낄 수 있겠지만 경제 발전과 민주주의가 본격적으로 정착되기 시작한 90년대부터 한국의 영화 산업은 꽃을 피우기 시작했습니다.

▷ el avance económico y la plena llegada de la democracia 경제 성장과 완전한 민주주의의 도래

Ilustres autores como Park Chan-wook, Kim Ki-duk, Lee Chang-dong o Hong Sang-soo y muchos más han ganado miles de premios a nivel mundial en 57 festivales cinematográficos alrededor del mundo, incluyendo el Festival de Cannes, Festival Internacional de Cine en Berlín, Festival de Cine en Venecia, Festival de Cine Academy del Reino Unido, Festival de Cine Golden Globe, Festival de cine de Locarno, **por mencionar algunos.**

박찬욱, 김기덕, 이창동, 홍상수와 같은 뛰어난 감독들이 칸 영화제, 베를린 국제 영화제, 베니스 영화제, 영국 아카데미 영화제, 골든 글로브 영화제, 로카르노 영화제 등 세계 57개의 영화 축제에서 많은 상을 받았습니다.

▷ por mencionar algunos 몇 가지를 언급하자면

Hoy por hoy, Corea ya no es conocida únicamente por la tecnología industrial, sino por el cine, la música con el K-pop, las series que se transmiten en canales locales y en Netflix y cada vez más da a conocer su moda y su gastronomía, **las cuales han sido bien acogidas** por los chapines.

오늘날 한국은 첨단 기술 산업에서만 두각을 나타내고 있는 것이 아닙니다. K-pop, 드라마, 영화 등이 다양한 국가의 방송과 넷플릭스에서 상영되고 있고 한국 패션과 식문화도 점점 더 과테말라 국민들에게 많은 사랑을 받고 있습니다.

▷ , las cuales han sido bien acogidas 매우 좋게 받아들여지다

앞 문장의 명사들(moda y gastronomía)을 이어지는 뒤 문장의 주어로 사용하기 위해 정관사 여성복수형인 las와 관계사 복수형 cuales를 사용한다.

→ Este proyecto es posible gracias a sus aportes, los cuales no han sido sólo de dinero, sino de tiempo, esfuerzo y dedicación.

Con este artículo **no quiero dejar de recordar** que, con esfuerzo, los seres humanos podemos alcanzar lo que nos propongamos, tal es el caso del cineasta guatemalteco César Díaz quien ganó el premio 'Cámara de Oro' a la mejor ópera prima en la 72 edición del Festival de Cannes, en 2019, con el filme 'Nuestras madres', donde describió la historia de las víctimas y desaparecidos **que dejó el conflicto armado interno** en Guatemala.

이 기고를 통해 상기하고 싶은 사실은 모든 사람들이 노력만 한다면 뜻한 바를 성취할 수 있다는 것인데 쎄사르 디아스 과테말라 감독이 그 사례를 보여주었습니다. 그는 2019년 과테말라 무력 분쟁의 희생자들과 실종된 사람들의 이야기를 '우리들의 어머니'라는 작품 속에 담아 표현함으로써 2019년 제72회 칸 영화제에서 황금 카메라상을 수상했습니다.

▷ no quiero dejar de recordar 늘 상기하고 싶다

'dejar de + 동사원형'은 '~을 중지하다, 그만두다'라는 의미이다.

→ Esta mañana no quisiera dejar de agradecerles por el tiempo que se tomaron para participar en esta actividad.

▷ que dejó el conflicto armado interno 내전이 남긴

Se dice que el cinema es uno de los medios más completos para transmitir las características de cualquier sociedad, por lo que puedo ver el potencial que tiene Guatemala para continuar llevando al cine la riqueza cultural de su gente, por medio del talento, sencillez y sabiduría de los artistas guatemaltecos, **quienes contarán con muchas más oportunidades** en el futuro para difundir la abundancia de sus recursos humanos y compartirlos con sus amigos alrededor del mundo.

보통, 영화는 어느 사회의 특징을 전하는 가장 완벽한 매체 중 하나라고 알려지고 있는데, 그러한 이유로 과테말라 예술가들의 재능, 소박함 그리고 지혜를 이용하여 과테말라 국민들의 비옥한 문화를 지속적으로 영화로 표현할 수 있다는 점에서 과테말라의 잠재력을 확인할 수 있습니다. 이들은 앞으로 풍부한 인적 자원을 전 세계의 친구들에게 알리고 공유하기 위해 훨씬 더 많은 기회를 갖게 될 것입니다.

▷ quienes contarán con muchas más oportunidades 더 많은 기회를 갖게 될 것이다

→ Amigos míos, quiero que sepan que siempre contarán con nuestro apoyo, ya que para nosotros es un verdadero privilegio contar con su amistad.

Estoy consciente de que la cinematografía se ha convertido en una industria que forma parte de la cuarta Revolución Industrial, **en la cual se aprecian más los talentos intelectuales,** sentimientos artísticos, visiones innovativas, en lugar de mano dura o trabajos incesantes. Hoy en día, cada vez más, los jóvenes de todo el planeta se unen para compartir sus sentimientos y alegrías con sus amigos mundiales, por medio de la música, arte y cinemas.

영화 산업은 강인한 체력이나 끊임없는 노동보다는 지적 재능, 예술적 감성, 혁신적인 비전이 더 높이 평가되는 4차 산업 혁명의 중요한 일부분이 되었으며, 오늘날 전 세계 청년들이 음악, 예술, 영화를 통해 서로의 느낌과 기쁨을 갈수록 함께 공유하고 있습니다.

▷ , en la cual se aprecian más los talentos intelectuales 지적 재능이 더 많이 평가되는

→ Es para mí un verdadero honor participar en este foro, en el cual intercambiaremos información comercial que nos ayudará a generar nuevas ideas de inversión.

Por ello, en aras de fortalecer la relación bilateral entre Corea y Guatemala, hemos organizado, trimestralmente, caravanas culturales compuestas de exhibiciones de trajes tradicionales, instrumentos típicos musicales, gastronomía y algunos seminarios académicos visitando ya pequeñas aldeas de Cobán, altas montañas y profundas valles de Huehuetenango y el tranquilo puerto pesquero de Izabal, lugares que **nos inspiran y motivan a seguir visitando** otros lugares más de este bello país.

그래서 한국과 과테말라의 양국 관계 강화를 위해 우리는 한국 전통 의상, 악기, 음식, 학술 강연 등으로 구성된 문화 카라반 사업을 실시하여 코반의 작은 마을, 우에우에테낭고의 깊은 산간 지역, 이사발의 조용한 어촌 마을 등을 방문한 바 있습니다. 이러한 장소들은 아름다운 과테말라의 다른 많은 마을들을 계속해서 방문하도록 영감과 동기를 제공합니다.

▷ nos inspiran y motivan a seguir visitando 계속해서 방문하도록 이끌고 격려하는

→ La participación artística de estos niños en este escenario, nos inspira a continuar contribuyendo con aportes que les permita culminar su educación.

→ Estamos dispuestos a seguir contribuyendo al desarrollo de estos jóvenes porque desde ya están construyendo el futuro de este bello país.

3-d Juegos Olímpicos y Paralímpicos de Invierno Pyeong Chang 2018
평창 동계 올림픽과 장애인 올림픽

Entre el 9 y el 25 de febrero de 2018, se celebrarán los XXIII Juegos Olímpicos de Invierno Pyeong Chang en Corea. Bajo el lema 'Pasión Conectada', se realizarán estos Juegos Olímpicos 30 años después de los Juegos Olímpicos de Verano Seúl 1988**, los cuales serán una oportunidad muy significativa** para establecer la paz, tolerancia y armonía en esta situación tensionada de la Península Coreana y noreste de Asia por el asunto de armas nucleares de Corea del Norte.

2018. 2. 9.~2. 25. 간 한국의 평창에서 제23차 동계 올림픽이 개최될 예정입니다. 'Passion Connected'라는 슬로건으로 개최되는 이번 올림픽은 1988년 서울 하계 올림픽 이후 30년 만에 다시 한국에서 열리는 경기로서 북한의 핵무기 문제로 인해 긴장이 고조되어 있는 한반도와 동북아시아에서 평화, 관용, 화합의 분위기를 조성하는 매우 의미 있는 기회가 될 것입니다.

▷ , los cuales serán una oportunidad muy significativa 그것은 대단히 의미 있는 기회가 될 것이다

→ Estoy muy orgulloso de estar en esta actividad especial, la cual es una gran oportunidad para demostrarles lo mucho que significan para nuestros conciudadanos.

En 1988, a través de los Juegos Olímpicos de Verano en Seúl, Corea transmitió el mensaje de paz y armonía al mundo. Los Juegos Olímpicos de Verano en Seúl funcionaron como un pilar para que la era de conflicto y tensión de la Guerra Fría **se convirtiera en la era de la reconciliación** y cooperación. Los Juegos Olímpicos de Invierno Pyeong Chang 2018 se celebrarán por segunda vez en un país de Asia en los 94 años de historia de los Juegos Olímpicos de Invierno. **Por lo tanto,** estos Juegos Olímpicos de Pyeong Chang tendrán el mismo significado histórico **que los Juegos Olímpicos de Seúl** 1988.

한국은 1988년 서울에서 개최된 하계 올림픽을 통해 평화와 화합의 메시지를 전 세계에 전파한 적이 있습니다. 서울 올림픽 대회는 동서 양 진영 간의 냉전적 대립과 긴장의 시대를 화해와 협력의 시대로 전환하는 큰 촉매 역할을 했었습니다. 2018 평창 동계 올림픽은 94년 동계 올림픽 역사상 아시아 국가에서는 두 번째로 개최되는 것입니다. 따라서 이번 평창 동계 올림픽도 88 서울 올림픽과 같이 새로운 역사적 의미를 가지는 대회가 될 것으로 기대됩니다.

▷ se convirtiera en la era de la reconciliación 화해의 시대로 전환하였다

→ El trabajo arduo hizo que mi país se convirtiera en lo que es hoy.

▷ Por lo tanto, 그래서, 따라서,

▷ (igual) que los Juegos Olímpicos de Seúl 서울 올림픽 대회와 마찬가지로

'~와 같이, 마찬가지로'의 의미이다.

→ Estoy muy feliz al igual que ustedes de participar en esta actividad que espero que nos una más.

En los Juegos Olímpicos de Invierno Pyeong Chang 2018, actualmente los 92 países se han registrado para participar en 102 categorías de los 15 tipos de deportes de invierno. Estos Juegos Olímpicos superarán el récord de participación máxima en los Juegos Olímpicos de Invierno**, el cual fue de 88 países** durante los Juegos Olímpicos de Invierno Sochi 2014.

평창 올림픽에는 현재 92개국의 선수들이 15개 동계 스포츠 종목 102개 카테고리에 참가 등록을 마쳤습니다. 이번 동계 올림픽은 88개국이 참가한 2014년 소치 동계 올림픽의 참가국 수 기록을 넘어설 것입니다.

▷ , el cual fue de 88 países, 88개국이었던,
앞서 언급된 명사(**el récord**)를 뒤 문장의 주어로 받으면서 두 문장을 이어주기 위해 정관사 **el**과 관계사 **cual**을 함께 사용한다.
→ Gracias por estar en este seminario, el cual, sin duda, será de mucha utilidad para intercambiar información valiosa para todos.

El 13 de noviembre del presente año, la ONU adoptó la resolución sobre la Tregua Olímpica. Desde el 1993, cada dos años, la ONU adopta la resolución sobre la Tregua Olímpica para que todos los países miembros de la ONU suspendan las acciones hostiles durante el período de los Juegos Olímpicos **incluyendo una semana antes y después de los Juegos**. El Gobierno de Corea y todos los países miembros de la ONU aprobaron la resolución sobre la Tregua Olímpica para crear un ambiente pacífico en el noreste de Asia y garantizar la seguridad de la transportación y participación de todos los participantes de los Juegos Olímpicos de Invierno Pyeong Chang.

금년 11·13 유엔 총회에서 '올림픽 휴전 결의'가 채택되었습니다. 유엔에서는 1993년부터 매 2년마다 올림픽 개최 전후 1주일을 포함한 올림픽 기간 중에 모든 유엔 회원국들이 적대행위를 중지토록 하는 결의안을 채택하고 있으며, 한국 정부와 전 유엔 회원국들은 동북아 지역에서 평화로운 환경을 조성하고 평창 동계 올림픽 참가자들의 안전한 통행과 참여를 보장하기 위해 동 결의안을 채택하였습니다.

▷ incluyendo una semana antes y después de los Juegos 올림픽 대회 1주일 전후 포함

antes de(~의 전에)와 después de(~ 후에)를 함께 사용하면서 전치사 de가 중복되자 한 번만 사용한 경우이다.

→ Todos los seminaristas tendrán la obligación de participar en una capacitación antes y después del Seminario.

Por otro lado, **en cuanto a las dudas que** pudiesen surgir en materia de seguridad, debido a la tensión en la Península Coreana, es preciso mencionar que Corea tiene mucha experiencia en organizar varios eventos deportes internacionales tales como Juegos Olímpicos, Copa Mundial y Campeonato Mundial de Atletismo **sin ningún tipo de problema o inconveniencia** en seguridad, y con esa misma capacitad y confianza, esta vez también realizaremos este festival deportivo mundial sin problema.

한편, 한반도의 긴장 상황으로 인해 안전에 대한 우려가 제기되고 있으나, 한국은 하계 올림픽, 월드컵 축구, 세계 육상선수권대회 등 대규모 국제 스포츠행사를 아무런 안전상 문제나 불편 없이 성공적으로 치른 경험이 풍부하며, 이러한 능력과 신뢰를 바탕으로 이번 세계인의 스포츠 축제를 차질 없이 성공적으로 치러낼 것이라는 점을 밝혀둘 필요가 있습니다.

▷ en cuanto a las dudas que ~에 대한 의문에 대해

'~와 관련하여, ~에 대해'라는 의미의 부사구이다.

→ En cuanto a las enmiendas del convenio, se programarán reuniones semanales, en las cuales se expondrán los argumentos de ambas partes para llegar al mejor consenso.

▷ sin ningún tipo de problema o inconveniencia 아무런 문제나 불편 없이

En ese sentido, el Gobierno de Corea invitó a Corea del Norte a contar con la participación de los deportistas norcoreanos en los Juegos Olímpicos de Invierno Pyeong Chang 2018. **A pesar de la situación política compleja**, Corea espera que el intercambio deportivo entre las dos Coreas, **a través de los Juegos Olímpicos de Invierno** Pyeong Chang 2018, pueda contribuir al establecimiento de la paz en la Península Coreana.

이와 관련하여 한국 정부는 2018 평창 동계 올림픽에 북한 선수들도 참가할 수 있도록 초청하였습니다. 정치적으로 복잡한 상황임에도 불구하고 한국은 평창 동계 올림픽을 계기에 남북한 간 체육 교류가 한반도의 평화 정착에 기여하기를 고대하고 있습니다.

▷ A pesar de la situación política compleja 복잡한 정치적 상황에 불구하고

→ A pesar de las dificultades por las que mi país debió atravesar, siempre luchamos por salir adelante.

▷ a través de los Juegos Olímpicos de Invierno 동계 올림픽을 통하여

→ Estimados jóvenes, mi gobierno, a través de una serie de cursos de capacitación impartidos en Corea espera contribuir con su preparación académica.

El deporte siempre funciona como un puente que conecta los corazones de la gente superando la diferencia de la ideología, religión y la raza. El lema de los Juegos Olímpicos de Invierno Pyeong Chang 2018 es 'Pasión Conectada', **que significa que** todo el mundo se reúna con la misma pasión y el amor hacia los 'deportes', para superar todas las barreras deseando la paz y armonía del mundo.

스포츠는 항상 이념, 종교 및 인종적 차이를 넘어 사람들의 마음을 서로 연결하는 가교 역할을 합니다. 2018 평창 동계 올림픽의 표어인 '연결된 열정'은 전 인류가 스포츠에

대한 공통의 열정과 애정을 통해 모든 장벽을 극복하고 이 세상의 평화와 화합을 이루기 위해 함께 모이는 것을 의미합니다.

▷ , que significa que ——는 ——를 의미한다

significa는 무인칭으로 사용되었다. 특정 주어가 없을 때는 3인칭 단수로도 사용 가능하다.

→ Ver las sonrisas de estas niñas al recibir esta donación para su escuela significa empeñarnos más por seguirlas apoyando.

Nicaragua es un país del clima tropical, **por lo tanto,** no practican deportes de invierno tales como el esquí, el patinaje sobre hielo, etc. Sin embargo, hoy en día mucha gente viaja y conoce el mundo **y de esa manera,** el interés en los deportes de invierno por parte del pueblo nicaragüense está aumentando gradualmente.

니카라과는 열대 기후를 가지고 있어 스키, 빙상 스케이트 등과 같은 동계 스포츠를 즐기지는 않고 있습니다. 그러나 오늘날엔 많은 사람들이 여행을 하면서 이 세상을 경험하기 때문에 동계 스포츠에 대한 니카라과 국민들의 관심이 점차 증가하고 있습니다.

▷ , por lo tanto, , 그리하여,

▷ y de esa manera, 이런 방식으로,

Esperamos que el pueblo nicaragüense tenga interés y disfrute de los Juegos Olímpicos de Invierno Pyeong Chang 2018. También, **hacemos un llamado a todo el mundo**, para que preste atención y apoye los Juegos Paralímpicos de Invierno Pyeong Chang 2018, **a fin de que este festival mundial sea** un escenario de verdadera amistad y cariño entre toda la humanidad,

abandonando el prejuicio y la discriminación.

니카라과 국민들도 2018 평창 동계 올림픽에 많은 관심을 가지고 경기들을 즐겨 주기를 기대합니다. 더불어 평창 동계 패럴림픽에도 많은 관심을 갖고 응원해줄 것을 전 세계에 촉구하며, 이 세계적 축제가 전 인류가 편견과 차별을 극복하는 진정한 우호와 우정의 장이 되기를 바랍니다.

▷ hacemos un llamado a todo el mundo 전 세계의 관심을 촉구하다

▷ a fin de que este festival mundial sea 이 세계적 축제가 ——이 되도록

'~을 위해, ~의 목적으로'라는 의미로, 이 부사구 뒤에 문장이 올 때에는 접속법을 사용한다.

→ Espero que pronto organicemos un nuevo seminario, a fin de que intercambiemos conocimientos y experiencias que permitan nuestro enriquecimiento mutuo.

▷ abandonando el prejuicio y la discriminación 편견과 차별을 극복하고

니카라과 대성당

4 기타

Consciencia empresarial, Cooperación agrícola y Despedida

4-a Responsabilidad Social Empresarial: motor de las empresas por crecer y oxígeno de la sociedad por su desarrollo sostenible

기업의 사회적 책임: 기업 성장의 원동력이자 사회의 지속 발전을 위한 산소

El recién 14 de agosto, la Embajada de la República de Corea y el Centro de Responsabilidad Social Empresarial(CentraRSE) entregaron a las empresas que operan en el país: Samsung Electronics Guatemala, Asociación Cambdrige, Textiles Gran Fe, S. A., Startex, Walmart de México y Centroamérica y Pantaleón, S. A., un reconocimiento por su labor y compromiso con la RSE durante su participación en el Foro Corea–Guatemala **sobre la Responsabilidad Social Empresarial.**

지난 8월 14일, 한국대사관과 CentraRSE는 한-과 CSR 포럼을 공동 개최하여 과테말라에서 운영 중인 회사들(삼성전자 과테말라 지사, 캠브릿지 재단, 영신물산, 스타텍스, 월마트 멕시코-중미 지사, Pantaleon)의 기업의 사회적 책임(CSR) 활동을 치하하고 감사패를 수여하였습니다.

▷ sobre la Responsabilidad Social Empresarial 기업의 사회적 책임에 대하여

La iniciativa de la Responsabilidad Social Empresarial es el aporte al desarrollo humano sostenible, a través del compromiso y la confianza de la empresa hacia sus empleados y sus familias, hacia la comunidad local y hacia la sociedad en general **en pro de mejorar el capital social** y la calidad de vida de toda la comunidad. **De allí la necesidad de recalcar** la importancia en que las empresas estrechen el vínculo entre el desarrollo económico y el bienestar social.

기업의 사회적 책임 활동은 지속 가능한 인적 개발에 기여하기 위한 목적에서 시작되었으며, 근로자와 그 가정, 더 나아가서는 지역 사회와 국가 전반에 걸쳐 사회적 자본 및 삶의 질을 개선하기 위한 기업의 약속이자 신뢰라 할 수 있습니다. 따라서 기업이 경제 개발과 사회 복지 간 연결 고리 역할을 할 필요성이 강조되고 있습니다.

▷ en pro de mejorar el capital social 사회적 자본을 개선하기 위하여

pro는 '찬성, 유익'이라는 의미의 명사로 전치사 en과 de와 함께 사용하면(en pro de) '~을 위해'라는 의미로 사용된다.

→ Mi Misión trabaja de la mano con la comunidad coreana en pro del engrandecimiento de esta bella nación.

▷ De allí la necesidad de recalcar ——를 강조할 필요성이 있다

스페인어에서는 간혹 동사를 생략하여 말하기도 하는데 특히 시나 연설문에서 자주 보인다.

En ese sentido, hoy retomo la idea del filántropo y empresario suizo Stephan Schmidheiny que reza: "**No puede haber** empresas exitosas en sociedades fracasadas". En realidad la empresa existe como parte de la sociedad y eso significa que **debe ser partícipe en el trabajo** que implica mejorarla. El espíritu y las prácticas de la Responsabilidad Social Empresarial **se hacen más comunes**, cada día y en cada país del mundo.

그런 의미에서 스위스의 자선사업가이자 기업가인 스티븐 슈미트하이니가 말한 "실패한

사회에서 성공한 기업은 존재할 수 없다"라는 명언을 상기하고자 합니다. 실제로 기업은 사회 구성원의 일원으로서 존재하며, 이는 그 사회의 발전에 적극 참여해야 한다는 것을 의미합니다. 기업의 사회적 책임 활동과 정신은 날이 갈수록 전 세계적 추세가 되고 있습니다.

▷ No puede haber 존재할 수가 없다

→ No puede haber un pueblo unido sin respeto.

▷ debe ser partícipe en el trabajo ──의 일에 참여해야 한다

debe는 deber 동사의 3인칭 단수로 뒤에 동사 원형과 함께 사용되어 '~해야 한다'는 의미를 지닌다.

→ El papel de los inversionistas de esta nación debe ser activo para buscar emprendimientos que ayuden a su propio progreso.

▷ se hacen más comunes 더 일상화되고 있다

Me siento satisfecho de haber apreciado varias actividades, realizadas por parte de las empresas coreanas, que oscilan entre un número de unas 150, **de las cuales la mayoría pertenecen al** sector de vestuario y textil y cuya cifra de exportación representa el 80% de las exportaciones del país. Estas empresas no sólo proveen oportunidades de empleo, sino que se han preocupado porque **las mismas se den en condiciones dignas** y ecuánimes a sus trabajadores y acorde a las leyes del país.

과테말라 내 약 150여 개의 한국 회사들이 주로 의류 및 섬유 산업에 종사하며 전체 섬유 수출의 80%를 담당하고 있는데, 그동안 한국 기업들이 다양한 CSR 활동을 해 온 것을 기쁘게 생각합니다. 이들은 단순히 일자리를 제공할 뿐만 아니라 국내법을 준수하면서도 근로자들에게 공평하고 좋은 근로 환경을 제공하기 위해 힘쓰고 있습니다.

▷ Me siento satisfecho de haber apreciado varias actividades 다양한 활동을 목격하여 기쁘다

'기쁘다'는 행위가 'apreciar varias actividades'라는 행위가 종료된 이후 이행된 것임을 강조하기 위해 haber apreciado라고 현재완료형을 사용하였으며, 전치사 de에 이어 문장이 아닌 구의 형태로 사용하기 위해 haber 원형을 그대로 사용했다.

→ Estoy feliz de haber apreciado el esfuerzo que los habitantes de esta comunidad han hecho todos estos años por la región.

▷ de las cuales la mayoría pertenecen al 대부분이 ——에 속하는

앞 문장에 나온 명사들을(actividades) 뒤 문장으로 이어주기 위해 정관사 las와 관계사 cuales(cual의 복수형)를 사용했다.

→ Es importante que los ciudadanos promuevan acciones de las cuales puedan sentirse orgullosos cada día.

▷ las mismas se den en condiciones dignas 그들(회사)은 괜찮은 조건들을 제공하다

같은 단어가 반복되는 것을 피하기 위해 las empresas 대신 mismas를 사용했다.

→ Es importante que los jóvenes promuevan actividades culturales, mismas que se deben programar con suficiente tiempo de anticipación.

Cabe destacar que también he sabido de la labor que algunas de las empresas de mis conciudadanos han hecho por apoyar a los lugares afectados por los desastres naturales, distribuyendo ropa y alimento para la gente necesitada. Esto, **además de ser una actividad de** Responsabilidad Social Empresarial, demuestra un gesto de amor y espíritu de solidaridad que nos une hacia nuestros amigos.

주목할 만한 사실은 한국 기업들은 자연재해 피해 지역 주민들에게 자발적으로 의류와 식품 등 구호품을 모집하여 지원하였는데, 이는 단순한 CSR 활동이 아니라 과테말라 국민에 대한 애정과 연대의 정신을 보여준 것입니다.

▷ Cabe destacar que ——를 주목해야 한다

'caber 3인칭 단수 + 동사원형 + que'는 '~해야 한다'는 의미이다.

→ Cabe destacar que mi Misión ha organizado eventos culturales que promueven el mejor entendimiento con nuestros hermanos guatemaltecos.

▷ además de ser una actividad de ——의 활동 외에도

además de는 '~ 이외에도'라는 의미의 부사구이다.

→ Cabe destacar que la gastronomía coreana, además de tener un sabor único, es muy apreciada a nivel mundial.

En febrero de este año, Samsung Electronics, comprendiendo que la tecnología y la educación son grandes motores para el desarrollo económico y social de un país, trabajó su programa TechInstitute con Guatemala a través del Intecap. Este programa ya ha cambiado la vida de miles de personas alrededor del mundo y ahora beneficia a cientos de guatemaltecos que **hacen uso de la misma**. El mismo consiste en salones de entrenamiento, **equipados con tecnología de punta**, certifica a los estudiantes con educación técnica que **se ajusta a las necesidades específicas empresariales** y, mediante un sistema de mentorías y oportunidades profesionales, los ayuda en su inserción laboral.

금년 2월, 삼성전자는 한 나라의 사회 및 경제 발전에 필요한 큰 원동력은 기술과 교육이라는 점에 착안하여 과테말라 직업훈련원(INTECAP)에서 TechInstitute 프로그램을 개시하였습니다. 동 프로그램은 전 세계적으로 이미 수천 명의 삶을 바꾸어 놓았으며, 최신 장비를 갖춘 훈련실을 운영하며 기업의 특정한 수요를 충족시키는 기술 교육을 이수한 학생들에게 수료증을 수여하고 멘토링 제도와 인턴십 기회를 제공함으로써 사회 진출을 돕고 있습니다.

▷ hacen uso de la misma 같은 것을 이용하다

→ Estoy feliz de participar en la inauguración de este centro educativo donde espero que los estudiantes hagan uso de las instalaciones y del respectivo equipo tecnológico.

▷ equipados con tecnología de punta 첨단 기술이 갖춰진

▷ se ajusta a las necesidades específicas empresariales 기업의 특정한 필요에 맞추다

→ Nuestros jóvenes se deben preparar para ajustarse a las exigencias del entorno tecnológico actual.

En la misma línea, quisiera felicitar a todos aquellos empresarios por estar siempre cerca de la comunidad donde se ubican, **trabajando hombro a hombro con ellos** para mejorar su condición de vida y llevar a cabo la Responsabilidad Social Empresarial. Estoy seguro de que nuestros vecinos de este planeta reconocerán sus dignos espíritus y agradecerán, con sus corazones, **sus actividades tan merecidas**.

이러한 맥락에서, 현지 지역사회의 생활 여건을 개선하고 기업의 사회적 책임을 다하기 위해 지역 주민들과 어깨를 마주 대고 함께해 주신 모든 기업인들께 치하의 말씀을 드리고 싶습니다. 저는 지구상 모든 이웃들이 이들의 숭고한 정신을 공감할 것이며, 이들 기업들의 선행에 진심으로 감사한 마음을 가지고 있을 것이라 믿습니다.

▷ trabajando hombro a hombro con ellos 그들과 어깨를 나란히 하고 일하며

▷ sus actividades tan merecidas 합당한 활동들

→ Estoy seguro que ustedes recibirán tan merecidos reconocimientos por los esfuerzos que han invertido en este proyecto.

Deseo humildemente que tanto las empresas guatemaltecas, como las coreanas **sigan uniendo esfuerzos** para establecer una buena colaboración para el beneficio de la sociedad **que habita este bello país.**

이 아름다운 나라의 모든 국민들을 위한 협력에 과테말라와 한국 기업들이 앞으로도 계속 힘을 합쳐 나가기를 진심으로 고대합니다.

▷ sigan uniendo esfuerzos 힘을 합쳐 나가다

→ Mi mayor deseo es que sigan uniendo esfuerzos para realizar nuevos emprendimientos comerciales en la región centroamericana.

▷ que habita este bello país 이 아름다운 나라의

칠레 Torres del Paine 국립공원

4-b Revolución agrícola en Corea y su Cooperación con Nicaragua
한국의 농업 혁명과 니카라과와의 협력

El 6 de diciembre del presente año **se celebrará la inauguración oficial** del Centro KOPIA en Nicaragua, en el marco del Programa de Corea para la Agricultura Internacional(KOPIA) que promueve la Administración de Desarrollo Rural de Corea(RDA) y **se contará con la participación del Ministro** 000, el Ministerio de Relaciones Exteriores de Nicaragua y el INTA.

한국 농촌진흥청이 추진하는 국제 농업프로그램(KOPIA)의 일환으로 니카라과의 KOPIA 센터 공식 개소식이 금년 12월 6일, 000 농진청장, 니카라과 외교부, INTA 관계자 등이 참석한 가운데 개최될 예정입니다.

▷ se celebrará la inauguración oficial 공식 개소식이 개최될 예정이다

▷ se contará con la participación del Ministro

'~에 기대하다, 의지하다'라는 동사 contar의 미래형으로 전치사 con과 사용한다.

→ En esta rueda de negocios se contará con el apoyo de un gran número de inversionistas que desean arribar al país para evaluar oportunidades comerciales.

Actualmente, el centro cuenta con tres investigadores y próximamente Corea enviará a tres investigadores adicionales que trabajarán junto con el INTA para el desarrollo de la tecnología agrícola en Nicaragua. El Centro KOPIA en Nicaragua es el vigésimo centro de cooperación en tecnología agrícola establecido por Corea en el extranjero **y el más reciente**.

현재 이 센터에는 3명의 연구원이 있고, 곧 한국은 3명의 연구원을 추가로 파견할 것

이며, 앞으로 INTA와 함께 니카라과의 농업기술 개발을 위해 함께 일할 것입니다. 니카라과의 코피아 센터는 한국이 해외에서 설립한 20번째 농업기술 협력 센터이자 가장 최근에 설립한 센터입니다.

▷ y el más reciente 가장 최신의 것

El desarrollo de Corea en materia agrícola surge en la década de los 60's, con el establecimiento de la Administración de Desarrollo Rural, en 1962. Esta institución **tiene como objetivo desarrollar** y promover la tecnología agrícola y, **gracias a su labor**, Corea alcanzó la autosuficiencia alimentaria **mediante el desarrollo de variedades de arroz a gran escala** en los años setenta.

농업 분야에서 한국의 발전은 60년대에 이루어졌는데 특히 1962년 농촌진흥청(Rural Development Administration)을 설립하면서부터입니다. 이 기관은 농업 기술을 개발하고 증진하는 것을 목표로 하고 있는데 덕분에 한국은 70년대에 다양한 벼 품종의 비약적 발전을 통해 식량 자급을 이루었습니다.

▷ tiene como objetivo desarrollar 개발을 목표로 하다

→ Me complace ser parte de la ceremonia de inauguración de este centro que tiene como objetivo apoyar a los jóvenes que deseen ampliar sus conocimientos en tecnología.

▷ gracias a su labor 그 노력 덕분에

▷ mediante el desarrollo de variedades de arroz a gran escala 대규모의 다양한 벼 품종 개발을 통해

이 문장에서 de variedades는 전치사 de와 명사 variedades(다양성)이 만나 뒤의 명사 arroz에 대한 형용사의 역할을 하고 있다.

→ Espero sinceramente que las variedades de granos que se cultivan en esta área del país puedan fructificar con las técnicas que han venido aprendiendo de los expertos coreanos que fueron enviados a este centro agrícola.

a gran escala는 '대규모로'라는 의미의 부사구이다. 전치사 a 대신 en도 사용한다.

→ La producción a gran escala de estas nuevas variedades de arroz será de gran beneficio, en especial a los lugareños de las comunidades aledañas.

En la década de 1980, la Revolución agrícola de Corea **trajo consigo el desarrollo de tecnología** para cultivar **cualquier tipo de verduras en invernadero** durante la estación de invierno, cuando la temperatura puede bajar hasta menos 15 grados. En este sentido, la experiencia de Corea **puede servir como un punto de referencia** para la población agrícola de los países en vías de desarrollo, incluyendo los países miembros del SICA.

1980년대 한국의 농업혁명은 기온이 영하 15도까지 떨어지는 겨울철에도 온실에서 모든 종류의 채소를 재배할 수 있는 기술 발전을 가져왔습니다. 이런 의미에서 한국의 경험은 SICA 회원국을 포함한 개발도상국의 농업 인구를 위하여 참고할 만한 점이 될 수 있습니다.

▷ trajo consigo el desarrollo de tecnología 기술 개발을 함께 가져오다

trajo는 동사 traer의 직설법 과거 3인칭단수형이고 consigo는 'con + si' 합성어로 주어가 3인칭일 때 전치사 con 다음에 오는 명사나 대명사가 주어와 같은 사람일 때 사용한다.

→ La presentación cultural que se presentó recientemente trajo consigo una gran alegría tanto para el pueblo coreano como para los guatemaltecos que aman el arte.

▷ cualquier tipo de verduras en invernadero 온실에서 모든 종류의 채소를

→ Queridos amigos, queremos que sepan que nosotros estamos dispuestos a colaborar con cualquier tipo de apoyo que necesiten para este nuevo emprendimiento que inician hoy.

▷ puede servir como un punto de referencia 하나의 시사점이 될 수 있다

servir는 '~로 사용되다, ~ 역할을 하다'라는 의미가 있어 접속사 como(~처럼)와 함께 '~와 같은 역할을 하다'로 사용된다.

→ Este tipo de actividades pueden servir como apoyo para dar a conocer parte de nuestra manera de pensar.

En este sentido, la Administración de Desarrollo Rural de Corea, a través del establecimiento de Centros KOPIA en varios países en desarrollo, el envío de expertos con experiencia acumulada y el intercambio de tecnología, **ha dado inicio a una nueva modalidad** de cooperación en materia agrícola**, mediante la cual** Corea comparte su tecnología agrícola **en atención a las necesidades de los países en desarrollo**, contribuyendo de esta manera al crecimiento de los ingresos de los agricultores.

이런 측면에서 한국의 농촌 진흥청은 여러 개발도상국에 KOPIA 센터를 설립하여 축적된 경험을 가진 전문가를 파견하고 기술을 교환함으로써 농업 문제에 새로운 협력 모델을 제시하였습니다. 이를 통해 한국은 개도국들의 필요에 맞는 농업 기술을 공유함으로써 농민 소득의 증진에도 기여하고 있습니다.

▷ ha dado inicio a una nueva modalidad 새로운 모델을 시작하다

dar inicio의 현재완료형으로 가까운 과거를 포함, 현재까지 지속되는 상황을 묘사할 때 사용한다.

→ La inauguración de este proyecto ha dado paso a una nueva etapa en el desarrollo productivo del país.

▷ , mediante la cual 그것을 통하여

mediante는 '~을 통하여'라는 접속사로 그 뒤에 문장을 연결할 때는 관계사를 사용하는데, 이 문장에서는 앞선 명사 modalidad을 받아주기 위해 여성 정관사 la와 관계대명사

cual을 함께 사용했다.

→ Deseo con todo mi corazón que este proyecto, mediante el cual deseamos fortalecer los lazos de amistad, sea de beneficio para esta comunidad que tanto lo necesita.

→ Me siento orgulloso que se haya firmado esta nueva carta de compromiso, mediante la cual ambas partes nos comprometemos a dar lo mejor de cada uno.

▷ en atención a las necesidades de los países en desarrollo 개도국들의 필요에 부응하여

'~에 유의하여, ~을 고려하여'라는 의미의 부사구이다.

→ Esta tarde tendremos una reunión en atención a la emergencia que se presentóen el departamento.

Nicaragua tiene un territorio 1.3 veces más grande que el de Corea y la agricultura **continúa siendo una de las actividades económicas más importantes** del país, representando aproximadamente el 20% del PIB. **En el caso particular del cultivo de arroz**, el área de cultivo del arroz es de 80,000~100,000ha y la productividad de arroz es de 3.0~4.0 toneladas por hectárea.

니카라과는 한국보다 1.3배 더 큰 영토를 가지고 있으며 농업은 GDP의 약 20%를 차지하여 이 나라에서는 가장 중요한 경제 활동 중 하나입니다. 벼 재배의 경우 재배 면적은 80,000~100,000ha이고 생산량은 헥타르당 3.0~4.0톤 정도입니다.

▷ continúa siendo una de las actividades económicas más importantes 계속 가장 중요한 경제활동 중 하나이다

지속을 나타내는 동사 continuar 뒤에 이를 수식하는 동사가 따라오면 뒤의 동사는 진행형으로 사용된다.

→ Estimados amigos, quiero que sepan que mi misión continúa contribuyendo diariamente para que los lazos de amistad y cooperación que existen entre nosotros se sigan fortaleciendo.

▷ En el caso particular del cultivo de arroz 특히 벼 경작의 경우에는

en caso de는 '~의 경우에'라는 의미의 부사구로 위에서는 caso 뒤에 particular라는 형용사를 사용하여 '~의 특정 경우에는'이라고 표현했다.

→ Quisiera referirme al caso particular de la crisis financiera que se presentó a consecuencia de la reciente tormenta tropical y decirles que juntos lo superaremos.

Los expertos coreanos del Centro KOPIA en Nicaragua esperan aumentar la productividad en un 20% por hectárea por medio de la introducción de **nuevas especies de mayor rendimiento productivo**. Asimismo, **en lugar de la siembra directa**, se enseñarán nuevas maneras de cultivo de arroz, criando las plántulas y trasplantándolas en la tierra después**, lo que reducirá el trabajo** y mejorará la productividad.

니카라과 KOPIA 센터의 한국인 전문가들은 생산량이 더 높은 새로운 품종의 도입을 통해 헥타르 당 약 20%의 생산성을 향상시킬 수 있을 것으로 기대하고 있습니다. 또한 벼를 재배하는 새로운 방법을 가르쳐서 씨앗을 땅에 직접 파종하는 대신 모를 키운 다음 나중에 논에 이식함으로써 노동력을 줄이고 생산성을 향상시킬 수 있을 것입니다.

▷ nuevas especies de mayor rendimiento productivo 생산성 효율이 더 높은 품종

▷ en lugar de la siembra directa 직접 파종하는 대신

'~ 대신'이라는 의미의 부사구이다.

→ Esta mañana quiero exhortarlos a que en lugar de alejarnos nos unamos más por el bien de este bello país.

▷ , lo que reducirá el trabajo 노동력을 줄일 수 있는

앞서 나온 문장 전체를 주어로 받을 때는 중성형 정관사 lo와 관계사 que를 함께 사용한다.

→ Lo más importante es que este festival cinematográfico les haga llegar nuestra máxima expresión de amistad, lo que contribuirá a un mejor entendimiento entre nosotros.

En este punto, el Centro KOPIA en Nicaragua **quiere dar a conocer nuevos mecanismos** de cultivo que incorporan el uso de tecnología; así como la introducción de nuevas especies de cultivos. Para tal efecto, el Centro KOPIA en Nicaragua está importando variedades de arroz de alto rendimiento que han resuelto los problemas del hambre en Corea en los años setenta. Además, se está trabajando con el Instituto Nicaragüense en Tecnología Agrícola(INTA) para mejorar la productividad de los cultivos **al reducir los costos de producción,** mejorando el suelo y el ambiente de cultivo, y controlando las plagas y enfermedades.

이런 점에서 니카라과의 코피아 센터는 새로운 작물 종의 도입뿐만 아니라 기술 도입을 포함하는 새로운 재배 메커니즘을 제시하고자 합니다. 이를 위해 니카라과의 코피아 센터는 1970년대 한국의 기아 문제를 해결한 생산성 높은 쌀 품종을 수입하고 있습니다. 또한, 니카라과의 농업기술 연구소(INTA)와 함께 생산 비용을 줄이고 토양 및 재배 환경을 개선하며 해충 및 질병을 통제함으로써 작물 생산성을 향상시키기 위한 작업을 수행하고 있습니다.

▷ quiere dar a conocer nuevos mecanismos 새로운 메커니즘을 알려주고자 한다

▷ al reducir los costos de producción, 생산 비용을 낮추면서,

'al + 동사원형'은 '~할 때' 혹은 '~하면서'라는 의미이다.

→ Me siento muy honrado al ser parte de los invitados de este magno evento.

El gobierno coreano, junto con las organizaciones de tecnología agrícola de los países del SICA, se está preparando para **desarrollar varios cultivos de mayor producción** y para difundir la tecnología de prevención de plagas. Los países de la región centroamericana podrán desarrollar sus economías, **aumentar los ingresos de los hogares rurales pobres** y mejorar sus capacidades y oportunidades para exportar productos agrícolas, **a través de la cooperación tecnológica** de Corea.

한국 정부는 SICA 국가들의 농업기술 기관들과 함께 여러 가지 생산성 높은 작물 개발 및 병해충 예방 기술 보급을 준비하고 있습니다. 중미 지역 국가들은 한국과의 기술 협력을 통해 경제를 개발하고 가난한 농촌 가구의 수입을 늘리며 농산물 수출 역량과 기회를 확대해 나갈 수 있을 것입니다.

▷ desarrollar varios cultivos de mayor producción 생산성 높은 작물 개발

▷ aumentar los ingresos de los hogares rurales pobres 가난한 농촌가구의 소득 증대

▷ a través de la cooperación tecnológica 기술 협력을 통해

'~을 통해'라는 의미의 부사구이다.

→ Me siento complacido de que se hayan tomado el tiempo para participar en esta presentación cultural a través de la cual nos conocerán un poco mejor.

4-c Hasta siempre, Nicaragua

안녕, 니카라과

Pronto a finalizar mis funciones como Embajador de Corea ante la República de Nicaragua, quisiera compartir mis vivencias en este hermoso país y las expectativas de las relaciones entre ambos pueblos.

조만간 주니카라과 대한민국 대사로서의 임무를 마치기에 앞서, 이 아름다운 나라에서 겪은 저의 경험과 양국 국민들 간 관계에 관한 전망을 함께 나누고자 합니다.

En mi experiencia diplomática, he tenido la oportunidad de conocer varios países y relacionarme con diferentes culturas, pero Nicaragua es un país que cautiva. Desde antes de pisar suelo nicaragüense **quedé atrapado por la belleza paisajística** que se aprecia desde la vista aérea antes de aterrizar en el aeropuerto. Después, con la visita a diferentes ciudades del país, tuve la oportunidad de conocer sus exuberantes playas, lagos, flora, fauna, artesanía y gastronomía típica; pero, sobre todo, relacionarme con la gente pinolera que es trabajadora, honesta y cálida, a través de quien pude conocer más de su historia y cultura. Nicaragua es un país que tiene mucho potencial para convertirse en una nación de progreso y desarrollo.

저는 외교관으로서 그동안 여러 나라에 근무하면서 다양한 문화를 접해왔지만 니카라과는 특별히 매력적인 나라였습니다. 처음 공항에 내려 이 나라 땅을 밟기 전에 하늘에서 바라본 환상적인 경치에 저는 완전히 매혹되었습니다. 그 후 여러 도시들을 방문하면서 저는 아름다운 해변과 호수, 동식물들, 전통공예품과 전통 음식들을 접하게 되었는데 특히 친절하면서도 정직하게 열심히 일하는 니카라과 국민들을 직접 만나 그들의 역사와 문화를 배웠습니다. 니카라과는 진보와 발전을 이룰 수 있는 무한한 가능성을 품고 있는 나라입니다.

▷ quedé atrapado por la belleza paisajística 그림 같은 경치에 빠져들었다

→ Mi esposa y yo quedamos atrapados por los encantadores paisajes de este bello país.

Corea y Nicaragua sostienen relaciones diplomáticas desde hace 56 años y ambos países comparten eventos en su historia que **han marcado a su población y a su país**. Tanto Corea como Nicaragua se han visto afectadas por guerras, invasiones extranjeras, dificultades económicas, inestabilidad socio-política, pero **comparten los valores y principios universales de** democracia, derechos humanos y economía de libre mercado. Además, ambos países cuentan con un pueblo luchador que ha sabido **salvaguardar esas virtudes con valentía y con ahínco**. **Esa perseverancia y sacrificio** es la que permitió a Corea alcanzar su desarrollo económico, social y político y es la que permitirá también al pueblo nicaragüense lograr sus objetivos y forjar el país **que tanto anhelan y que se merecen**.

한국과 니카라과는 56년 전부터 외교 관계를 맺어왔으며, 양 국가와 국민들은 역사적 공통점들을 가지고 있습니다. 한국과 마찬가지로 니카라과도 전쟁, 외세의 침략, 경제적 어려움과 정치 경제적 혼란 등을 겪었지만 민주주의, 인권, 시장경제 등과 같은 보편적 원칙과 가치를 공유하고 있습니다. 또한 양국에는 이러한 가치를 열정과 용기로 지켜온 용감한 국민들이 있었습니다. 그런 인내와 희생은 한국이 정치, 경제, 사회적 발전을 이뤄온 원동력이 되었는데, 니카라과 국민들에게도 그들이 열망하고 당연히 누려야 하는 목표들을 달성하도록 해줄 것입니다.

▷ han marcado a su población y a su país 그 국가와 국민들을 특징지어 온

▷ comparten los valores y principios universales de ──의 보편적 가치와 원칙을 공유하다

▷ salvaguardar esas virtudes con valentía y con ahínco 이러한 덕목을 용기와 열정으로

지키다

▷ Esa perseverancia y sacrificio 이러한 인내와 희생

▷ que tanto anhelan y que se merecen 당연히 누려야 하고 또한 열망해 온

앞 문장의 명사를 뒤 문장의 목적어로 이어 받고자 관계대명사 que를 사용했다.

→ Mi mayor deseo es que juntos construyamos esa paz que todos deseamos a nivel mundial.

Corea desde siempre **ha sentido el compromiso de compartir** con los países hermanos sus experiencias y conocimientos en diferentes campos, como la agricultura, el desarrollo tecnológico, la salud, la educación, la infraestructura, el fortalecimiento institucional, entre otros. Es por ello que, durante mi misión en este país, **puse mi esfuerzo en desarrollar** las relaciones de cooperación entre ambos países, enfocándome en temas de interés común **y, a su vez**, fortaleciendo los lazos de amistad, a través de diversas actividades culturales.

한국은 농업, 산업 기술, 보건, 교육, 인프라, 제도적 강화 등 다양한 분야에서의 지식과 경험을 형제국가들과 항상 공유해왔습니다. 그래서 저는 재임 기간 중 양국이 이해를 같이 하는 분야에서 협력을 증진하는 데 힘을 쏟았으며 다양한 문화행사들을 통해 우의를 강화하기 위해 노력해 왔습니다.

▷ ha sentido el compromiso de compartir ――를 공유해야 한다는 책임을 느껴왔다

sentir의 현재완료형으로 과거에서부터 현재까지 지속되는 상황을 묘사한다.

→ Siempre he sentido que participar en este tipo de actividades es un verdadero privilegio.

▷ puse mi esfuerzo en desarrollar ――의 발전에 노력하다

poner el esfuerzo en은 '~에 노력하다'는 의미이다.

→ Es importante que juntos pongamos nuestro esfuerzo en crear nuevas líneas de negocios que generen más opciones de productos de calidad para los usuarios.

▷ y, a su vez, '한편, 그러면서' 라는 의미의 부사구

→ Estas nuevas líneas de negocios brindarán, a su vez, oportunidades de empleo para los habitantes de esta región.

Como muestra de estos esfuerzos, puede mencionarse el Programa de Intercambio de Conocimientos(KSP) **mediante el cual se ha promovido** la transferencia de experiencias y se ha brindado formación técnica y capacitación en temas de interés para Nicaragua tal como la formación de docentes, formación técnica y fortalecimiento de la competitividad e innovación en el sector industrial **para la pequeña y mediana empresa**.

이러한 노력을 잘 보여주는 것으로 지식공유사업(KSP) 사례를 들 수 있는데 이를 통해 경험을 전수하면서 교원역량 강화사업, 중소기업의 혁신과 산업 경쟁력 강화 사업 등 니카라과가 관심을 가지고 있는 분야에서 기술 교육과 역량 강화를 도모하였습니다.

▷ mediante el cual se ha promovido 그것을 통해 ——를 추진해오다

앞 문장의 명사를 전치사 mediante의 목적어로 사용하기 위해 '정관사 el + 관계대명사 cual'을 사용했다.

→ A lo largo de estos años de amistad, hemos procurado organizar actividades, mediante las cuales damos a conocer parte de la cultura de sociedad coreana.

▷ para la pequeña y mediana empresa 중소기업을 위해

De igual manera, a través de la Agencia Coreana de Cooperación Internacional(KOICA), se han desarrollado programas de voluntariado y se han enviado expertos a Nicaragua **para compartir sus conocimientos y asesorar en diversos temas** y se ha promovido la formación académica y profesional con los diversos cursos de maestrías que la Agencia ofrece. Asimismo, se ha ampliado la cooperación técnica, con la apertura de la Oficina del Banco de Exportación e Importación de Corea(EXIMBANK) y la Oficina de la Agencia Coreana de Cooperación Internacional en Agricultura(KOPIA).

또한, 코이카를 통해 봉사단 프로그램을 개발하고 전문가들을 니카라과에 파견하여 다양한 분야의 지식을 공유하고 정책을 제안하였으며, 다양한 석사과정 프로그램을 통해 학문적, 직업적 전문가 양성을 지원하였습니다. 또한 기술 협력을 확대하고 한국의 수출입은행 사무소와 국제 농협 협력 센터를 설립하였습니다.

▷ para compartir sus conocimientos y asesorar en diversos temas 지식을 공유하고 다양한 주제를 조언하기 위해

Para Corea, Nicaragua es un aliado importante. **Por ello,** a través del Fondo de Cooperación para el Desarrollo Económico, se ha brindado financiamiento a Nicaragua para realizar diversos proyectos, como la carretera de circunvalación, proyectos energéticos con fuentes renovables en zonas rurales, proyectos de alcantarillado sanitario y agua potable, etc.

한국에게 니카라과는 중요한 협력국입니다. 그래서 EDCF 자금을 통해 순환도로 건설, 농촌 지역의 재생에너지 시설, 상하수도 시설 등 다양한 프로젝트의 자금 조달을 지원하였습니다.

▷ Por ello, 그리하여, 그래서,

por eso, por lo tanto도 같은 의미로 사용하는 부사구이다.

→ Por ello, nos hemos dedicado a promover actividades que les den a conocer parte de la gastronomía coreana.

En el plano comercial y de inversión, Corea y Nicaragua **han dado un paso significativo** con la suscripción y reciente ratificación por parte de Nicaragua, del TLC Corea-Centroamérica, **con el cual se incrementará** el intercambio comercial entre un 33% y un 68%, gracias a la eliminación de aranceles en más del 95% de los rubros. Este TLC estimulará también una mayor inversión coreana en el país. En la actualidad tienen presencia con 34 empresas textiles, que emplean a 35 mil nicaragüenses.

통상 및 투자 측면에서 볼 때 한국과 니카라과는 한-중미 FTA에 니카라과가 서명한 후 최근 이를 비준함으로써 큰 진전을 이루었으며, 앞으로 95%에 달하는 품목의 관세를 철폐함으로써 교역이 약 33-68% 내외로 증가할 것으로 예상되고 있습니다. 현재 니카라과에는 34개의 한국 섬유 기업들이 진출하여 35,000명의 현지인을 고용하고 있는데 FTA는 더 많은 한국 기업의 투자를 견인할 것입니다.

▷ han dado un paso significativo 의미 있는 발전을 하다

→ Con la firma de este convenio, hemos dado un paso significativo en la historia de nuestras relaciones de amistad.

▷ , con el cual se incrementará 그를 통해 ——이 증가할 것이다

앞 문장의 명사를 전치사 con과 함께 사용하면서 중복을 피하고, 뒤 문장의 이어지게 하기 위해 '정관사 el + 관계사 cual'을 사용했다.

→ Este festival gastronómico, con el cual tendrán la oportunidad de conocer parte de la comida coreana, es un ejemplo de la variedad de colores de nuestra gastronomía.

Igualmente, con el propósito de acercar ambas culturas, se han desarrollado varias actividades, **dentro de las que podemos destacar** la presentación de danza y música tradicional de Corea en el Teatro Nacional Rubén Darío; el evento anual de K-pop; el festival de gastronomía; el Festival de Cine Coreano; la Copa Embajador de Taekwondo, entre otros.

이와 더불어 양국 문화를 교류하기 위하여 저는 루벤 다리오 극장에서 한국 전통음악 및 무용단 공연, K팝 공연, 음식 축제, 한국 영화제, 대사 배 태권도 대회 등 다양한 행사를 개최하였습니다.

▷ , dentro de las que podemos destacar 그중에 ——를 언급할 수 있는

dentro de는 '~ 중에'라는 의미이다.

→ Mi país está tan feliz de contar con la amistad de este bello país, por lo que hemos trabajado arduamente en varios proyectos de cooperación, dentro de los que les puedo mencionar los siguientes:...

Es por ello, que quisiera expresar mi gratitud hacia el pueblo de Nicaragua, a través de estas líneas. Siempre tendré en mi memoria y recordaré con nostalgia a este hermoso país y a su gente, especialmente a los jóvenes, **a quienes invito a que no desistan nunca en sus metas y sueños,** que **sigan formándose académicamente,** pero sobre todo humanísticamente y **se conviertan en la columna principal** que **sostenga a este bello país y lo guíe hacia el desarrollo.**

그래서 저는 이 지면을 통해 니카라과 국민들에게 저의 깊은 감사를 전하고자 합니다. 저는 이 아름다운 나라와 국민들을 영원히 잊지 않을 것이며 향수를 가지고 꼭 기억할 것입니다. 특히 젊은이들이 꿈과 목표를 절대 잃지 말고 학문적으로 갈고 닦으면서 인간적으

로도 성숙해 가기를, 그리고 이 아름다운 나라를 떠받치는 기둥으로서 발전을 선도해 나가기를 고대합니다.

▷ , a quienes invito a que ——하기를 바라는 그들에게

명령, 희망 등을 나타내는 동사 뒤의 문장에는 접속법을 사용한다.

→ Me siento muy contento de participar en la ceremonia de graduación de estos jóvenes, a quienes insto a que sigan buscando alternativas de progreso, basadas en el incesante autoaprendizaje.

▷ no desistan nunca en sus metas y sueños, 꿈과 목표를 포기하지 않기를,

▷ sigan formándose académicamente, 학문적으로 성숙해 가기를,

▷ se conviertan en la columna principal 기둥으로 발전하기를

▷ sostenga a este bello país y lo guíe hacia el desarrollo 이 아름다운 나라를 떠받치고 발전을 선도해 나가기를

접속법 절에서 다시 접속법 구문을 사용하여 뜻을 강조했다.

IV

연설문

Discursos

◇◇◇

규모가 크건 작건 청중을 향하여 연설을 한다는 것은 늘 긴장과 고뇌의 연속이다. 자신의 개인적 생각이나 기관의 입장 또는 회사의 방침을 분명하게 전달하면서도 청중들의 마음을 우리 편으로 끌어와 친근한 지지자로 만드는 일은 오랜 경험이 축적되어야 가능한 일이다. 더구나 청중들의 기존 생각을 바꿔나가야 할 때는 많은 고민이 따른다.

앞에 설명한 서한, 성명서, 기고문 등의 경우와 마찬가지로 좋은 연설문을 선택하여 자주 읽다 보면 그런 어휘와 표현들에 좀 익숙해진다. 처음에는 청중 앞에 서는 것조차 두렵고 가능한 피하고 싶지만 그런 주저를 극복하고 익숙해지다 보면 이제 좀 더 좋은 연설로 청중들의 마음과 신뢰를 얻고 싶어질 것이다.

연설문을 작성할 때 가장 기본적인 것은 행사의 내용, 청중의 수준 및 규모에 맞는 적합한 주제를 정하고 그에 맞는 내용들을 순서대로 정리한 후 적절한 어휘들을 선택하여 일관된 구성을 갖추는 것이다. 유려한 글 대신 말로써 의사를 전달하는 연설의 경우에는 특히 쉬우면서도 간결한 단어를 구사하여 청중들이 쉽게 이해할 수 있도록 해야 한다. 거기에 자신의 경험을 담아 솔직하게 이야기한다면 청중의 마음을 사로잡을 수 있을 것이다.

이 장에서는 각 단어나 어휘의 설명은 가능한 줄이고 연설 전체의 맥락을 이해하는 데 도움이 되는 내용만 각주에 삽입하였다. 실제 본인이 연설을 하듯이 스페인어 부분만 큰 소리로 읽어본다면 현장의 느낌을 살릴 수 있을 것이다. 원래는 조금씩 더 긴 연설문이었으나 지면을 감안하여 주요 내용만 간추린 것임을 참고로 밝힌다.

유창한 연설을 하고자 한다면 부단히 연습하는 길 외에 없다. 청중 앞에 서기 전에 최소한 다섯 번 이상 큰 소리로 연습을 한다면 어느 문장을 어떻게 강조해야 할지 스스로 알게 되고 점차 자신도 생길 것이다. 혹시 자신에게 어떤 단어의 발음이 쉽지 않을 때는 비슷한 뜻의 다른 단어를 선택하는 것도 좋은 방법이다. 가장 바람직한 것은 좋은 연설문을 찾아 자주 읽거나 듣고 체득화 하는 것이다.

1 정부 간 협정
Acuerdo gubernamental bilateral

1-a En ocasión de la Firma del Acuerdo de Reconocimiento Recíproco y Canje de Licencias de Conducir entre Corea y Nicaragua[1]
한국과 니카라과 간 운전면허 상호 인정 및 면허증 교환 협정

Honorable Señora Arlette Marenco, Viceministra de Relaciones Exteriores
Honorable Comisionado General Francisco Díaz, Sub Director de la Policía Nacional
Distinguidas[2] Señoras y Señores

존경하는 아를렛 마렌꼬 외교차관님
존경하는 프란시스코 디아스 경찰청 차장님
저명하신 신사 숙녀 여러분

¡Buenas tardes a todos!

좋은 오후입니다!

En primer lugar, quisiera agradecerles profundamente a ustedes por estar aquí el día de hoy, siendo partícipes de esta significativa ceremonia de suscripción del Acuerdo de Reconocimiento Recíproco y Canje de Licencias de

1 *Acuerdo de Reconocimiento Recíproco y Canje de Licencias de Conducir 운전면허 상호 인정 및 교환협정.* 양국이 별도 시험없이 상대국 발급 서류를 확인한 후 자국 면허를 발급해 준다.

2 *Distinguidas 존경하는.* 불특정 다수를 호칭할 때 쓴다

Conducir entre ambos países.

우선, 오늘 양국 간 운전면허 상호 인정과 면허증 교환협정 서명 행사에 참여해 주신 여러분들께 깊은 감사를 드립니다.

Aprovecho la ocasión para agradecer también a la Policía Nacional por la ayuda, protección y seguridad que le brinda a la comunidad coreana en Nicaragua, integrada por 750 compatriotas.

또한 이 기회를 통해 750명의 우리 동포로 구성된 한인 사회에 니카라과 경찰이 제공하는 지원, 보호 및 안전 조치에 대해서도 감사를 표하고자 합니다.

Me llena de mucha satisfacción ser testigo de la culminación de esta iniciativa, cuyos inicios se remontan al año 2014 y que se ha finalizado de manera exitosa gracias al esfuerzo y trabajo conjunto entre el Gobierno de Nicaragua y el Gobierno de Corea. Sin duda, este instrumento legal será de suma importancia para los ciudadanos coreanos y nicaragüenses y, en especial, para el sector de la inversión.

2014년 처음 시작된 이 협상이 그동안 니카라과 정부와 한국 정부 사이의 노력과 협조 덕분에 성공적으로 마무리된 것을 매우 기쁘게 생각합니다. 이 법적 기제는 틀림없이 한국과 니카라과 국민들에게, 특히 투자자들에게 매우 중요한 의미가 있다고 생각합니다.

Cabe mencionar que este acuerdo suma un total de seis acuerdos bilaterales suscritos entre ambos países, incluyendo el Acuerdo Marco de Cooperación firmado en el año 2013, con lo que se reflejan las sólidas relaciones de amistad y cooperación que existen entre las dos naciones.

이 협정은 2013년에 서명된 기본협력 협정을 포함하여 양국 간 굳건한 우호 협력 관계를 반영하는 쌍무 협정 중 6번째 협정이라는 점을 말씀드립니다.

Asimismo, quisiera mencionar el avance en las negociaciones del **Tratado de Libre Comercio entre Corea y Centroamérica**[3], cuya quinta ronda de negociaciones se llevó a cabo aquí en Nicaragua, del 26 al 30 de septiembre. Los negociadores vendrán de nuevo a Managua el 16 de este mes para culminar el proceso de negociaciones. La suscripción de este TLC tendrá un gran impacto para ambas naciones, ya que será una nueva oportunidad para incrementar el comercio y la inversión para el desarrollo sostenible de la región en beneficio mutuo.

또한, 이 기회에 9월 26일부터 30일까지 니카라과에서 5차 협상이 진행된 한-중미 자유무역협정 협상의 진전에 대해서도 언급하고자 합니다. 협상 당사자들은 이번 달 16일 마나과에 다시 모여 협상 과정을 완료할 예정입니다. 이 FTA의 서명은 양국에 큰 영향을 미칠 것이며 양국 간 상호 이익을 증진하고 이 지역의 지속 가능한 발전을 위해 무역과 투자를 증가시킬 수 있는 새로운 기회가 될 것입니다.

Otro sector que está en auge entre nuestros países es el turismo. Nicaragua tiene mucho que ofrecer al turismo internacional y cada día vienen más ciudadanos coreanos a conocer este bello país, lo cual contribuye a su economía. Con el ánimo de conocer, disfrutar y entender más este bello país y su gente, el año pasado contabilizamos la visita de seis mil turistas coreanos, cifra que esperamos se duplique en los próximos años.

우리 양국 사이에 절정을 누리고 있는 또 다른 협력 분야는 관광입니다. 니카라과는 국제적으로 제공할 관광거리를 많이 가지고 있고, 매일 더 많은 한국인들이 이 아름다운 나

3 *Tratado de Libre Comercio entre Corea y Centroamérica 한-중미 FTA 협정.* 2018년 2월 서명되었다.

라를 알고자 찾아오고 있으며 이 나라의 경제에도 기여하고 있습니다. 작년에 6천 명의 한국 관광객이 방문한 것으로 집계되고 있으며 가까운 미래에 이 아름다운 나라와 사람들에 대해 더 많이 알고, 즐기고, 이해하기 위해 2배 이상 더 올 것으로 기대하고 있습니다.

Para mí, esta hermosa tierra de lagos y volcanes refleja el espíritu trabajador de su gente, su tesón y sus ganas de superación, los cuales son muy similares al pueblo coreano. Es por eso, que, como Embajador, me he comprometido a trabajar mucho más para contribuir al desarrollo sostenible de esta **nación de Darío y Sandino**[4].

이 아름다운 호수와 화산의 나라는 저에게 한국 국민과 매우 흡사한 이 나라 국민들의 근면과 집념, 그리고 자기 극복의 정신을 보여주고 있습니다. 그렇기 때문에 저는 대사로서 이 다리오와 산디노 나라의 지속 가능한 발전에 기여하기로 다짐하였습니다.

Espero que nuestras relaciones de colaboración y apoyo mutuo, así como los lazos de amistad sigan creciendo y fortaleciéndose en beneficio de la hermandad de nuestros pueblos.

저는 우리 양국 사이의 상호 협력과 지원 관계뿐만 아니라, 두 형제 나라 사이의 우호 관계도 앞으로 더욱 증가되고 확장되기를 고대합니다.

¡Muchas Gracias!

대단히 감사합니다.

---

4 *nación de Darío y Sandino 다리오와 산디노의 나라.* 니카라과가 국가적 영웅으로 숭앙하는 두 사람이다. 루벤 다리오는 스페인어권을 대표하는 대문호이며, 산디노는 외세를 배격하고 독립을 달성한 영웅이다.

쉬어 가기

천부적으로 연설 기술을 타고난 사람도 있지만 대개의 보통 사람들은 부단한 연습을 통해서 그런 기술을 습득하는 수밖에 없는 것 같다.

대중 앞에서의 연설은 내용도 중요하지만 청중에게 전하고자 하는 메시지를 흥미있게, 그리고 또렷하게 전달하는 것이 무엇보다 중요하다. 그러자면 발음과 억양, 숨 고르기를 미리 생각하고 수 차례 연습할 필요가 있다.

연단에 서면 우선 마이크의 위치가 너무 높거나 낮지 않도록 조절하고, 중요한 대목에서는 청중을 의식적으로 둘러보고 주시하면서 목소리 톤을 조절할 필요가 있다. 또 특히 중요한 단어나 어휘에서는 일부러 천천히, 분명하게 발음하여 청중의 주의를 끄는 것도 좋다. 연설 장면이 녹화될 때에는 카메라를 자주 응시하면서 필요시 손동작을 사용하는 것도 좋은 의사 전달 방법이다.

니카라과 탈춤

1-b Firma del Acuerdo Marco de Asistencia Oficial para el Desarrollo[5] entre la República de Guatemala y la República de Corea

대한민국과 과테말라 공화국 간 공적 개발원조 기본 협약서 서명식

Excelentísima Embajadora Sandra Jovel, Ministra de Relaciones Exteriores,
Distinguidos funcionarios de la Cancillería,

산드라 호벨 외교부 장관님,
존경하는 외교부 직원 여러분,

¡Muy Buenos días!

아주 좋은 아침입니다!

En primer lugar, quiero agradecer que nos acompañen para presenciar la firma del Acuerdo Marco de Asistencia Oficial para el Desarrollo entre la República de Guatemala y la República de Corea y, a la vez, agradecer a todos aquellos que trabajaron en la elaboración de este documento.

우선, 과테말라와 대한민국 간 공적 개발원조에 관한 기본 협정 서명식에 동참해 주신 여러분들께 감사를 드리며, 또한 이 문서를 준비해 주신 모든 분들께도 감사를 드립니다.

Me siento feliz de que lleguemos a la firma de este instrumento, cuyas estipulaciones estoy seguro serán de mucho beneficio para el fortalecimiento de las relaciones amistosas entre los dos países, a través de la promoción de la cooperación para el desarrollo y del progreso económico y social mutuo.

---

5 *Acuerdo Marco de Asistencia Oficial para el Desarrollo 공적개발 원조 협약.* 우리나라는 개도국들의 발전을 지원하기 위해 코이카와 여러 기관들을 통해 다양한 협력사업들을 추진하고 있다.

우리가 마침내 본 협정의 서명을 하게 되었음을 대단히 기쁘게 생각합니다. 협정의 각 조항들은 개발 협력 증진은 물론 상호 간 경제. 사회 발전 촉진을 통해 양국 간의 우호 관계 강화에도 크게 기여하게 될 것입니다.

Estoy convencido que este tipo de acciones contribuirán a la larga trayectoria de las relaciones bilaterales que han existido entre Guatemala y Corea por más de cinco décadas y que, hoy en día, se fortalece más que nunca, por medio de intercambios activos en diversos sectores como la política, economía, cultura, educación, cooperación para el desarrollo, etc.

저는 오늘날 정치. 경제. 문화. 교육. 개발 협력 등 다양한 분야에서의 활발한 교류를 통해 양국관계는 그 어느 때 보다 강화되고 있다고 믿고 있으며, 이러한 활동들이 과테말라와 한국 사이에 50년 넘게 존재했던 양국 관계의 오랜 역사에 계속 기여할 것이라고 확신합니다.

A la fecha, Corea ha cooperado con varios proyectos de desarrollo en este bello país. En cuanto a la cooperación técnica, con humildad y sencillez puedo mencionarles proyectos de desarrollo, tales como el equipamiento de Intecap, del centro Materno Infantil en el Hospital de Huehuetenango y la Escuela de San Juan Cochal, la capacitación de trabajadores del campo contra el cambio climático en Petén, Alta Verapaz y el corredor seco, la inauguración de la Escuela de Especialidades en la Academia de la Policía Nacional Civil, entre otros.

지금까지 한국은 이 아름다운 나라의 다양한 개발 프로젝트에 협력해 왔습니다. 기술 협력 사례에 관하여 간단히 말씀드리자면 Intecap의 시설장비 설치, Huehuetenango 병원의 모자보건 센터, San Juan Cochal 학교의 교사 건축, Petén과 Alta Verapaz주 및 건조지대 농부들의 기후 변화 대응 능력 강화, 국립 경찰학교 내 특수학교 개설 등을 들 수 있겠습니다.

Como parte de esta cooperación al desarrollo económico y social del país, cabe destacar que más de 170 **empresas coreanas**[6] que operan en Guatemala han hecho también su aporte, a través de la creación de empleos y el intercambio comercial de unos 350 millones de dólares entre ambos países en 2018.

과테말라의 경제사회 발전 협력을 위하여 현재 약 170개 이상의 한국 기업이 과테말라에서 일자리 창출에 기여하고 있으며 2018년 양국 간 무역이 약 3억 5천만 달러에 이르렀다는 점을 말씀드립니다.

Por otro lado, Corea, en su lucha contra la pobreza, ha ido coleccionando experiencias y conocimientos que hoy está dispuesto a compartir con los países centroamericanos, especialmente con nuestros amigos chapines.

한편, 한국은 빈곤과의 싸움에서도 경험과 지식을 축적해왔으며, 오늘날 중미 국가들, 특히 과테말라의 친구들과 이를 공유할 준비가 되어 있습니다.

Como parte de esos intercambios de conocimientos han surgido varios programas y proyectos. Puedo citar, por ejemplo, el programa de becas otorgadas por Koica, así también eventos de intercambio de ciencias y tecnología, como los que se dieron a inicios de este año, con la llegada de 2 delegaciones coreanas.

이러한 지식 공유사업의 일환으로 다양한 프로그램과 프로젝트가 등장했습니다. 예를 들어 코이카가 수여하는 장학금 프로그램과 함께 올해 초 한국의 2개 대표단이 방문하여

---

6 *empresas coreanas 한국 기업들.* 현재 과테말라에는 150여 개의 한국계 기업이 주로 섬유 및 의류 산업에 종사하고 있으며 현지인 약 15만 명을 고용하고 있다. 이들은 과테말라 의류 수출의 80%, 전체 수출의 35%, 전체 GDP의 13%를 차지하고 있다.

개최한 과학기술 교류 행사를 들 수 있겠습니다.

En esa misma línea de intercambio de conocimientos, la semana pasada mi Embajada, en conjunto con CENTRARSE de Guatemala, realizó el primer Foro Corea-Guatemala sobre la **Responsabilidad Social Empresarial**[7], con el fin de dar a conocer la labor que realizan empresas coreanas y guatemaltecas en diferentes comunidades del país, así como promover la implementación de programas de responsabilidad social empresarial en otras compañías.

유사한 지식공유 사업의 일환으로 지난주에 한국 대사관은 과테말라의 CENTRARSE 재단과 함께 기업의 사회적 책임에 관한 1차 한-과테말라 포럼을 개최하였습니다. 이는 한국과 과테말라 기업들이 여러 지역에서 활동한 사업들을 알리고 다른 회사들에게도 기업의 사회적 책임 이행을 장려하기 위한 것입니다.

Como ven ustedes, el pueblo **chapín**[8] es muy apreciado por mi país, puesto que además de ser nuestro amigo, es nuestro socio comercial y, como tal, queremos darle todo nuestro apoyo, nuestro conocimiento, nuestras experiencias y nuestro corazón.

여러분들이 보시다시피 과테말라 사람들은 한국에서 매우 높게 평가받고 있으며, 여러분들은 우리의 친구이자 비즈니스 파트너이기 때문에 모든 종류의 지원, 지식, 경험은 물론 우리의 마음까지 여러분들께 드리고자 합니다.

---

7 *Responsabilidad Social Empresarial 기업의 사회적 책임.* 우리 한국계 기업들이 과테말라의 지역사회 발전에 기여하기 위해 불우이웃 돕기, 청소년 기술 교육, 재난 발생 시 이재민 돕기 등 다양한 사회적 책임 활동을 전개하고 있다.

8 *Chapín 원래는 스페인 귀족 부인들이 신던 굽이 높은 신발.* 바닥과 몸통은 코르크로 만들고 발 부위는 비단으로 만들어 고급스러웠으나 신기에는 소리가 나서 불편하였다. 현재는 과테말라 사람을 뜻하는 고유명사가 되었다.

Por eso, para que los amigos de Corea nos conozcan mejor, también hemos realizado eventos culturales, tales como la presentación musical del Grupo Queen que engalanó el Teatro Nacional con una magnífica presentación de música tradicional mezclada con música moderna.

그래서 우리는 한국의 친구들이 우리를 더 잘 알 수 있도록 하기 위해 한국의 전통음악과 현대음악을 융합하여 국립극장을 화려하게 빛낸 퀸 그룹 공연과 같은 문화행사들을 개최하였습니다.

Hemos hecho presentaciones cinematográficas llegando a diferentes regiones de Guatemala, siendo nuestra visita más reciente la que hicimos a Antigua y a Huehuetenango y estamos próximos a presentar la teleserie **'Amor bajo la luz de la luna**[9]' que mostrará la vida antigua de los coreanos, incluyendo su traje tradicional, comidas cotidianas y sobre todo el amor de los jóvenes en el Palacio.

또한 우리는 가장 최근에 방문한 안티과와 우에우에테낭고 등을 포함하여 과테말라의 여러 지역을 방문하면서 한국 영화를 보여드리고 있습니다. 또 조만간 TV 드라마 '구르미 그린 달빛'을 선보일 예정인데 이를 통해 한국의 전통 복장, 일상식과 함께 특히 궁궐 내 젊은이들의 사랑 등 한국인들의 옛날 모습을 보여줄 것입니다.

Estimados amigos,

존경하는 친구 여러분,

Estoy confiado en que continuaremos apoyándonos mutuamente en el desarrollo de esta gran nación y que para ello podamos organizar más foros

---

9 *Amor bajo la luz de la luna 달빛 아래의 사랑.* 한국 드라마 '구르미 그린 달빛'의 번역으로, 현지인들로부터 타이틀이 매우 시적이라는 호평을 받았다.

nacionales e internacionales de los que ya hemos realizado.

우리는 앞으로도 이 위대한 나라의 발전을 위해 서로 협력해 나갈 것이며, 이를 위해 앞으로 더 많은 국내외 포럼을 개최할 수 있을 것으로 확신합니다.

No me resta más[10] que agradecerles su compañía, ustedes serán testigos del Acuerdo que hoy nos une y de mis palabras que hoy se vuelven mi compromiso con ustedes.

이 자리에 함께해 주신 여러분들께 다시 한번 감사를 드립니다. 여러분들은 오늘 우리를 하나로 결합하는 이 협정과 제가 여러분들께 다시 드리는 약속의 증인이 되실 것입니다.

¡Muchas gracias!

감사합니다!

쉬어 가기

과테말라는 역사적, 문화적으로 중미 지역의 중심 국가였으며, 현재도 경제 규모 면에서 주변 국가들 보다 약 3배 가까이 큰 규모를 자랑한다. 멕시코와 미국에 가까우며 태평양과 카리브해를 동시에 끼고 있어 지정학적으로 매우 중요한 위치를 차지하고 있다. 현재 약 7천여 명의 우리 교민들이 살고 있고, 한국계 봉제업체 170여 개 회사가 공장을 운영하고 있다.

우리나라는 91년부터 보건 의료, 교육, 치안, 인프라, 기후변화 대응 등 다양한 분야의 ODA 사업을 실시하고 있다. 코로나 전염병 발생 이후 양국은 특히 국민들의 보건 의료 수준 향상을 위하여 긴밀하게 협력하고 있다.

10 *No me resta más 더 이상 남아 있지 않습니다. 마지막으로 —를 말씀드립니다.*

2 국회 연설

Asamblea Nacional

2-a Debate y Aprobación de Ley sobre el Tratado de Libre Comercio[11] entre la República de Corea y las Repúblicas Centroamericanas

대한민국과 중미 국가들 간 자유무역협정에 관한 법률 토론 및 비준

Excelentísimo Señor Gustavo Porras, Presidente de la Honorable Asamblea Nacional

Honorable Señor Orlando Solórzano, Ministro de Fomento, Industria y Comercio,

Distinguidos Diputados y medios de comunicación presentes,

존경하는 구스따보 뽀라스 국회 의장님,

존경하는 오를란도 솔로르사노 산업통상자원부 장관님,

저명하신 의원님들 그리고 참석해 주신 방송 관계자 여러분,

Es un honor para mí estar aquí, en un momento histórico que marcará de manera significativa las relaciones entre Corea y Nicaragua. En representación del Gobierno de mi país, quisiera expresar mi más grande satisfacción por formar parte de este momento que, ciertamente, acercará más las relaciones

11 *Tratado de Libre Comercio. FTA.* 한국과 중미 5개국(파나마, 코스타리카, 온두라스, 니카라과, 엘살바도르)은 2018년 2월 FTA를 체결하였다. 저자는 한국 정부 대표로서 니카라과 국회 본회의에 출석하여 우리 입장을 설명하고 비준 동의를 요청하였다.

económicas, de cooperación y de amistad entre ambos países.

한국과 니카라과 간 관계에서 중요한 획을 긋는 역사적인 순간에 이 자리에 오게 되어 개인적으로 영광입니다. 우리 정부를 대표하여 이 중요한 순간의 일부가 될 수 있음에 가장 큰 기쁨을 표하며, 앞으로 양국 간 경제, 협력 및 우호 관계들이 확실하게 더 가까워질 것이라고 생각합니다.

Agradezco profundamente la ardua labor de los representantes del Gobierno, de la **Comisión de Producción, Economía y Presupuesto**[12], y de todos los miembros de esta Honorable Asamblea Nacional por su debate y aprobación del Dictamen de Ley sobre el Tratado de Libre Comercio entre la República de Corea y las Repúblicas Centroamericanas.

정부 측 대표들, 국회의 생산·경제·예산위원회 그리고 대한민국과 중미 국가 간 자유무역협정의 법률 의견에 대한 토론과 비준에 참여하신 존경하는 모든 의원님, 여러분들의 열정적인 노고에 깊이 감사드립니다.

Corea y Nicaragua tienen una historia de 56 años de amistad y relaciones diplomáticas, las cuales se han venido fortaleciendo con el paso de los años. Como muestra de ello, se han venido ampliando las relaciones comerciales entre Corea y Nicaragua, gracias a la complementariedad de su industria, lo cual, con el propósito de profundizar sus relaciones económicas, motivó a realizar una investigación conjunta, sobre la **viabilidad de un Tratado de Libre Comercio**[13], en el año 2010.

---

12 *Comisión de Producción, Economía y Presupuesto 국회 내 생산, 경제, 예산위원회.* FTA 문안의 구체적 검토를 담당한 위원회였으며 동 위원회에도 참석하여 우리 입장을 설명하였다.

13 *viabilidad de un Tratado de Libre Comercio FTA 가능성 연구.* 한국과 중미 국가들은 2010년부터 2014년까지 FTA 체결 가능성 및 효과성에 대해 공동으로 연구하였다.

한국과 니카라과는 56년간의 우정 어린 외교 관계 역사를 가지고 있으며, 그 관계는 해가 갈수록 강화되고 있습니다. 이에 대한 증거로 양국 산업의 상호 보완성 덕분에 한국과 니카라과의 무역량은 계속 확대되어왔으며, 2010년 이러한 경제 관계를 더욱 심화시키기 위해 자유무역협정 체결 가능성에 대한 공동 연구를 시작하였습니다.

El dictamen de Ley que se ha presentado hoy, para su discusión y aprobación, es el **resultado de nueve negociaciones**[14], celebradas entre 2015 y 2016, que culminaron con la ceremonia de cierre, en noviembre de 2016, en Managua y con la posterior firma de los Ministros de Corea y de los 5 países centroamericanos, en febrero de este año. Este TLC es el primero que los países centroamericanos concluyen de forma conjunta con un país asiático.

오늘 여러분들의 토론과 비준을 위해 제안된 안건은 2015년과 2016년 사이에 개최된 9번의 협상 끝에 2016년 11월 마나과에서 마침내 협상이 종료되고 금년 2월 한국과 중미 5개국 장관 간 서명된 문안입니다. 이 FTA는 중미 국가가 공동으로 아시아 국가와 체결한 첫 번째 협정입니다.

Honorables diputados, el impacto que este TLC tendrá tanto para Corea, como para Nicaragua es de gran relevancia, pues con el mismo se proyecta que el intercambio comercial entre ambas partes aumentará dramáticamente, entre el 33.8% y el 68.7%, debido a la eliminación inmediata o gradual de aranceles en más del **95% del total de sus rubros**[15].

존경하는 의원 여러분, 이 FTA가 한국과 니카라과에 미치는 영향은 상당할 것이며,

14 *resultado de nueve negociaciones 9차에 걸친 협상 결과.* 과테말라는 7차 협상에까지 참여하였으나 원산지 규정 등에 이견이 있어 최종 서명에 불참하였다.

15 *95% del total de sus rubros 총 교역 품목의 95%.* 우리가 체결한 FTA 중에서도 상호 양허 수준이 상당히 높은 편이다. 우리가 중미 5개국에 부여한 양허 수준은 국가별 사정에 따라 각각 다르다.

전체 품목의 95% 이상에 대한 즉각적 또는 점진적 관세 철폐로 인해 양국 간의 무역이 33.8%에서 68.7%까지 극적으로 증가할 것으로 예상됩니다.

Asimismo, la inversión será incentivada, gracias a un marco normativo que favorece a los extranjeros con un clima de negocios seguro y estable, brindándoles los mismos derechos y oportunidades que tienen los inversionistas nacionales.

마찬가지로, 안전하고 안정적인 사업 환경과 함께 외국인들에게도 국내 투자자와 동일한 권리와 기회를 제공하는 법률적 규정 덕분에 투자가 장려될 것입니다.

Nicaragua y toda la región centroamericana gozan de una posición geográfica privilegiada que, junto con los esfuerzos para alcanzar una unión aduanera y gracias a los TLCs suscritos con socios importantes, representan un mercado atractivo que conectará a esos mercados con Corea y, a su vez, Corea facilitará y fortalecerá la presencia de los productos nicaragüenses en el mercado asiático.

니카라과와 중미 지역은 역내 관세 동맹을 달성하려는 노력과 함께 지리적 위치 덕분에 특별한 이점을 누리고 있으며, 세계 중요 국가들과 체결한 FTA 덕분에 이들 시장과 한국 시장을 연결하는 매력적인 시장이 되고 있습니다. 한편, 한국은 아시아 시장에서 니카라과 상품의 진입을 지원하고 강화해 줄 것입니다.

Por todo ello, honorables diputados, quisiera agradecerles y felicitarlos por la respuesta positiva que han brindado y por su respaldo con la ratificación de este Tratado.

존경하는 의원님, 이런 모든 상황들을 감안하여 여러분들이 보여주신 긍정적인 호응과 협정의 비준을 도와주신 데 대해 감사와 함께 축하를 드리고 싶습니다.

De igual manera, les extiendo mi sincero agradecimiento por el apoyo y el esfuerzo de las diferentes instituciones de Gobierno que han hecho posible, hoy, la culminación de nuestro sueño en una realidad.

마찬가지로, 우리들의 꿈을 오늘 현실로 이룰 수 있게 도와준 여러 정부 기관의 지원과 노력에도 진심으로 감사를 드립니다.

¡Muchas gracias!

대단히 감사합니다!

쉬어 가기

한국은 중미 국가들에게 자동차, 자동차 부품, 휴대폰, 전자제품 등 공산품을 수출하고 열대과일, 커피, 설탕, 땅콩 등 1차 상품을 주로 수입하고 있다. 이렇게 산업 간 상호 보완적인 관계 덕분에 당분간 무역 규모는 계속 늘어날 것으로 전망된다.

2-b Aprobación de la ley: Día de Amistad y Cooperación entre la República de Corea y la República de Nicaragua

한국과 니카라과 간 우호 협력의 날 법안 가결

Excelentísimo[16] Señor Gustavo Porras, Presidente de la Honorable Asamblea Nacional
Distinguidos miembros de la Honorable Asamblea Nacional

존경하는 구스따보 뽀라스 국회 의장님,
존경하는 여러 국회의원님들,

Es un honor para mí estar aquí presente en un momento histórico que **será un hito importante en la historia**[17] entre Corea y Nicaragua.

한국과 니카라과 간의 역사에서 중요한 이정표가 될 역사적인 순간에 이 자리에 서게 되어 영광입니다.

Comparo este momento histórico con la relación humana que culmina en un feliz matrimonio. Luego de años de cortejo, los novios deciden elevar la relación amorosa a un nivel institucional de mayor compromiso y solidaridad, llegando a una boda que durará el resto de sus vidas. Así visualizo este honorable acto de hoy.

나는 이 역사적인 순간을 행복한 결혼이라는 결실로 이어지는 인간관계와 비교하고 싶습니다. 수년간의 구애 후 연인들은 자신들의 사랑스러운 관계를 제도적 차원으로 높이고,

16 *Excelentísimo 존경하는*. 참석자의 지위에 따라 여러 다양한 표현이 있다.
17 *será un hito importante en la historia 역사에 중요한 이정표가 될*

더 많은 헌신과 결속된 삶으로 채워 평생을 이어가는 결혼에 이르기로 약속합니다. 나는 오늘 이 순간을 그런 시각으로 바라보고 있습니다.

Corea y Nicaragua comparten historias similares de guerra, destrucción, lucha y resurgimiento hacia el progreso para su pueblo. Hoy, la República de Corea comparte con Nicaragua su experiencia de desarrollo económico y social.

한국과 니카라과는 전쟁, 파괴, 투쟁 및 국민들의 발전을 향한 재도약 등 유사한 역사를 공유하고 있습니다. 오늘날 대한민국은 경제 및 사회발전 경험을 니카라과와 공유하고 있습니다.

La historia de mi país ha estado marcada por diferentes acontecimientos, que van desde invasiones extranjeras, hasta la división en dos países. Estos acontecimientos dejaron al país y su población sumergidos en una situación de extrema pobreza. Su recuperación de la devastación que dejó la guerra **estaba contra todo pronóstico**[18]. En esa época Corea era sinónimo de guerra y pobreza.

우리나라의 역사는 외국의 침략에서부터 국토 분열에 이르기까지 다양한 사건으로 점철되어 있습니다. 이로 인해 국가와 국민들은 극심한 빈곤 상황에 빠지기도 했습니다. 전쟁이 남긴 폐허에서 회복한다는 것은 아무도 예상치 못했습니다. 그 당시 한국은 전쟁이나 가난과 동의어였습니다.

Honorables Diputados,

존경하는 의원 여러분

---

18 *estaba contra todo pronóstico 모두의 예상과 정반대였다*

Me llena de gran satisfacción estar con ustedes **para presenciar la aprobación de la ley**[19] en la Sesión Plenaria de la Honorable Asamblea Nacional de declarar el día, 3 de Octubre como día de Amistad y Cooperación entre la República de Nicaragua y la República de Corea y aprovecho para manifestar mi profundo agradecimiento al Excelentísimo Presidente de la Asamblea Nacional Señor Gustavo Porras, **extensivo a los honorables diputados**[20], por este hermoso gesto de amistad y cariño entre nuestros pueblos.

오늘 니카라과 국회 본회의에 참석하여 10월 3일을 니카라과 공화국과 대한민국 간 '우호와 협력의 날'로 선포하는 법안의 승인을 여러분들과 함께 참관하게 된 것을 매우 기쁘게 생각합니다. 구스따보 뽀라스 의장님께 깊은 감사의 말씀을 드리며, 양 국민들 사이에 이 아름다운 우정과 우호의 장을 마련한 의원님들께도 감사를 전합니다.

Hace 55 años que se establecieron las relaciones diplomáticas entre Corea y Nicaragua, las cuales se consolidan y se fortalecen cada año. La apertura de la Embajada de Corea en Managua en el año 2007 y la apertura de la Embajada de Nicaragua en Corea en 2014 han creado la plataforma para fortalecer la sólida amistad y cooperación entre dos naciones hermanas, estrechamente unidas como pueblos hermanos.

55년 전, 한국과 니카라과 사이에 외교 관계가 수립되었고 이는 매년 강화되고 증진되고 있습니다. 2007년 마나과 주재 한국 대사관 개설과 2014년 한국에 니카라과 대사관 개설은 형제자매처럼 긴밀하게 연결된 두 형제국 간의 탄탄한 우정과 협력을 강화하는 기반을 마련했습니다.

---

19 *para presenciar la aprobación de la ley 법안의 승인을 참관하다*

20 *extensivo a los honorables diputados 존경하는 의원님들께도 전합니다*

Al respecto, la cooperación bilateral entre nuestros dos países ha sido significativa. Nicaragua es el mejor socio de Corea en América Latina en cuanto a los programas y proyectos al desarrollo. La cooperación técnica y científica coreana sigue creciendo, hay 21 voluntarios y asesores profesionales de KOICA. Asimismo, se puede observar la Apertura de la oficina del Banco de la Exportación e Importación de Corea - EXIMBANK y la oficina de la Agencia de fomento para la Agricultura de Corea – KOPIA, en Managua.

이와 관련하여 우리 양국 간 개발 협력도 크게 확대되고 있습니다. 니카라과는 개발 협력 프로그램과 프로젝트 측면에서 라틴 아메리카에서 한국 최고의 파트너입니다. 한국의 기술 및 과학 협력이 지속적으로 확대되고 있으며, 현재 KOICA의 21명의 자원봉사자와 자문관들이 활동하고 있습니다. 이와 함께 마나과에 한국 수출입은행(EXIMBANK) 사무소와 한국 농업진흥청(KOPIA) 사무소가 개설되고 있음을 볼 수 있습니다.

La inversión Coreana ha sido un pilar importante en las exportaciones del país. En la actualidad hay 34 empresas textiles coreanas en Nicaragua, creando empleos para 35,000 personas.

한국의 투자는 이 나라의 수출에 중요한 기둥 역할을 하고 있습니다. 니카라과에는 현재 34개의 한국 섬유 회사가 있으며 35,000명의 일자리를 창출하고 있습니다.

Este año, han sido muy activos los asuntos culturales y cabe resaltar que se han organizado presentaciones de danza tradicional de un grupo musical coreano, el campeonato nacional de Taekwondo, la muestra culinaria coreana y el ciclo de cine coreano.

올해는 문화 행사들도 매우 활발하여 한국 전통무용 공연, 전국 태권도 선수권 대회, 한국 요리 시연 및 한국 영화 상영 행사도 있었습니다.

Honorables diputados,

존경하는 의원 여러분

Hoy, en la Península Coreana, **hay una creciente y constante tensión**[21] y permanentes provocaciones de parte de Corea del Norte, quienes han desafiado el Consejo de Seguridad de las Naciones Unidas y la Comunidad Internacional, aumentando sus lanzamientos de misiles y ensayos nucleares. El Gobierno de Corea aprecia mucho que Nicaragua haya apoyado a nuestro país **de manera consistente e inquebrantable**[22] en todo momento en su búsqueda del diálogo y la paz.

오늘날 한반도에는 유엔 안보리와 국제 사회에 도전하면서 미사일 발사와 핵실험을 확대해 온 북한의 끊임없는 도발로 인해 긴장이 지속적으로 증가하고 있습니다. 한국 정부는 대화와 평화를 추구해 온 모든 순간마다 니카라과가 흔들림 없이 지속적으로 우리나라를 지원해 왔음에 깊은 감사를 표합니다.

Corea y Nicaragua siempre serán socios y acompañantes **en el camino de la paz y la prosperidad en el mundo**[23]. **Espero que sigan así**[24]por muchos siglos venideros. Nuevamente quisiera expresar mi profundo agradecimiento a ustedes, Señores Diputados, **por este hermoso gesto de amistad**[25].

한국과 니카라과는 세계 평화와 번영의 길에서 항상 파트너와 동반자가 될 것입니다.

---

21 *hay una creciente y constante tensión 지속적이고 점증하는 긴장이 존재하다*

22 *de manera consistente e inquebrantable 끊임없이 지속적인 방법으로*

23 *en el camino de la paz y la prosperidad en el mundo 세계 평화와 번영의 길에*

24 *Espero que siga así 이렇게 계속되기를 바라다*

25 *por este hermoso gesto de amistad 이렇게 아름다운 우정의 제스처에 대해*

저는 그것이 앞으로 수 세기 동안 그렇게 유지되기를 바랍니다. 다시 한번 이 아름다운 우정의 제스처에 대해 의원님 여러분들께 깊은 감사를 표합니다.

¡Muchas gracias!

대단히 감사합니다!

니카라과 호수 속 화산섬 Ometepe

3 주요 행사 주최
Eventos Organizados

3-a Discurso en ocasion de la Fiesta Nacional de la República de Corea
대한민국 국경일 경축 리셉션 계기 연설

Excelentísimo Señor Denis Moncada, Canciller de la República,

Excelentísimo Nuncio Waldemar Sommertag, **Decano del Cuerpo Diplomático**[26]

Queridos Compatriotas Coreanos y Distinguidos Invitados.

존경하는 데니스 몽카다 외교장관님,

존경하는 외교단장 발데마르 솜메르타그 주교님,

친애하는 한국 동포와 귀빈 여러분,

¡Muy buenas tardes a todos!

대단히 좋은 오후입니다!

Es un honor para mí contar con su presencia hoy, para conmemorar el Día Nacional de la República de Corea. Extiendo mi sincero agradecimiento a cada uno de ustedes por estar aquí.

---

26 *Decano del Cuerpo Diplomático 외교단장.* 보통 가톨릭 국가에서는 상주 서열에 관계없이 교황청 대사가 외교단장을 맡는다.

대한민국의 국경일을 기리기 위해 오늘 여러분들과 함께하게 되어 영광입니다. 이 자리에 참석해 주신 여러분 모두에게 진심으로 감사를 드립니다.

Se dice[27] que el Rey Dangun fundó mi país en la Península Coreana, hace 4,350 años, el 3 de octubre de 2333, antes de Cristo, fecha a la que se le conoce como Gaecheonjeol y cuyo significado es el día que se abrió el cielo por primera vez. Los coreanos nos sentimos muy orgullosos de nuestros 44 siglos de historia.

지금으로부터 4,350년 전인 기원전 2333년 10월 3일 단군 왕검께서 한반도에 우리나라를 세우셨다고 합니다. 이날은 개천절로 알려져 있는데 그 의미는 하늘이 처음 열린 날이라는 뜻입니다. 우리 한국인들은 44세기에 걸친 역사를 매우 자랑스럽게 생각합니다.

A lo largo de su historia, Corea pasó por épocas de extrema pobreza, guerras y hambruna, producto de una serie de invasiones extranjeras y el conflicto interno que llevaron al país a dividirse en dos. No obstante, a pesar de vivir continuos sufrimientos que parecía su destino fatal, esta triste situación llevó a sus habitantes a robustecerse aún más y a superar todas las adversidades de esos momentos.

역사적으로 대한민국은 잇따른 외국의 침략과 나라를 둘로 분단시킨 내전에 따라 극심한 빈곤, 전쟁 그리고 기아로 점철된 시기를 겪었습니다. 그러나 숙명과도 같이 연이어 발생한 시련들을 마주하였음에도 불구하고 이런 슬픈 상황들은 한국 국민들을 오히려 더욱 강하게 단련시켰으며 그 시기의 역경을 극복하도록 이끌었습니다.

Así fue como los coreanos se levantaron **en contra de todas las**

---

27 *Se dice —라고 합니다.* 아무도 단정적으로 말하기 어려운 경우에 쓰인다.

predicciones[28]. Para el año 1962, el PIB per cápita era apenas US$ 67 dólares al año y el tamaño del comercio exterior era de 500 millones de dólares, al iniciarse el primer plan quinquenal de desarrollo. Ese mismo indicador alcanzó 1.52 billones de dólares en 2017, posicionando a Corea en el sexto puesto en la lista del comercio mundial. El Producto Interno Bruto per cápita del año pasado fue de US$ 29,900 dólares.

이렇게 한국인들은 모든 예측을 뒤엎고 일어섰습니다. 1962년에 1인당 GDP는 연간 67달러에 불과했으며 1차 5개년 경제개발 계획을 시작할 때 대외 무역 규모는 5억 달러에 불과했습니다. 그런데 같은 지표가 2017년에 1.52조 달러에 도달하였고, 한국은 전 세계 6위의 무역 강국이 되었습니다. 지난해 한국의 1인당 GDP는 29,900달러가 되었습니다.

El camino no ha sido fácil, también han existido dificultades y redireccionamiento. El mundo llamó a esta transformación 'el Milagro del Río Han', pero la realidad es que detrás de este 'milagro' solo existió sudor, lágrimas y esfuerzos del pueblo coreano.

그 길은 쉽지 않았으며, 어려움도 있었고 방향 전환도 있었습니다. 세계는 이러한 변화를 '한강의 기적'이라고 불렀지만 사실 이 '기적' 뒤에는 한국인들의 땀과 눈물 그리고 노력만이 있었습니다.

En ese arduo camino coleccionamos una serie de experiencias en desarrollo político, económico y social que nos han permitido colaborar en la actualidad con la comunidad internacional en distintas áreas estratégicas, tales como la promoción de la democracia, derechos humanos, el libre comercio, entre otros.

---

28 *en contra de todas las predicciones 모든 사람들의 예상과 반대로*

이 어렵고 힘든 여정에서 우리는 정치, 경제 및 사회 발전에 중요한 경험을 얻었으며, 이 경험을 활용하여 우리는 오늘날 민주주의, 인권, 자유무역 증진과 같은 다양한 전략적 분야에서 국제 사회와 협력하고 있습니다.

Por otro lado, Corea ha llegado a liderar organismos internacionales**, cuyos esfuerzos**[29] se enfocan en promover el libre transporte marítimo y aéreo; así también, participa activamente en el proceso de eliminación de armas de destrucción masiva y armas nucleares. Igualmente, colabora con las fuerzas militares en zonas de conflicto para resguardar la estabilidad y la paz en Oriente medio y África.

한편, 한국은 해상 및 항공의 자유 왕래를 장려하는 국제기구들을 이끌고 있으며, 대량 살상 무기와 핵무기를 제거하는 과정에도 적극적으로 참여하고 있습니다. 또한 중동과 아프리카의 안정과 평화를 보장하기 위해 분쟁 지역에 군대를 파견하여 협력하고 있습니다.

Estimados Invitados,

존경하는 귀빈 여러분

Desde 1962, Corea y Nicaragua construyeron los cimientos de una sólida amistad y cooperación con el establecimiento de relaciones diplomáticas, las cuales se han ido fortaleciendo con la apertura de la Embajada de Corea en Nicaragua, en 2007 y la Embajada de Nicaragua en Corea, en 2014, estimándose como aliados estratégicos, hermanos espirituales y contrapartes de comercio e inversión.

1962년부터 한국과 니카라과는 외교관계를 수립함으로써 굳건한 우호와 협력의 기초

29 *, cuyos esfuerzos 그(국제기구)의 노력이,*

를 다져왔으며, 2007년에는 한국대사관이 니카라과에 개설되고 2014년에는 니카라과 대사관이 한국에 개설됨으로써 서로를 전략적 동반자, 정신적 형제, 그리고 통상과 투자의 파트너로 존중하는 관계가 강화되고 있습니다.

Los frutos de esta relación de hermanos han ido escalando y, como muestra de ello, puedo citar el establecimiento por Decreto Legislativo, del 3 de Octubre como '**Día de la Amistad y Cooperación entre Corea y Nicaragua**[30]'. Así también, manifiesto mi suma satisfacción, por la ratificación, por parte de la Honorable Asamblea Nacional de Nicaragua, del Tratado de Libre Comercio Corea – Centroamérica, el pasado 12 de septiembre.

이런 형제 관계의 결실은 점점 더 확장되고 있으며, 그 증거로서 말씀드릴 수 있는 것은 니카라과 국회가 입법을 통해 10월 3일을 '한국과 니카라과 양국 간 우정과 협력의 날'로 선포한 것입니다. 아울러 지난 9월 12일, 존경하는 니카라과 국회가 한-중미 자유무역 협정을 비준한 것을 저는 진심으로 기쁘게 생각합니다.

La cooperación bilateral, entre Corea y Nicaragua, ha sido muy importante. Quisiera mencionar que en la actualidad el Gobierno de Corea financia el Fondo de Cooperación para el Desarrollo Económico, **a través del cual**[31] se ha brindado financiamiento a Nicaragua más que a otros países latinoamericanos hasta por un monto de 510 millones de dólares.

한국과 니카라과의 양자 간 협력은 점점 더 중요해지고 있습니다. 한국 정부는 현재 경제개발 협력기금을 통해 라틴 아메리카 국가들 중에서 가장 많은 5억 5천만 달러에 달하는 자금을 니카라과에 지원한 사실을 말씀드립니다.

---

30 *Día de la Amistad y Cooperación entre Corea y Nicaragua 한국과 니카라과 간 우호협력의 날.* 니카라과 국회가 10월 3일을 양국 간 우호 협력의 날로 지정 선포하였다.

31 *a través del cual 그것(기금)을 통하여*

Me gustaría también compartirles que mi país, con el propósito de contribuir en el proceso de desarrollo económico y social de este gran país hermano, ha compartido experiencias y conocimientos en varios sectores, tales como educación, salud, computación, formación técnica y otros, a través de los programas de voluntariado y expertos de KOICA.

또한 한국은 이 위대한 형제국의 경제 및 사회발전 과정에 기여하기 위해 KOICA 자원봉사단과 전문가 지원 프로그램을 통해 교육, 보건, 컴퓨터, 기술 교육 등과 같은 다양한 분야에서 경험과 지식을 공유해 왔음을 말씀드립니다.

Por otro lado, el intercambio cultural también ha sido uno de los medios para fortalecer los lazos de amistad con el **pueblo pinolero**[32] y acercar la cultura coreana con la cultura nicaragüense.

한편, 문화 교류는 니카라과 사람들과의 우호 관계를 강화하고, 한국과 니카라과 양국의 문화를 더 가깝게 만드는 수단 중의 하나가 되었습니다.

Para este fin, durante mi misión como Embajador, se han desarrollado varias actividades culturales, dentro de las que podemos destacar una presentación de danza y música tradicional de Corea en el **Teatro Nacional Rubén Darío**[33]; el evento anual de K-pop en colaboración con el grupo de fans nicaragüense de cultura Coreana KBN; el festival de gastronomía, el Festival de Cine Coreano, la Copa Embajador de Taekwondo, entre otros.

이를 위해 저는 대사로서의 임무를 수행하는 동안 다양한 문화 행사를 개최하였습니

32 *pueblo pinolero 니카라과 사람들의 별칭.* 일부러 친근함을 표시하기 위해 썼다.

33 *Teatro Nacional Rubén Darío 루벤 다리오 국립극장.* 선진국 수준에 못지 않게 웅장하고 화려하다. 전 세계 주요 공연단이 자주 방문하여 자국의 전통 춤과 음악을 선보인다.

다. 그중 Rubén Darío 국립극장에서 선보인 한국 전통 춤과 음악 공연, 매년 니카라과 한국 문화 팬클럽 KBN과 공동으로 개최한 K-pop 경연, 한국 요리축제, 한국 영화제, 대사배 태권도 대회 등을 들 수 있습니다

Honorables Señoras y Señores,

존경하는 숙녀 신사 여러분,

Actualmente, la Península Coreana está experimentando un proceso de pacificación, que esperamos tenga éxito y culmine con el desarme y la desnuclearización de la Península Coreana.

현재 한반도는 평화정착 과정을 겪고 있으며, 우리는 한반도 내의 군축과 비핵화가 성공적으로 이루어지기를 희망하고 있습니다.

El Gobierno de Corea aprecia mucho que el gobierno y la Asamblea Nacional de **Nicaragua**[34] han apoyado de manera consistente e inquebrantable a nuestro país en todo momento. El **continuo apoyo de Nicaragua**[35] al esfuerzo de nuestro gobierno para la estabilidad y la reunificación pacífica en la Península Coreana es indispensable e invaluable. Confío en que Corea y Nicaragua siempre serán socios y acompañantes en el camino de la paz y la prosperidad en el mundo.

한국 정부는 니카라과 정부와 국회가 모든 순간마다 우리나라를 꾸준히 그리고 지속적으로 지지해 준 것을 높이 평가합니다. 한반도의 안정과 평화 통일을 위한 우리 정부

34 Nicaragua라는 국명은 현재 그라나다 일대를 지배하던 부족장의 이름 Nicarao에서 유래되었다.

35 *continuo apoyo de Nicaragua 니카라과의 지속적인 지지.* 니카라과는 과거 친북한 국가였으나 2016년 9월 5차 핵실험을 계기로 북한을 규탄하기 시작했다.

의 노력에 대한 니카라과의 지속적인 지원은 필수 불가결하고 대단히 귀중합니다. 한국과 니카라과는 세계 평화와 번영의 길에서 항상 파트너와 동반자가 될 것이라고 확신합니다.

Estimados amigos,

존경하는 친구 여러분,

Quisiera aprovechar esta ocasión para expresar mi gratitud por el apoyo que ustedes me han brindado durante mi misión, como Embajador de Corea en este hermoso país de exuberante belleza natural y gente trabajadora.

저는 이 기회를 통해 아름다운 자연과 열심히 일하는 사람들이 사는 이 훌륭한 나라에서 대한민국 대사로서의 직무를 수행하는 동안 여러분들이 보내주신 성원에 감사를 표하고자 합니다.

Mi misión diplomática va a finalizar en Octubre, lo cual me causa tristeza. Pero, siempre tendré en mi memoria y recordaré con nostalgia los hermosos lagos **Xolotlán y Cocibolca**[36], sus paradisíacas playas, sus verdes llanuras y sobre todo los rostros vivaces de jóvenes que he tenido la oportunidad de conocer, que estudian y se preparan para contribuir, a un desarrollo más próspero de su país.

외교관으로서 저의 임무는 슬프지만 10월에 끝날 예정입니다. 그러나 저는 항상 아름다운 Xolotlán과 Cocibolca 호수, 그림 같은 해변, 녹색의 평원들, 그리고 특히 이 나라의 풍요로운 발전을 위해 공부하고 준비하는 젊은이들의 활기찬 얼굴을 저의 기억 속에 간직

---

36 *Xolotlán y Cocibolca* 지금은 마나과 호수, 니카라과 호수라고 부르지만 원주민들은 xolotlán과 Cocibolca라고 불렀다. 친근감을 표시하기 위해 일부러 그 땅에 오랫동안 살아온 사람들이 쓰는 토속적인 명칭을 사용했다.

하며 향수를 가지고 추억할 것입니다.

A ellos los invito sinceramente a que aprovechen su juventud al máximo, a que sigan dedicándose al desarrollo personal, pero también al avance nacional y se conviertan en el motor central que lleva este bello país a la prosperidad permanente.

저는 청소년들이 젊음을 최대한 만끽하면서, 개인적 발전뿐만이 아니라 국가적 성장에도 기여함으로써 이 아름다운 나라의 영원한 번영을 이끄는 동력의 중심이 되어 주기를 진심으로 바랍니다.

Por eso, quisiera dejarles unos versos del Ilustre poeta **Rubén Darío**[37], Príncipe de las Letras Castellanas:

그래서, 저는 스페인 문학의 왕자인 저명한 시인 루벤 다리오의 시 몇 구절을 여러분들께 남기고자 합니다.

"Mas a pesar del tiempo terco,
mi sed de amor no tiene fin,
con el cabello gris me acerco,
a los rosales del jardín.

무덥고 힘겨운 날씨에도 불구하고
사랑에 대한 나의 갈증은 끝이 없네.
머리는 흰 머리카락으로 뒤덮고

---

37 *Rubén Darío(1867-1916)* 니카라과가 자랑하는 대문호. 스페인과 중남미 전체 나라에서 시성으로 추앙 받는 인물이다. 과테말라, 칠레, 아르헨티나, 스페인에서 거주하며 시와 소설을 썼고 말년에 주스페인 니카라과 공사를 역임하였다. 스페인의 신문학운동가들인 98세대들의 모더니즘에 가장 큰 영향을 끼친 사람이다.

정원의 장미 덩굴 앞으로 다가가네

Juventud, divino tesoro,
ya te vas para no volver,
cuando quiero llorar, no lloro
y a veces lloro sin querer"

젊음, 신의 보물이여
이제 가면 돌아오지 않겠구나
울고 싶을 때는 울 수가 없더니
때로는 원치 않는데도 눈물이 나네

Mi amor por esta tierra llena de vida no tiene fin y prometo regresar y llorar para siempre sin querer.

생동하는 삶으로 가득 찬 이 땅에 대한 저의 사랑은 끝이 없으며, 영원히 돌아와서 원치 않는 눈물을 흘릴 것을 여러분들에게 약속합니다.

Finalmente, mi mejor deseo va por la salud y felicidad de todos ustedes, que nos acompañan en este hermoso día de hoy, **por lo cual**[38] propongo un brindis.

마지막으로, 저는 오늘 이 아름다운 날에 우리와 함께해 주신 여러분 모두의 건강과 행복을 기원드리면서 축배를 제안합니다.

¡Viva Nicaragua!

니카라과 만세!

---

38 *por lo cual 그리하여.* 화제를 부드럽게 전환할 때 사용한다.

¡Viva Corea!

대한민국 만세!

¡Muchas Gracias!

대단히 감사합니다!

쉬어 가기

국경일 행사는 1년 중 가장 중요한 대사관 행사 중 하나이다. 각 부처의 장·차관, 의회 지도자, 경제계 리더들, 교육·문화·체육계 인사 등 주재국 최고위급 손님들을 초청하여 개최하는 국경일 연설에서는 양국관계 전반, 1년 중 가장 특기할 만한 사건이나 행사 등을 언급하고 주재국 인사들의 협조에 감사를 표한다.

우리는 보통 한식을 다채롭게 준비하고 전통악기, 한복 인형 등을 전시하며, 다양한 한국상품전을 동시에 개최하기도 한다. 최근에는 한국 전통예술, K–pop 공연 또는 클래식 음악 연주회를 겸하기도 한다.

그러나 코로나19가 대유행하기 시작한 2020년부터는 손님들을 직접 초청하는 대면 행사를 개최하지 못하고 온라인에 경축 메시지, 주요 인사들의 축하 인사, 예술단 공연, 태권무, 한국 홍보영상 등을 업로드하고, 공관장이 신문·방송에 출연하여 한국을 홍보하고 있다.

3-b Discurso en ocasion de la Presentación de Películas Coreanas (Centro Cultural Miguel Ángel Asturias[39])

한국 영화 상영회 계기 연설

Honorable Señor Elder de Jesús Súchite Vargas, Ministro de Cultura y Deportes,
Estimados amigos de la cultura coreana

존경하는 엘데 수치떼 문화체육부장관님,
한국 문화를 사랑하는 친구 여러분,

¡Muy buenas noches a todos!

좋은 저녁 시간입니다!

Quisiera iniciar mis palabras agradeciendo la oportunidad que nos dan de darles a conocer algo de nuestra cultura a través de presentaciones de Películas coreanas. Quisera también agradecerles a todos los que hicieron posible esta presentación, especialmente a las autoridades del Teatro, gracias por su incondicional apoyo.

한국 영화 상영을 통해 여러분들에게 우리 문화에 대해 소개할 수 있는 기회를 주셔서 감사합니다. 그리고 이 상영을 가능하게 해주신 모든 분들, 특히 극장 당국의 무조건적인 지원에 감사의 말씀을 전합니다.

Mi Embajada eligió la presentación cinematográfica para que el pueblo

39 *Miguel Ángel Asturias(1899-1974)* 과테말라의 유명한 시인, 소설가, 극작가, 언론인이자 외교관으로 1967년 노벨문학상을 수상하였다. 중남미의 오래된 전설에 바탕을 둔 마술적 사실주의 문학을 처음 일으킨 사람이다. 소설 '대통령 각하', '옥수수 인간' 등이 유명하다.

chapín nos conozca mejor. Se dice que es uno de los medios audiovisuales más completos para transmitir las características de cualquier sociedad.

우리 대사관은 과테말라 사람들이 우리를 더 잘 알 수 있도록 하기 위해 영화 상영이라는 방식을 선택했습니다. 일반적으로 영화는 어떤 사회의 특성을 가장 잘 전달하는 완벽한 시청각 매체 중 하나라고 알려져 있습니다.

Hacer películas require de mucho talento, talento que Guatemala y Corea pusieron de manifiesto en la historia del mundo cinematográfico en la 72 edición del Festival de Cannes. Por un lado, el cineasta guatemalteco César Díaz ganó el premio Cámara de Oro a la mejor ópera prima. Demostró su talento con el filme 'Nuestras madres', describiendo el dolor y el sufurimiento de las víctimas durante la guerra interna en Guatemala.

영화를 만들자면 제72회 칸 영화제에서 과테말라와 한국이 세계 영화사에 보여준 것과 같은 많은 재능이 필요합니다. 과테말라의 영화감독 세자르 디아즈는 최고의 오페라 작품에 주는 황금카메라상을 수상했습니다. 그는 '우리 어머니들'이라는 영화를 통해 과테말라의 내전 중 발생한 희생자들의 아픔과 고통을 묘사하면서 그의 재능을 보여 주었습니다.

Por otro lado, el director coreano Bong Joon Ho fue galardonado con el máximo premio cinematográfico, la Palma de Oro, famoso por garantizar reputación mundial. Esta distinción la obtuvo con el filme **'Parásito**[40]' que trata de una tragicomedia surcoreana, con tintes sociales, que describe a una familia de desempleados que a penas tiene dinero para vivir y que se las arreglan para trabajar en una mansión al servicio de una familia adinerada.

---

40 *Parásito 기생충*. 2019년 5월 72회 칸 영화제에서 황금종려상을 받았고, 2020년 2월 92회 아카데미 시상식에서 최우수작품상, 각본상, 국제영화상, 감독상까지 4개 부문 상을 석권하였다.

한편, 한국의 봉준호 감독은 세계적 명성이 보장되며 영화계 최고의 상이라고 불리는 황금종려상을 수상했습니다. 이 특별한 수상은 한국 사회의 차별을 그린 희비극 영화 '기생충'에서 얻어졌는데, 먹고살 돈조차 없어 부유한 가정의 대저택에서 일하게 되는 실직 가정을 묘사하고 있습니다.

Al igual que estos directores, queremos darles a conocer nuestra vida cotidiana, a través del cine. Queremos que conozcan nuestra historia, nuestras tradiciones, nuestra gastronomía y todo aquello que contribuya a que nuestras dos culturas logren una mejor comprensión y un mayor respeto mutuo.

이들 감독들처럼 우리는 영화를 통해 한국인들의 일상생활을 소개하고자 합니다. 우리는 여러분들이 우리의 역사, 전통, 음식 문화 그리고 양국의 두 문화 간에 더 많은 이해와 존중을 이끌어낼 수 있는 모든 것들을 알려드리고 싶습니다.

La película que vamos a proyectar hoy se titula Asesinato. **Para ponerlos en contexto**[41], les contaré un poco acerca la historia de Corea. **Quíza**[42] la mayoría de ustedes sepan de lo exitoso que ha sido mi país, pero quizá pocos sepan que los coreanos estuvimos bajo el dominio japonés desde 1910 hasta el fin de la Segunda Guerra Mundial, en 1945.

오늘 보여 드릴 영화 제목은 '암살'입니다. 여러분들이 맥락을 이해하시도록 하기 위해 한국의 역사에 대해 조금 말씀드리겠습니다. 아마 여러분 대부분은 우리나라의 성공적인 역사에 대하여는 알고 있지만, 한국이 1910년부터 1945년 2차 세계 대전이 끝날 때까지 일본의 지배를 받았다는 것을 아는 사람은 별로 없으리라 생각합니다.

En ese tiempo, los coreanos mantuvieron un **gobierno provisional**

---

41 *Para ponerlos en contexto 여러분들이 맥락을 이해하도록 하기 위해*

42 *Quíza 아마도.* 이 말 뒤에는 항상 접속법 구문이 와야 된다.

clandestino[43] y un ejército de resistencia que se refugiaba en China. Su misión era hostigar a las fuerzas de invasión y a los colaboracionistas coreanos que se habían enriquecido al apoyar a los invasores extranjeros.

그 당시 한국인들은 비밀리에 중국에서 임시 망명정부와 광복군을 유지하고 있었습니다. 그들의 임무는 침략군과 이들에 부역하면서 부자가 된 한국 내 협력자들을 처단하는 것이었습니다.

El argumento de la película que vamos a ver se basa en una historia inspirada en esa época. Se ubica en los años de 1930. Estoy seguro que ustedes disfrutarán de este largometraje que combina, en dosis balanceadas, la reconstrucción histórica con géneros de acción, espionaje y drama. Ya verán cómo la película logra cautivar su atención, porque las escenas de acción los harán reir y las del drama los harán llorar.

우리가 보게 될 영화의 줄거리는 그 시대 역사에서 영감을 얻은 이야기를 기반으로 합니다. 1930년대 이야기지요. 여러분들은 균형 잡힌 시각과 다양한 장르의 액션, 간첩 및 드라마를 결합하여 역사적으로 재구성한 장편 영화를 즐기시게 될 것입니다. 액션과 눈물 나게 하는 극적인 장면들을 감상하시면서 여러분들은 어떻게 영화가 사람들의 주의를 사로잡는지 곧 알게 되실 겁니다.

Queridos amigos chapines,

친애하는 과테말라 친구 여러분,

Espero que pasen un momento agradable mientras conocen parte del

---

43 *gobierno provisional clandestino 비밀 임시정부*

pensamiento coreano. **Al finalizar la película**[44] espero que se queden un momento más con nosotros para degustar algo de nuestra gastronomía.

여러분 모두 한국인의 사고방식을 조금이나마 이해하시면서 즐거운 시간 가지시길 바랍니다. 영화가 끝난 후에는 잠시 더 머무시면서 몇 가지 한국 음식도 시식하시기 바랍니다.

Gracias nuevamente por venir. ¡Qué tengan una linda noche.!

다시 한번 찾아 주신 것에 대해 감사를 드립니다. 모두들 아름다운 밤 보내시기 바랍니다!

칠레 최남단 도시 Punta Arenas

---

44 *Al finalizar la película 영화가 끝날 때*

3-c Concierto del Grupo Queen y Marimba[45] de Bellas Artes

그룹 '퀸'과 마림바 예술단 콘서트

Honorable Señor Elder Súchite, Ministro de Cultura y Deportes

Amantes de la música y danza,

존경하는 엘데 수치떼 문화체육부장관님,

춤과 음악 애호가 여러분,

¡Muy buenas noches!

좋은 저녁입니다!

Quisiera iniciar mis palabras, agradeciendoles su presencia en este evento organizado por el Ministerio de Cultura y Deportes y la Embajada de Corea, donde se contará con la participación del magnífico ensamble musical del Grupo Marimba de Bellas Artes de Guatemala y del Grupo musical 'Queen' de Corea.

먼저 문화체육부와 한국 대사관이 주최한 과테말라 마림바 예술단과 한국의 뮤지컬 그룹 '퀸'의 환상적인 음악 앙상블에 참석해 주신 여러분들께 감사를 드립니다.

Agradezco especialmente a las cinco estrellas del Grupo 'Queen', divinas músicas, que han venido esta noche de tan lejos para compartirnos una demostración de ritmos de música tradicional coreana, mezclados con ritmos modernos. Gracias a ellas por traernos hoy nostalgia de la tierra madre de los 78 millones de coreanos del mundo: Corea, la cual me gustaría describirles

---

45 *Marimba 마림바.* 실로폰의 일종으로 원래는 아프리카의 민속악기이나 현재는 중남미 지역에도 광범위하게 퍼져 있으며, 향토색 짙은 민속 음악을 많이 연주한다. 주로 단독 연주를 하나 경우에 따라 오케스트라와 협연도 한다.

brevemente para que estén en la misma sintonía conmigo.

오늘 밤 한국의 전통음악 리듬과 현대음악 리듬을 접목한 공연을 선사해 주시기 위해 멀리서 와 주신 다섯 명의 '퀸'그룹 스타들, 음악의 여신들에게 특별한 감사를 드립니다. 전 세계 7천 8백만 한인들의 조국, 한국에 대한 향수를 몰고 와 주신 이분들에게 감사를 드리며, 여러분들이 저와 같은 기분을 느끼실 수 있도록 한국에 대해 간략하게 설명해 드리고자 합니다.

A diferencia de Guatemala, Corea es un país montañoso. El 70% de su territorio está cubierto por montañas altas, no aptas para cultivar. Cuenta con 4 estaciones muy distintas entre sí, la primavera, por ejemplo, está llena de flores, el verano es muy sofocante; el otoño, bajo el cielo azul, nos da abundantes frutas y el invierno está lleno de blanca nieve que suaviza la flora y la fauna.

과테말라와 달리 한국은 산이 많은 나라입니다. 국토의 70%는 높은 산으로 덮여있어 경작에 적합하지 않습니다. 한국에는 구분이 매우 뚜렷한 4계절이 있는데, 예를 들어 봄에는 꽃이 만발하고 여름은 대단히 무더우며, 가을은 푸른 하늘 아래 풍성한 과실을 가져다주고, 겨울은 동식물을 부드럽게 어루만져 주는 하얀 눈으로 뒤덮입니다.

A pesar de estas diferencias, los coreanos nos sentimos muy identificados con esta bella nación, porque ambos pueblos contamos con una herencia cultural milenaria.

이러한 차이에도 불구하고, 한국인들은 모두 이 아름다운 나라에 동질감을 느낍니다. 왜냐하면 두 나라 사람들이 모두 수천 년의 문화유산을 간직하고 있기 때문입니다.

Hace más de dos mil años, la antigua dinastía coreana Goguryeo celebraba la fiesta de la cosecha agrícola con deliciosas comidas y danzas de agradecimiento al cielo. Este era un ritual que se le hacía a los dioses en ruego por una abundante cosecha, por la paz, la felicidad y la prosperidad de la comunidad.

지금으로부터 이천여 년 전, 고대 한국의 고구려 왕조는 맛있는 음식을 차려 하늘에 제사를 지내고 춤을 추면서 농사의 수확에 감사하는 행사를 개최했습니다. 이것은 풍성한 수확, 공동체의 평화, 행복 및 번영을 기원하면서 신들을 향해 올리던 의식이었습니다.

A lo largo de su historia, los coreanos han gustado tanto de la música y la danza y la han practicado con tanta devoción que los nobles de la corte de la Dinastía Chosun compusieron la más fina y solemne música en su historia. Esta noche, apreciaremos algunos trozos de estas melodías, ejecutadas con los instrumentos típicos que se inventaron en esa época.

오랜 역사를 통해 한국인들은 음악과 춤을 매우 좋아했습니다. 조선 왕조의 상류층들은 역사상 가장 세련되고 가장 엄숙한 음악을 직접 작곡할 정도로 헌신적인 노력을 기울였습니다. 오늘 밤, 우리는 그 당시에 발명된 전형적인 악기로 연주하는 멜로디 몇 곡을 감상할 것입니다.

Los coreanos aman la música y sobre todo, aman la paz, quizá por eso les gusta la ropa blanca, ya que el color blanco simboliza la pureza del alma.

한국인들은 음악을 좋아하고 무엇보다도 평화를 사랑합니다. 아마도 그래서 영혼의 순결을 상징하는 흰옷을 좋아하는 것 같습니다.

Queridos amantes de la música y bellas artes

음악과 예술을 사랑하는 여러분,

'Queen' es uno de los grupos de música tradicional coreana más activos del país y está orgulloso de promover la cultura a través de su música, deleitando a **personas de toda edad y de toda nacionalidad.**[46]

그룹 '퀸'은 한국에서 가장 활발하게 활동하는 전통음악 그룹 중 하나인데, 음악을 통해 문화를 전파하는 데 큰 자부심을 가지고 있으며, 모든 연령대 모든 국적의 사람들을 기쁘게 해주고 있습니다.

Dentro de las melodías con las que 'Queen' nos deleitará esta noche, les puedo mencionar **'Soy de Zacapa'**[47] y **'Luna de Xelajú'**[48]. Así también, acompañado de la Marimba de Bellas Artes, interpretará la melodía Arirang que es una canción folclórica popular coreana, proclamada como Patrimonio Cultural Intangible Mundial por la UNESCO.

퀸 그룹이 오늘 밤 우리에게 들려줄 멜로디 중에는, '나는 Zacapa 출신이다'와 'Xelajú의 달'이 있습니다. 또한 마림바 예술단과 함께 유네스코가 세계 무형 문화 유산으로 선포한 한국의 민요 아리랑을 연주할 것입니다.

A pesar de la gran distancia geográfica que existe entre nuestros dos países, me alegra saber que, cada vez más, la juventud guatemalteca se interesa en nuestra cultura y, paulatinamente, se ha ido identificando con nuestros programas de

---

46 *personas de toda edad y de toda nacionalidad 모든 연령대의 모든 국적 사람들*. 연설에서는 청중의 주목을 끌기 위해 이런 반복적 표현을 적절히 사용한다.

47 *Soy de Zacapa '나는 사까빠 사람이다'*. 과테말라 사람들이 국가 다음으로 많이 부르는 청춘 남녀의 사랑 노래이다. '사까빠'라는 도시는 특히 여자들이 아름답기로 유명하다. 과테말라가 자랑하는 국민 럼주의 이름도 Zacapa이다.

48 *Luna de Xelajú 'Xelajú의 달'*. Xelajú는 옛날 마야 부족의 수도가 있던 지역이다. 1944년 Paco Pérez에 의해 작곡된 노래이며 과테말라 사람들의 엄청난 사랑을 받는 국민가요이다.

teleseries, cinemas, K-pop, Taekwondo y aún con nuestro idioma.

우리 두 나라 사이에 존재하는 지리적 거리는 멀지만 과테말라 젊은이들이 점점 더 우리 한국문화에 대해 관심을 갖고 한국 TV 드라마, 영화, K–pop, 태권도 그리고 우리 한글까지 좋아하게 된 것을 대단히 기쁘게 생각합니다.

La cultura es el cimiento que conduce al conocimiento de la raíz de un pueblo y es un medio completo que une los corazones de los pueblos del mundo a su patrimonio ancestral. Es una fuente que profundiza la mentalidad humana, procura la paz y ha sido uno de los mecanismos para nuestro mutuo entendimiento.

문화는 한 나라 국민들의 뿌리를 알게 해 주는 바탕이며, 전 세계 사람들의 마음을 그들의 조상들의 유산과 결합시켜주는 완벽한 수단입니다. 그것은 인간의 심성을 깊게 하고, 평화를 추구하게 하며, 우리가 서로를 이해할 수 있게 해 주는 메커니즘 중 하나이기도 합니다.

Ahora pido su permiso para dirigir unas palabras en idioma coreano.

이제 한국어로 몇 마디 인사 말씀을 드릴 수 있게 허락해 주십시오.

Finalizo estas palabras, agradeciendo una vez más a todos los que hicieron posible este evento, asegurándoles que esta será una noche musical inolvidable.

마지막으로 이 행사를 준비해 주신 모든 분들에게 다시 한번 감사의 말씀을 전하면서, 오늘 밤은 여러분 모두에게 잊을 수 없는 음악의 밤이 될 것임을 자신 있게 말씀드립니다.

¡Muchas gracias!

감사합니다!

4 주요 행사 참석
Eventos asistidos

4-a En ocasión de Presentación de Tecnología para la Trasplantación de Arroz
벼 모내기 기술 시연회

Excelentísimo Señor Edward Centeno, Ministro de Agricultura,
Honorable Señor Miguel Obando, Co-Director de **INTA**[49],

존경하는 에드워드 센떼노 농업부 장관님,
존경하는 미겔 오반도 INTA 공동 이사님,

¡Muy buenos días a todos!

좋은 아침입니다!

Es un honor para mí estar con ustedes en este ensayo de trasplantación de plántulas de arroz del Programa del 'Centro Kopia Nicaragua' que se realiza por primera vez en el país. Extiendo mis felicitaciones al Gobierno de Nicaragua, quien a través del INTA, manifiesta su interés en promover la agricultura, que es un pilar fundamental para el desarrollo de este bello país. Así también, hago extensivo este agradecimiento a las autoridades locales

49 *INTA, Instituto Nacional de Tecnología Agrícola 니카라과 농업기술 센터*

de Malacatoya. Por último, **pero no menos importante**[50], quisiera también expresar mi especial cariño y felicitación al Director Hyun por sus logros.

이 나라에서 처음으로 코피아 니카라과 센터가 주관하는 벼 모내기 시연 현장에 여러분들과 함께 참석하게 되어 영광입니다. INTA를 통해 이 아름다운 나라의 발전의 중심인 농업에 관심을 가져 주신 니카라과 정부와 말라카토야 지방 당국에 축하를 전합니다. 끝으로 결코 빼놓을 수 없는 분, 현 소장님의 업적에 대하여도 저의 심심한 애정과 축하를 전하고 싶습니다.

Estoy muy contento de participar en este día de campo, donde estamos iniciando la cosecha de los esfuerzos del **Centro KOPIA**[51] aquí en Nicaragua. Es un paso más en el aprovechamiento de esta nueva tecnología para mejorar la cosecha y el rendimiento del arroz. Es una experiencia maravillosa y novedosa para mí.

오늘 그동안 니카라과 KOPIA 센터가 들인 노력의 결실을 수확하는 이 현장 실습의 날에 참여하게 되어 대단히 기쁩니다. 이것은 벼 생산 및 쌀 수확량을 개선하기 위해 새로운 기술을 적용하는 새로운 도약입니다. 이것은 저에게도 매우 경이롭고 참신한 경험입니다.

El establecimiento del Centro KOPIA Nicaragua ha sido **una decisión sabia y oportuna**[52] de nuestros gobiernos, ya que Nicaragua es un país donde la agricultura es una de las principales actividades productivas del país, gracias a sus grandes extensiones de tierras fértiles, con un **clima que propicia el cultivo**[53] durante todo el año.

---

50 *pero no menos importante 중요성이 덜하지 않은, 빼놓을 수 없는*

51 *Centro KOPIA 한국 농진청이 니카라과 INTA와 협력하여 설립한 기술협력센터.* 2017년 설립 당시 1명의 연구원과 3명의 연구 보조 인력이 근무하였다.

52 *decisión sabia y oportuna 현명하고 시의적절한 결정*

53 *clima que propicia el cultivo 경작이 가능케 하는 기후*

니카라과에 KOPIA 센터를 설립한 것은 우리 정부의 현명하고 시의적절한 결정이었습니다. 왜냐하면 니카라과는 넓고 비옥한 땅과 일 년 내내 작물을 재배할 수 있는 기후 덕분에 농업이 국가의 주요 생산 활동 중 하나인 나라이기 때문입니다.

El Centro KOPIA Nicaragua está coordinando y compartiendo sus experiencias con todos los sectores involucrados en la actividad agrícola y ganadera del país, y de esa manera, **sin lugar a duda**[54], contribuirá a elevar el nivel de vida de las familias rurales de Nicaragua, con el incremento de su productividad, promoviendo con ello la sostenibilidad de la comunidad rural nicaragüense. Esta actividad que nos ocupa hoy es una muestra de la cooperación agrícola bilateral.

니카라과 KOPIA 센터는 이 나라의 농업 및 목축업 관련 모든 분야에서 경험을 공유하고 전수하고 있으며, 이를 통해 틀림없이 니카라과 농촌 가정의 생활 수준을 향상하고, 농업 생산성 향상에 따라 농촌 지역 사회의 지속적인 발전을 촉진하는 데도 기여할 것입니다. 오늘 우리가 함께하는 이 행사가 바로 양국 간 농업협력의 증거입니다.

Nicaragua cuenta con un área de cultivo de aproximadamente cien mil hectáreas; sin embargo, su siembra es por diseminación directa, **lo cual genera**[55] una productividad no muy alta. Esperamos que con esta nueva tecnología de trasplantación de plántulas se incremente el rendimiento, reduciendo el trabajo, los costos de producción, mejorando el suelo y ambiente de cultivo, y controlando las plagas y enfermedades.

니카라과의 벼 재배 면적은 약 십만 헥타르이지만, 볍씨를 직접 파종하기 때문에 생산성이

54 *sin lugar a duda 의심할 여지없이*

55 *lo cual genera (앞에 언급한) 그것은 —를 야기합니다*

높지 않습니다. 우리는 오늘 이 새로운 모종 이양 기술을 통해 수확량을 늘리고, 노동력과 생산 비용을 줄이며, 토양 및 재배 환경을 개선하고, 해충 및 질병을 통제할 수 있기를 희망합니다.

La actividad de KOPIA abarca a toda la nación, enviando expertos y compartiendo tecnología en varias especies, tales como arroz, tomate, cítricos, vegetales, frutas, etc., los cuales son cultivables durante todo el año por el **clima propicio y suelo apto**[56] para ello.

코피아 센터의 활동은 유리한 기후와 토양에 맞추어 일 년 내내 재배 할 수 있는 벼, 토마토, 감귤류, 채소, 과일 등과 같은 다양한 종자 관련 기술 분야 전문가를 보내 공유하면서 전국적으로 이루어지고 있습니다.

Para concluir[57], aprovecho la ocasión para felicitar a los investigadores e innovadores de Nicaragua por sus esfuerzos en mejorar la productividad en el campo y con ello, mejorar la vida de las familias campesinas del país, que constituyen la base productiva de esta noble nación, y fortalecer la cooperación agrícola entre ambos países.

마지막으로, 저는 이 기회를 통해 니카라과의 연구원과 혁신가들이 농토의 생산성을 향상시키고, 이 위대한 나라의 생산 기반을 이루는 농촌 가정의 삶을 개선하는 한편 양국 간 농업 협력을 강화하려는 노력에 대해 축하 인사를 전합니다.

¡Muchas gracias!

대단히 감사합니다!

---

56 *clima propicio y suelo apto 적절한 기후와 알맞은 토양*

57 *Para concluir 끝으로.* Al fin, Por ultimo, Finalmente 등 다양한 표현이 있다.

4-b Acto de Graduación de Villa de las Niñas[58]

'소녀의 집' 졸업식

Excelentísimo Doctor Oscar López, Ministro de Educación
Distinguida Hermana Lucía,
Hermosas graduandas y alumnas,

존경하는 오스카 로뻬스 교육부장관님,
존경하는 루시아 수녀님,
아름다운 졸업생들과 재학생 여러분,

¡Muy buenos días!

좋은 아침입니다!

Gracias por invitarme a participar en este Acto de Graduación y Clausura 2019 de Villa de las Niñas, institución fundada por la Congregación de las **Hermanas de María**[59], bajo la dirección de Monseñor Aloysius Schwartz, en Corea del Sur, en 1964.

1964년 한국에서 처음 Aloysius Schwartz 주교님의 주도로 마리아 수녀회가 설립하신 '소녀의 집'의 2019년도 졸업식 및 종무식에 초대해 주셔서 감사합니다.

Quisiera iniciar estas palabras con un especial agradecimiento a las

---

58 *Villa de las Niñas 과테말라시 13구역에 있는 '소녀의 집'.* 1998년 설립되어 현재 한국인 수녀 3분과 멕시코, 필리핀 출신 수녀 5분이 900여 명의 빈민 가정 여학생을 수용하여 숙식 제공은 물론 중고등 학교 교육과 직업교육을 병행 수업하고 있다. 과테말라에서 최고 시설을 갖춘 학교로 평가 받는다.

59 *Hermanas de María 마리아 수녀회.* 한국전쟁이 끝날 무렵 부산에서 고아 또는 불우한 어린이들의 구제를 위해 알로이시우스 슈바르츠 주교에 의해 창설된 수녀 중심의 수도회이다.

Hermanas y a todo el personal de Villa de las **Niñas**[60] por la dedicación y esfuerzo que han hecho en la formación de estas hermosas jóvenes que vinieron a esta institución siendo niñas y hoy se van siendo todas unas brillantes señoritas.

우선 오늘 이곳에 어린 소녀로 왔다가 눈부신 숙녀로 바뀌어서 나가는 이 아름다운 젊은이들을 그동안 양육하느라 고생하신 수녀님들과 '소녀의 집' 모든 스태프들의 헌신과 노력에 대해 특별한 감사의 마음을 전하고 싶습니다.

En ese período de enseñanza, estoy seguro que las Hermanas tuvieron muchos retos en la educación de las graduandas, incluyendo acompañarlas a superar la etapa de la adolescencia que les tocó vivir aquí.

졸업생들이 공부하는 내내 수녀님들이 교육은 물론 마침 사춘기를 겪은 이들과 함께 생활하느라 많은 어려움을 겪으셨을 것이라고 확신합니다.

Como ustedes saben, la adolescencia implica cambios rápidos y súbitos a nivel físico donde es natural que surjan una confusión de emociones que lleven a sentimientos de timidez, sensibilidad y preocupación, sin embargo, lo que veo hoy, son señoritas seguras de sí mismas, alcanzando una meta en su carrera estudiantil.

여러분들이 잘 아시다시피 사춘기에는 급격한 신체적 변화에 따라 수줍음, 예민한 감수성 및 걱정 등이 뒤엉킨 감정의 혼란이 동시에 발생하는 때입니다만, 오늘 제가 보기에 졸업생들은 모두 자신의 학업 목표를 달성해 가는 자신감 넘치는 숙녀들이 되었습니다.

---

60 *Niñas 소녀들.* 수녀님들은 전국을 순회하면서 초등학교 성적이 우수한 빈민 가정 학생을 모집하는데 가정당 1명씩만 선발한다. 남학생들은 과테말라시 6구역에 있는 '소년의 집'에서 약 1,200명이 같은 방식으로 교육을 받고 있다. 동 시설도 마리아 수녀회가 2000년도에 설립하였으며 한국인 수녀 3분, 멕시코 등 다른 나라 수녀 7분이 사역하고 있다.

¡Queridas graduandas!

졸업생 여러분!

Las felicito por haber concluido con éxito **esta fase de sus estudios**[61], como respuesta al arduo trabajo que realizaron estos últimos 5 años bajo la enseñanza y dirección de sus maestras.

지난 5년간 선생님들의 지도와 가르침 속에서 모두 열심히 노력한 결과로 이 교육 과정을 성공적으로 졸업하게 된 것을 축하합니다.

Con este solemne e inolvidable acto se pone el broche que cierra una etapa muy importante en sus vidas: su ciclo de formación secundaria. Sin embargo, les recuerdo que este logro no es el fin de su curso académico, porque la educación es un largo camino que no tiene final.

이 엄숙하고 잊을 수 없는 졸업식과 함께 여러분들의 인생에서 매우 중요한 시기인 중고등학교 과정이 마무리됩니다. 그러나 저는 오늘의 성취가 공부의 끝이 아님을 여러분들에게 상기하고자 합니다. 왜냐하면 배움은 끝이 없는 아주 머나먼 길이기 때문입니다.

Nunca olviden que la educación es un medio de cambio que promueve el desarrollo económico, social y cultural de un país y que ustedes hoy se convierten en embajadoras del cambio de sus familias, de sus comunidades y de su nación.

교육은 한 나라의 경제, 사회 및 문화발전을 촉진하는 변화의 수단임을 잊지 마시기 바랍니다. 오늘 여러분들은 여러분들의 가족, 지역사회 및 국가의 변화를 선도하는 대사가

---

61 *esta fase de sus studios 이 단계의 공부.* 학생들은 이 과정을 마치면 대학에 진학하거나 직업을 선택한다.

되는 날입니다.

Ustedes son esa semilla que debe fructificar en pro del engrandecimiento de su gran nación. La contribución que hagan a su país mejorará el nivel y calidad de vida de ustedes y de las generaciones venideras.

여러분들은 위대한 조국의 번영을 위해 열매를 맺어야 할 씨앗입니다. 나라에 대한 여러분들의 기여는 여러분들과 미래 세대의 삶의 수준과 질을 향상시킬 것입니다.

Yo estoy muy contento de saber que esta institución además de darles formación académica, también les dio preparación en áreas de expresión artística y cultural, a través de la formación de grupos para ejecutar el baile del abanico de Corea y los bailes tradicionales de Guatemala. Así también, las preparó para la realización de oficios como costura, cocina, computación, entre otros.

이 학교에서는 학문적인 교육을 제공하는 것 외에도 한국의 부채춤이나 과테말라의 전통춤 그룹 구성을 통해 예술적, 문화적 표현 영역도 훈련시켰다는 점을 매우 기쁘게 생각합니다. 또한 이 학교에서는 바느질, 요리, 컴퓨터 등과 같은 직업 준비 교육도 실시하였습니다.

Ustedes hoy celebran la apertura de otra etapa llena de nuevas oportunidades, en la cual podrán poner en práctica todos los conocimientos y habilidades que han adquirido aquí con la ayuda de las Hermanas. Estoy seguro que verán recompensado el esfuerzo que han dedicado a su formación a lo largo de estos años.

오늘 여러분은 이곳에서 수녀님들의 도움을 받아서 배운 모든 지식과 기술을 실습할 수 있는, 새로운 기회로 가득 찬 또 다른 무대를 열고 있습니다. 지난 몇 년 동안 갈고 닦은 노력에 대해 반드시 보상을 받게 되리라 생각합니다.

He escuchado que muchas egresadas de este recinto estudiantil ya están jugando un rol importante en varios sectores del país. De hecho, tuve la oportunidad de platicar con una ex alumna de esta institución durante la celebración del 5to. aniversario del nombramiento de la Avenida Seúl.

이 학교의 많은 졸업생들이 이미 여러 분야에서 중요한 역할을 하고 있다고 들었습니다. 사실 저는 '서울로' 명명 5주년 기념식에서 이 학교 졸업생과 대화할 기회가 있었습니다.

Ella me contó que trabajaba en la Municipalidad capitalina. Me llenó de gran satisfacción verla formar parte de un evento muy significativo en el fortalecimiento de la amistad entre ambos países, lo cual las convierte en puente entre Guatemala y Corea.

그녀는 과테말라 시청에서 일하고 있다고 했습니다. 저는 그녀가 양국의 우호를 증진하는 데 매우 중요한 행사에 참여하여 과테말라와 한국을 잇는 가교 역할을 하고 있는 것을 보고 대단히 흡족했습니다.

Las insto para que vuelvan y visiten a sus compañeras con esa misma sonrisa brillante que hoy las hace lucir sus mejores galas, vengan a compartirles con alegria charlas del éxito que habrán de alcanzar y sean un ejemplo viviente para las futuras generaciones de esta institución.

저는 여러분들이 오늘 졸업식이 최고의 장소가 되도록 밝혀주는 그 빛나는 미소를 띠고 친구들을 다시 방문해 주기를, 와서는 여러분들이 얻게 될 성공담을 기쁘게 나누어 주기를, 그리고 이 학교의 미래 세대를 위해 생생한 모범이 되어 주기를 바랍니다.

"Ruego que cada una de ustedes tenga un mejor futuro dulce, saludable y próspero."

"여러분 각자가 달콤하고 건강하며 번영하는 더 나은 미래를 향유하기를 바랍니다."

¡Muchas felicidades y mucha suerte! ¡Gracias!

(여러분들의 졸업을) 축하하며, 행운을 빕니다! 감사합니다!

페루 Pachu Picchu

4-c Quinto aniversario de Korea Town y nominación Avenida Seúl[62]

코리아타운 및 서울로 명명 5주년 기념식

Honorable[63] Señor Elder Suchité, Ministro de Cultura y Deportes

Queridos compatriotas de la Comunidad Coreana

엘데 수치떼 문화 체육부 장관님,

한인 동포 여러분,

¡Muy buenas tardes a todos!

여러분 좋은 오후입니다!

Es para mí un gran honor y placer darles una calurosa bienvenida al Quinto Aniversario de Korea Town y de la nominación de la Avenida Seúl.

코리아타운 및 서울로 명명 5주년 기념식에 참석해 주신 여러분들을 따뜻하게 환영할 수 있어 기쁘고 제게는 큰 영광입니다.

Quisiera agradecer a todos los que han hecho posible esta celebración. Especialmente a la Municipalidad de Seúl que ha enviado a un equipo de jóvenes de B-Boy, para engalanar las actividades de este Quinto Aniversario.

이 축하 행사를 준비해 주신 모든 분들께 감사를 드립니다. 특히 이 5주년 기념행사를 빛내주기 위해 B–Boy 청소년 팀을 파견해 주신 서울시에 감사를 드립니다.

---

62 *Avenida Seúl 서울로.* 과테말라시 7구역에 있는 도로로서 2014년 5월 한국과 과테말라 양국 간 우호협력의 상징으로 '서울로'라고 명명하였다. 한인 동포들이 각종 상가를 많이 운영하고 있다.

63 *Honorable 존경하는.* 장관 중에 외교장관의 경우는 Excelentísimo를 쓴다.

Agradezco también a la Municipalidad Metropolitana Guatemalteca y a la Comunidad Coreana, especialmente a su presidente, Sr. 00 Kim, por apoyarnos con las actividades que se realizarán hoy.

또한 오늘 행사를 지원해 주신 과테말라 시청, 한인동포 사회, 그리고 김 한인회장님에게 특별한 감사의 말씀을 전합니다.

Para quienes no lo sabían[64], los miembros de la comunidad coreana fueron los fundadores y protagonistas del proyecto **Korea Town**. Ellos quisieron establecer un lugar donde coreanos y chapines pudieran intercambiar la esencia de ambas culturas en pro del entendimiento de ambos pueblos.

혹시 모르시는 분들을 위해 말씀드립니다만 한인 동포사회의 여러분들이 이 코리아 타운의 창시자이자 사업을 추진하신 주인공이었습니다. 그분들은 두 나라 국민들의 이해를 증진하기 위해 두 문화의 본질적인 교류의 장을 마련하기를 희망하였습니다.

El surgimiento de **Korea Town** marcó un hito en la historia y en la geografía de la ciudad. Se convirtió en uno de los acontecimientos más simbólicos de amistad entre Guatemala y Corea, desde que se iniciaron las relaciones diplomáticas entre ambos países en 1962. Desde esa época la **comunidad coreana**[65] fue creciendo y se expandió rápidamente en la década de los ochentas hasta alcanzar un número de 7,000 personas en la actualidad.

코리아타운의 탄생은 도시의 역사와 지리 측면에서 하나의 이정표가 되었습니다. 1962년 양국 외교 관계가 시작된 이래 과테말라와 한국 간 우호를 가장 상징적으로 보여

---

64 *Para quienes no lo sabían 혹시 모르시는 분들을 위해 (말씀드립니다만)*

65 *comunidad coreana 한인사회.* 과테말라의 한인 동포사회는 1980~1990년대 급격히 팽창하여 한때 15,000명이 넘는 정도가 되었으나, 현재는 1세대들이 귀국하거나 다른 나라로 재이주하면서 약 7,000명 정도만 남아 있다.

주는 사건 중 하나가 되었습니다. 수교 이후로 한인 사회는 계속 발전하여 왔으며, 80년대에 급속히 성장하여 오늘날 7,000여 명에 달하고 있습니다.

Ahora son más de 170 empresas coreanas las que operan y contribuyen al desarrollo económico y social de este gran país. Estas empresas, por medio de la creación de empleos y emprendimientos que generaron un intercambio comercial de unos 350 millones de dólares entre ambos países, en 2018.

현재 170개가 넘는 한국 기업이 진출해서 이 위대한 나라의 경제 및 사회 발전에 기여하고 있습니다. 이 회사들은 일자리 창출과 영업활동을 통해 2018년 양국 간 약 3억 5천만 달러 규모의 무역 실적을 달성하였습니다.

Curiosamente, los chapines relacionan los emprendimientos coreanos sólo con la industria textil, pero la verdad es que mis compatriotas ya han incursionado en otro tipo de industrias, tales como las de tecnología, azúcar, café, restaurantes, supermercados, salones de belleza, carnicerías, agencia de viajes y panaderías, por mencionar algunos.

흥미롭게도, 과테말라 사람들은 한국 기업을 섬유 산업에만 관련이 있다고 생각하지만 사실 한국 동포들은 이미 기술 분야나, 설탕, 커피, 식당, 슈퍼마켓, 미용실, 정육점, 여행사, 빵집 등 여러 다른 분야에도 진출해 있습니다.

Mi pueblo desea que el pueblo guatemalteco conozca nuestra manera de pensar y se logre un entendimiento mutuo. Para ese propósito, hemos organizado varios eventos culturales, tales como presentaciones cinematográficas y celebración del K-day. En lo que queda de este año, tenemos contemplados otros eventos culturales, entre ellos el Festival de K-pop, la Feria del libro, presentaciones de danza y música tradicionales, divertidas teleseries coreanas y mucho más.

한국 사람들은 과테말라 사람들이 한국인들의 사고방식을 알고 서로 이해할 수 있기를 바라고 있습니다. 그래서 우리는 영화 상영, K-day 축하공연 등 다양한 문화 행사를 개최하였습니다. 올해 남은 기간 동안 우리는 K-pop Festival, 도서 전시회, 전통무용 및 음악 공연, 재미있는 한국 TV 시리즈 등을 비롯한 다양한 문화 행사들을 준비하고 있습니다.

Otra característica del pensamiento coreano es **compartir lo que tiene**[66]. Por eso, hemos participado en la construcción de un nuevo sistema de agua potable y alcantarillado, en la construcción de centros materno-infantil y en el proyecto de adaptación al cambio climático en todo el territorio de Guatemala. En octubre de este año, esperamos inaugurar la Escuela de Especialidades en Investigación Científica en la Academia de la Policía Nacional Civil.

한국 사람들의 사고의 또 다른 특징은 자기가 가진 것을 나누는 것입니다. 그래서 우리는 새로운 식수 및 하수도 시스템 건설, 모자 보호센터 건설 및 과테말라 전역의 기후변화 대응 프로젝트에 참여했으며, 올해 10월 우리는 국립 경찰학교 내에 과학수사 전문학교를 개설할 예정입니다.

Además de estos proyectos de cooperación, cabe mencionar que, el año pasado, cuando nuestros hermanos chapines sufrieron la erupción del **Volcán de Fuego**[67], mi gobierno se hizo presente con una donación de 200 mil dólares. En dicha ocasión la Comunidad Coreana en Guatemala también se hizo presente con una donación de 80 mil dólares.

이러한 협력 프로젝트 외에도 작년에 우리의 과테말라 형제들이 푸에고 화산 폭발로

---

66 *compartir lo que tiene 가진 것을 나누다.* 한국 정부는 KOICA를 통해 우리의 발전 경험과 첨단 기술을 공유할 수 있는 다양한 개발 협력 사업들을 진행하고 있다. 가능한 물자지원보다는 과학기술 전수를 통해 이들이 스스로 발전해 나갈 수 있도록 인도하는 것이 원칙이다.

67 *Volcán de Fuego 후에고 화산.* 과테말라시 인근에 있는 활화산으로 2018년 6월 분화하여 10만여 명이 넘는 이재민이 발생했다.

고통을 겪었을 때, 우리 정부 차원에서 20만 달러를 기부한 바 있음을 말씀드립니다. 그 때 과테말라의 한인 사회도 80,000달러의 기부금을 전달하였습니다.

Con estas acciones, la Comunidad Coreana y mi gobierno dejamos de manifiesto nuestra solidaridad ante el dolor del pueblo guatemalteco y aplicamos el refrán coreano que reza "Más vale vecino cercano que primo lejano".

이러한 행동들을 통해 한인 동포사회와 우리 정부는 "멀리 사는 사촌보다는 이웃이 더 가깝다"는 한국의 속담대로 과테말라 국민들의 고난에 연대의식을 분명히 보여주었습니다.

Estimados amigos,

존경하는 친구 여러분,

Los invito a que sigamos trabajando para conservar y desarrollar este lugar donde ambos pueblos lo disfrutemos y compartamos ideas para el engrandecimiento de esta bella nación.

아름다운 이 나라의 발전을 위해 양국 국민들이 함께 즐기고 아이디어를 공유할 수 있는 이 장소를 앞으로도 보존하고 더욱 발전시키는 데 동참해 주시기를 바랍니다.

¡Muchas gracias!

감사합니다!

쉬어 가기

서울로는 현재 과테말라시의 명물이 되어 많은 사람들이 찾고 있다. K-pop 동호회원들은 물론 한식에 매료된 시민들 및 외국인들이 자주 한식당과 여러 한국 상점들을 방문한다.

4-d Tercera Asamblea de Kolfaci[68]

콜파시 제3차 총회

Honorable Señor Felipe Orellana, Ministro de Agricultura, Ganadería y Alimentación de Guatemala,

Honorables Representantes de las diferentes entidades agrícolas de los países miembros de Kolfaci

존경하는 펠리페 오레야노 과테말라 농축식품부 장관님,
존경하는 콜파시 회원국의 농업 관련 기구 대표자 여러분,

¡Buenos días!

좋은 아침입니다!

Gracias por invitarme a participar en la ceremonia inaugural de la Tercera Asamblea General de iniciativa de Cooperación entre Corea y América Latina para la Alimentación y Agricultura(Kolfaci), que une a doce países latinoamericanos y a la República de Corea.

대한민국과 12개 라틴 아메리카 국가를 연결하는 한-중남미 농식품기술협력 협의체 제3차 총회 개회식에 초청해 주셔서 감사합니다.

Aprecio sinceramente el esfuerzo de todos aquellos que hicieron posible

---

68 *Kolfaci Korea-Latin America Food & Agriculture Cooperation Initiative의 약자로 한국 - 중남미 농식품기술 협력협의체.* 총 13개국(한국, 볼리비아, 코스타리카, 콜롬비아, 도미니카공화국, 엘살바도르, 과테말라, 아이티, 온두라스, 니카라과, 파나마, 파라과이, 페루)과 1개 국제기구(미국 농업협력 기구(IICA))가 회원이다.

la realización de este evento, en especial al Instituto de Ciencia y Tecnología Agrícolas, **ICTA**[69], que, en el 2014, suscribió una alianza estratégica con Kolfaci, para promover el crecimiento ecológico sustentable, facilitar el desarrollo económico continuo y mejorar el estado socioeconómico de los pequeños agricultores.

이 행사를 준비해 주신 모든 분들, 특히 2014년 콜파시와 전략적 제휴를 맺어 지속 가능한 생태 성장을 촉진하고, 지속적인 경제 발전과 소규모 농민의 사회 경제적 지위 향상을 위해 노력해 온 ICTA의 노고를 진심으로 치하합니다.

Kolfaci nació de la amistad y solidaridad con los países miembros con el fin de modernizar las áreas rurales, lograr su autosuficiencia e impulsar el crecimiento económico en general. Kolfaci se ha propuesto mejorar la productividad agrícola y reducir las brechas tecnológicas entre los países de la región latinoamericana, así como compartir la experiencia que Corea tuvo con el Movimiento de la Nueva Comunidad Rural, conocido también como el Movimiento de Saemaeul.

콜파시는 회원국과의 우정과 연대를 바탕으로 농촌 지역 현대화, 자급자족 달성 및 전반적인 경제성장 촉진을 목적으로 태어났습니다. 콜파시는 농업 생산성을 개선하고 중남미 지역 국가 간 기술 격차를 줄이며 한국에서 새마을 운동으로도 알려진 새로운 농촌 공동체 운동에 대한 경험을 공유하기 위한 계획을 세웠습니다.

Este Movimiento fue una iniciativa política, **destinada a**[70] modernizar las zonas rurales y a equilibrar la disparidad del nivel de vida que se dió, en los

---

69 *ICTA 과테말라의 농업과학기술청.* 우리나라 농진청과 같은 역할을 한다.

70 *destinada a —하기 위한, —로 운명 지어진.* 어미 변화에 주의해야 한다.

años 70, entre los centros urbanos de la nación, que se estaban industrializando rápidamente y las pequeñas aldeas que continuaban sumidas en la pobreza.

이 운동은 1970년대 농촌의 근대화를 추진하는 한편, 급속한 산업화가 진행되고 있던 도시 중심과 여전히 빈곤에 시달리던 작은 농촌 마을 사이의 생활 수준 격차를 해소하기 위한 정책적 이니셔티브였습니다.

En aquella época, no fue fácil convencer a los miembros de las comunidades **a que participaran**[71] en este movimiento de desarrollo. Finalmente alzando las banderas de diligencia, autoayuda y colaboración se logró mejorar las condiciones y ambientes básicos de vida de los campesinos en la primera etapa.

그 당시에는 지역사회 구성원들이 이 발전 운동에 참여하도록 설득하는 것이 쉽지 않았습니다. 그러나 마침내 근면, 자조, 협동의 기치를 올리면서 첫 번째 단계로 농민들의 기초생활 환경 및 여건들을 개선할 수 있었습니다.

Luego de esta primera etapa, los proyectos posteriores se concentraron en construir infraestructura rural y establecer fábricas industriales básicas para aumentar los ingresos de la comunidad, trayendo instalaciones modernas como sistemas de riego, puentes y caminos en las comunidades rurales. El programa también marcó la aparición generalizada de casas con techo de color azulejo y naranja en todo el campo, **en sustitución de**[72] las casas tradicionales con techo de paja.

첫 번째 단계 이후 이어진 프로젝트는 농촌 인프라 구축 및 농촌지역의 수입 증대를 위

71 *a que participaran 참여하도록.* 접속법 과거 형태이다.

72 *en sustitución de —를 대체하여*

한 기초산업 공장 설립에 중점을 두었으며 관개 시설, 농촌 지역 내 교량 및 도로와 같은 현대적인 시설들이 수반되었습니다. 이 프로그램은 또한 농촌지역에 전통적인 초가지붕 집들을 대체하여 푸르스름하거나 오렌지색 지붕을 가진 집들을 널리 보급하였습니다.

Debido al éxito en las zonas rurales, el movimiento se extendió también por las zonas urbanas y se convirtió en un movimiento de modernización a nivel nacional y sobre todo trajo una revolución espiritual de autoconfianza en el futuro de los coreanos.

농촌 지역에서의 성공으로 인해 이 운동은 도시 지역에도 확산되어 국가적 차원의 현대화 운동이 되었으며, 무엇보다도 한국인들이 미래에 대해 자신감을 갖게 하는 정신적 혁명을 가져왔습니다.

Este movimiento inspiró al surgimiento de un movimiento más innovador que mejoró la calidad de los productos industriales del país en diversas fábricas, tales como: Samsung, LG, Hyundai y otras fabricas más que llegaron a predominar en el mercado mundial.

이 운동은 세계 시장을 석권한 삼성, LG, 현대를 비롯한 다양한 기업의 공장들에서 한국산 제품의 품질을 향상시키는 보다 혁신적인 운동에 영감을 불러일으켜 주었습니다.

Afortunadamente, desde 1998, el Movimiento Saemaul ha entrado en una segunda fase, y se ha puesto en marcha en 52 países del mundo, con el único propósito de mejorar el nivel y calidad de vida por medio de los programas de Kolfaci. Estos programas ahora se han centrado en nuevos temas, como la mejora de los servicios voluntarios en la comunidad mundial y la cooperación internacional con los países en desarrollo.

다행히 1998년부터 새마을 운동은 두 번째 단계에 접어 들어서서 현재 콜파시 프로그램을 통해 삶의 수준과 질 향상이라는 유일한 목표를 달성하기 위한 프로그램들이 전 세계 52개국에서 시작되었습니다. 이 프로그램들은 이제는 국제 사회 자원봉사자들의 서비스 개선 및 개발도상국과의 국제 협력과 같은 새로운 문제에 중점을 두고 있습니다.

Estimados amigos,

친애하는 친구 여러분,

Kolfaci se ha propuesto una serie de metas, fundamentadas en la educación y capacitación de los campesinos chapines para que puedan obtener mejores cosechas de frijol, maíz, yuca, pimiento y muchos productos agrícolas más.

콜파시는 과테말라 농민들이 콩, 옥수수, 유까, 후추 및 기타 여러 농산물들을 더 많이 수확할 수 있도록 교육과 훈련에 기초를 둔 일련의 목표를 세웠습니다.

Espero que, con el aprovechamiento de los recursos tecnológicos, esta iniciativa alcance todos los objetivos propuestos por el bien de los paises miembros y **por el bien de la humanidad en general.**[73]

이러한 이니셔티브가 기술 자원을 사용하여 우리 회원국들의 이익과 인류사회 전체의 이익을 위해 설정된 모든 목표들을 달성할 수 있기를 바랍니다.

¡Muchas gracias!

감사합니다!

---

73 *por el bien de la humanidad en general 인류사회 전체의 이익을 위해.* 청중의 주의를 끌기 위해 por el bien 을 일부러 반복하였다.

4-e Festival Coreano – Latinoamericano

한국–라틴 아메리카 축제

Excelentísimo Señor Elder Súchite, Ministro de Cultura y Deportes

Estimados amantes de la cultura coreana,

존경하는 엘데 수치떼 문화체육부 장관님,

한국 문화를 사랑하는 여러분,

¡Buenas tardes!

좋은 오후입니다!

Bienvenidos todos al **Festival Coreano Latinoamericano**[74].

한국–라틴 아메리카 축제에 오신 모든 분들을 환영합니다.

Inicio, agradeciéndoles su valioso tiempo e interés por ser partícipes de este magno evento. También quiero valerme de esta oportunidad para agradecer a todos aquellos que hicieron posible la realización del mismo, especialmente a la Asociación de Coreanos en Guatemala y al Ministerio de Cultura y Deportes, quienes además de dar su tiempo y esfuerzo dieron su gran apoyo para que esta actividad se concretara, **la cual por cierto**[75] es la más preciosa del año.

먼저 여러분들의 소중한 시간과 관심을 할애하여 이 성대한 행사에 참여해 주신 데 대해

---

74 *Festival Coreano Latinoamericano 한국-중남미 예술제.* 과테말라 거주 한인동포 청소년들의 건전한 오락문화 형성과 정체성 제고를 위해 2010년 시작하였다. 매년 인근 국가 한인 예술인 및 청소년 공연단이 참여하여 이제는 국제예술제의 면모를 갖춰 나가고 있다.

75 *, la cual por cierto 그것(공연)은 분명히*

감사를 드립니다. 또한 이 기회를 빌려 이 행사가 가능하도록 준비해 준 모든 분들, 특히 재과테말라 한인회와 문화체육부에 감사를 드립니다. 이분들은 시간과 노력을 쏟아붓는 것뿐만 아니라 금년 중 가장 아름다운 이번 행사가 구체화되도록 많이 도와주셨습니다.

Agradezco además a todos los participantes que nos deleitarán con sus magníficas presentaciones, gracias por el amor que le tienen a la cultura coreana, el cual, sin duda, los ha movido a dedicarle horas de preparación para darnos hoy lo mejor de sus talentos.

또한 오늘 훌륭한 공연으로 우리를 기쁘게 해줄 모든 참가자들에게도 감사의 말씀을 전합니다. 틀림없이 여러분들은 한국문화에 대한 사랑이 있기 때문에 오늘 공연에서 재능을 최대한 보여주기 위해 많은 시간을 바쳤으리라 생각합니다.

Gracias a los jóvenes coreanos, a los estudiantes del Colegio Americano de Guatemala, gracias a los miembros de los **grupos amantes del K-pop de Guatemala**[76], Brasil y El Salvador, a los estudiantes de **Villa de los Niños**[77], gracias a todos los participantes, que nos visitan de diferentes países de Latinoamérica.

한인 동포 청소년들, 과테말라 아메리칸 스쿨 학생들, 과테말라·브라질·엘살바도르의 K–pop 동호회 회원들, 소년의 집 학생들, 그리고 라틴 아메리카 여러 나라에서 우리를 방문해 주신 모든 참가자들에게 감사의 인사를 전합니다.

Para los que nos visitan por primera vez este Festival, quiero contarles que

---

76 *grupos amantes del K-pop de Guatemala 과테말라 K-pop 동호회.* 현재 약 30여 개 그룹에 35,000여 명이 활동하고 있다.

77 *Villa de los Niños 소년의 집.* 2000년 마리아 수녀회가 과테말라시 6구역에 설립한 기숙학교. 현재 전국의 빈곤 가정 청소년 1,200여 명이 일반 학교 교육과 기술 교육을 받고 있다. 이 학교의 고적대는 전국 음악 퍼레이드에서 매년 우승을 차지할 정도로 유명하다.

este evento se ha realizado por más de 10 años consecutivos y nació en el corazón de un grupo de adolescentes coreanos que viven en Guatemala y que, con el tiempo, se le fueron sumando más jóvenes de otros países, por lo que hoy se ha transformado en lo que conocemos como Festival Coreano Latinoamericano.

이 페스티벌에 처음 방문한 분들을 위해 말씀드리자면, 이 행사는 과테말라에 사는 한인 청소년 그룹이 중심이 되어 시작되었으며, 10년 연속 개최되면서 이제 다른 나라 청소년까지 참가함으로써 오늘날 한국-중남미 축제로 알려지게 되었습니다.

Me siento satisfecho que este Festival esté contribuyendo al cultivo de emociones y la propagación de una cultura de entretenimiento sana para los jóvenes mediante la presentación de la cultura y el arte de mi país, además de jugar un papel muy importante en unir a los coreanos residentes en la región latinoamericana y aumentar así el intercambio entre la comunidad coreana en cada país participante.

저는 이 축제가 우리나라의 문화와 예술을 소개함으로써 젊은이들의 건전한 엔터테인먼트 문화의 확산과 정서 함양에 기여하고 있는 동시에, 중남미 지역에 거주하는 한인동포들을 단합시키고 각 참가국 한인 동포사회 간 교류를 증진시키는 매우 중요한 역할을 수행하고 있음을 기쁘게 생각합니다.

Este evento contará con funciones de K-pop, música popular y danzas tradicionales de Corea y Guatemala, interpretaciones de marimba, y también abarcará diversos espectáculos artísticos entre ellos, orquestas y muchas sorpresas más.

이 행사에서는 K-pop 공연, 한국과 과테말라의 대중음악 및 전통 무용, 마림바 공연, 그리고 오케스트라와 함께 다양한 놀라움을 선사할 다채로운 예술 공연이 이어질 것입니다.

Estimados amigos participantes,

친애하는 참가자 여러분,

Espero que este Festival se siga celebrando los años que vienen y que trascienda **de generación en generación**[78] y que en algún día futuro sean sus hijos los protagonistas de este evento.

앞으로도 이 페스티벌이 계속해서 공연되고, 미래의 언젠가는 여러분 자녀들이 이 행사의 주인공이 되기를 바랍니다.

Estimados espectadores,

친애하는 관객 여러분,

Espero que disfruten de los maravillosos espectáculos que nos mostrarán los grupos participantes, y les prometo que seguiremos trabajando en actividades como estas para que nuestros amigos de Latinoamérica **nos conozcan mejor y se sientan más cerca**[79].

오늘 참가 그룹들이 우리에게 보여줄 멋진 쇼를 즐기시길 바라며, 라틴 아메리카의 우리 친구들이 우리를 더 잘 알고 더 가깝게 느낄 수 있도록 이러한 행사를 계속할 것을 여러분들에게 약속합니다.

¡Muchas gracias!

감사합니다!

---

78 *de generación en generación 세대를 이어서*

79 *nos conozcan mejor y se sientan más cerca 더 잘 알고 더 가깝게 느끼도록*

5 학술 세미나
Seminario académico

5-a Seminario sobre la política pacífica para la reunificación de Corea
한반도 평화 통일 정책 세미나

Excelentísimo **Sr.**[80] Embajador Rafael Salazar,

Excelentísimo Señor Estuardo Meneses, Director de la Academia Diplomática

Estimados estudiantes de la Universidad de San Carlos

존경하는 라파엘 살라사르 대사님,

존경하는 에스뚜아르도 메네세스 외교 아카데미 소장님,

친애하는 산카를로스 대학교 학생 여러분,

¡Buenos días!

좋은 아침입니다!

Sean[81] todos bienvenidos

여러분 모두를 환영합니다.

---

80 *Sr. Señor의 준말.* 일반적인 남자에 대한 존칭이다. Rafael Salazar 대사는 2005-2013년간 주한대사를 역임한 지한파 인사이다.

81 *Sean. Ser 동사의 접속법 형태.* 앞에 Que, Espero que 등이 생략되어 있다고 본다.

Les agradezco su participación en este Primer Seminario sobre la política pacífica para la reunificación de Corea, donde se tratará publicamente el tema de la Península de Corea.

한반도 문제를 공개적으로 토론할 제1차 평화 통일 정책 세미나에 참석해 주신 여러분들께 감사를 드립니다.

Gracias a quienes hicieron posible la realización de este evento, en especial al Embajador Meneses por su gran apoyo en la logística del mismo. Agradezco también a nuestros expositores, quienes les explicarán este tema de sumo interés y preocupación no sólo para los coreanos, sino para la comunidad internacional en general.

이 행사를 가능하게 해주신 모든 분들, 특히 일정과 장소를 지원해 주신 메네세스 대사님께 감사를 드립니다. 또한 한국인뿐만 아니라 국제 사회 전체의 큰 관심과 우려의 대상인 이 주제를 설명해 주실 연사님들에게도 감사를 드립니다.

Quiero iniciar estas palabras exponiéndoles una breve evaluación de los recientes avances de este asunto incluyendo el resultado de la reunión de la Cumbre entre Donald Trump, Presidente de los Estados Unidos y Jong-un Kim, Presidente del Comité de Estado de Corea del Norte.

먼저 도널드 트럼프 미국 대통령과 김정은 북한 국무위원장의 정상회담 결과를 포함하여 이 문제에 대한 최근의 진전상황을 여러분들에게 간단히 설명하면서 말씀을 시작하고자 합니다.

Durante los últimos 5 años, la dinámica geopolítica en el noreste de Asia e incluso en el resto del mundo ha sufrido transformaciones vulnerables como resultado de una serie de eventos provocados por parte de Corea del Norte. Por ejemplo, la ejecución de la sexta prueba nuclear, el lanzamiento de los misiles balísticos que pasaron sobre el territorio japonés, la proclamación de un estado nuclear, etc. Después de hacer esta prueba Corea del Norte anunció que había alcanzado la etapa final de desarrollo del misil balístico intercontinental y que el mismo podría llegar hasta los Estados Unidos y otros países del continente de América cargando una ojiva nuclear.

지난 5년 동안 동북아시아와 전 세계의 지정학적 역학관계는 북한이 도발한 일련의 사건들로 인해 매우 불안정한 변화를 겪었습니다. 예를 들어 6차 핵실험, 일본 영토를 통과한 탄도 미사일 발사, 핵보유 국가 선언 등입니다. 핵실험 이후 북한은 대륙 간 탄도 미사일의 개발이 최종 단계에 도달했으며 미국과 미주대륙의 다른 나라에까지 핵탄두를 날려 보낼 수 있다고 발표하였습니다.

A raíz de esto, las Naciones Unidas implementaron sanciones y luego del intercambio de severas conversaciones que involucraban acciones militares, se llegó a pensar que esta situación culminaría incluso en una guerra. Sin embargo, **esto no pasó a más**[82] y para nuestra fortuna, la Península de Corea vivió un sentimiento de relajación desde los Juegos Olímpicos de Invierno de Pyeongchang de 2018, cuando las dos Coreas marcharon juntas en la ceremonia de apertura, tiempo desde el que hemos sido testigos de un desarrollo de pacificación más positivo para la seguridad de la comunidad global.

그 결과 유엔은 제재 조치를 취했고, 군사행동 가능성을 포함한 심각한 대화를 교환한 후 이러한 상황이 전쟁으로 이어질 수도 있다는 판단을 하였습니다. 그러나 다행히 이런 상황은 더 이상 진전되지 않았고 2018년 평창 동계 올림픽 개막식에서 남북한이 함께 입장한 이후 한반도는 평온을 찾았습니다. 이후 전 세계의 안보를 위해 보다 긍정적인 평화

---

82 *esto no pasó a más 이것은 더 이상 진전되지 않았다*

프로세스를 우리는 보아왔습니다.

Los resultados de las subsiguientes tres cumbres intercoreanas y las dos reuniones entre Estados Unidos y Corea del Norte produjeron un cambio histórico en la Península y la región. A través de una sucesión de reuniones cumbre, los líderes de Corea del Norte y del Sur, así como los Estados Unidos han confirmado y renovado su compromiso de trabajar juntos para lograr una Península Coreana pacífica y **libre de armas nucleares**[83].

이후 3차에 걸친 남북 정상회담과 두 차례의 북미 정상 회담 결과는 한반도와 주변 지역에서 역사적인 변화를 가져왔습니다. 일련의 정상회담을 통해 남·북·미 정상들은 평화롭고 핵이 없는 한반도를 달성하기 위해 협력하겠다는 약속을 확인하고 다짐하였습니다.

Las dos Coreas han implementado un acuerdo militar para reducir las tensiones y eliminar las posibilidades de enfrentamientos accidentales. El diálogo intercoreano también se ha vuelto más activo en otras áreas, como un proyecto de investigación conjunta sobre una red ferroviaria intercoreana y la reunión de familias separadas.

남북한은 긴장을 완화하고 우발적인 대결 가능성을 차단하기 위해 군사 협정을 시행했습니다. 남북한 간의 대화는 남북 간 철도망 공동 연구 프로젝트, 이산가족 상봉 등 다른 분야에서도 다시 활발해졌습니다.

Sin embargo, en una última reunión en Hanoi Vietnam, en febrero de este año, entre los líderes de Estados Unidos y Corea del Norte, no pudieron ponerse de acuerdo sobre la secuencia y el alcance de la desnuclearización y las medidas correspondientes. En esta reunión, Estados Unidos **pretendía**

---

83 *libre de armas nucleares* 핵무기가 없는

llegar a un acuerdo[84] sobre todo el proceso hacia el estado final de la desnuclearización completa y la terminación integral de las armas de destrucción masiva, incluidas las armas bioquímicas.

그러나 올해 2월 베트남 하노이에서 열린 미국과 북한 지도자 간의 마지막 회의에서 그들은 비핵화의 순서와 범위, 그리고 이에 상응하는 조치에 동의하지 못했습니다. 이 회의에서 미국은 완전한 비핵화의 최종 상태와 생화학 무기를 포함한 대량 살상 무기에 대한 포괄적인 종결을 위한 과정에 합의하고자 했었습니다.

Lo más importante por ahora es que no perdamos las esperanzas, y que deberíamos esforzarnos por inducir a Pyongyang a cambiar su cálculo de **una manera más decisiva**[85]. El papel de Corea del Sur, como mediador y facilitador se ha vuelto cada vez más importante.

지금으로서 가장 중요한 것은 희망을 잃지 않고 평양의 계산을 보다 결정적으로 바꾸도록 유도하는 데 노력하는 것입니다. 중재자 및 촉진자로서의 한국의 역할이 점차 중요해지고 있습니다.

El objetivo que busca mi gobierno es centrar nuestros esfuerzos en lo siguiente: primero, en ayudar a fomentar el próximo diálogo entre Estados Unidos y Corea del Norte; segundo, en alentar la participación constructiva de las partes interesadas regionales más importantes, incluidas China, Rusia y Japón, y la comunidad internacional en general y tercero, en continuar con la reconciliación intercoreana, para ayudar a crear un ambiente virtuoso que facilite el camino hacia la desnuclearización.

우리 정부가 추구하는 목표는 우리의 노력을 다음 세 가지에 집중하는 것입니다. 첫째,

---

84 *pretendía llegar a un acuerdo 합의에 이르고자 하였다*

85 *una manera más decisiva 보다 결정적인 방법*

미국과 북한 간의 차기 대화를 촉진하는 것, 둘째, 중국, 러시아, 일본을 포함한 주요 역내 이해 관계자 및 국제 사회 전체의 건설적인 참여를 장려하는 것, 셋째 남북 화해를 지속하여 비핵화로 가는 길을 촉진하는 선순환적인 환경을 조성하는 것입니다.

El régimen de paz en la Península Coreana y la paz regional son complementarios. La paz permanente en Corea contribuiría en gran medida a la estabilidad y la prosperidad regional. Con una desnuclearización completa y una coexistencia pacífica, las puertas del desarrollo económico se abrirían para Corea del Norte.

한반도 평화 체제와 지역 평화는 상호 보완적입니다. 영속적인 한국의 평화는 지역의 안정과 번영에 크게 기여할 것입니다. 완전한 비핵화와 평화적인 공존이 이루어진다면 경제 발전의 문은 북한에게 개방될 것입니다.

Es vital que las potencias regionales mantengan una relación constructiva para promover la paz en la región y los países del mundo mantengan el interés y apoyo político para responder el impulso en ese proceso.

지역 내 강대국들이 역내 평화를 증진시키기 위해 건설적인 관계를 유지하고, 전 세계 국가들이 그 과정의 진전에 호응하기 위해 정치적 관심과 지지를 유지해 주는 것이 대단히 중요합니다.

Para los coreanos que anhelan una paz estable y permanente en la Península, es imperativo mantener este impulso de compromiso y diálogo. Sabemos que el viaje hacia la paz no será fácil. Aunque las recientes provocaciones de Corea del Norte son preocupantes, creo que la tendencia general hacia la paz no cambiará.

한반도에서 안정적이고 영구적인 평화를 갈망하는 한국인들에게는 이러한 참여와 대화의 추세를 유지하는 것은 대단히 중요합니다. 우리는 평화로의 여정이 쉽지 않을 것임을 잘 알고 있습니다. 최근 북한의 도발은 걱정스럽지만, 평화를 향한 전체적인 추세는 변하지 않을 것이라고 믿습니다.

Con la más sincera esperanza de nuestro pueblo y de la comunidad internacional por la paz, el gobierno coreano hará todo lo posible para mantener el impulso del diálogo hasta que finalmente se logre la paz y estabilidad en la Península Coreana.

평화에 대한 우리 국민과 국제 사회의 진심 어린 희망을 바탕으로 한국 정부는 평화와 안정이 마침내 한반도에 정착될 때까지 대화의 동력을 유지하기 위해 가능한 모든 것을 다할 것입니다.

Estimados invitados,

존경하는 내빈 여러분,

Mi mayor deseo es que este seminario sirva para aumentar el entendimiento sobre la situación política y militar de la Península Coreana en la sociedad guatemalteca.

저의 가장 큰 소망은 이 세미나가 과테말라 사회에서 한반도의 정치 및 군사 상황에 대한 이해를 높이는 것입니다.

Espero que podamos compartir nuestra visión, sabiduría y toda la información necesaria que nos permita mantener nuestra determinación por traer paz duradera en la Península Coreana. Espero que disfruten de esta charla que queda en manos de nuestros expositores.

한반도에 항구적인 평화를 견인하고자 하는 결의를 공고히 할 수 있도록 우리의 비전, 지혜 및 필요한 모든 정보를 공유할 수 있기를 바랍니다. 이제 발표자들께서 맡아 주실 이 세미나를 함께 즐겨주시기 바랍니다.

¡Muchas gracias!

감사합니다!

과테말라 마야 금석문

5-b La importancia de la innovación, ciencia y tecnología para la inserción laboral

직업 선택에서 혁신, 과학 및 기술의 중요성

Honorable Señor Gabriel Aguilera, Ministro de Trabajo

Honorable Sra. Claudia Galán, Directora Económica de **Cacif**[86]

가브리엘 아길레라 노동부 장관님,

클라우디아 갈란 Cacif 경제 이사님,

¡Muy buenas tardes a todos!

좋은 오후입니다!

Quisiera iniciar mis palabras, agradeciendo la participación de todos ustedes en este conversatorio denominado 'La importancia de la innovación, ciencia y tecnología para la inserción laboral', organizado por el **Club de Becarios**[87] y la Agencia de Cooperación Internacional de Corea(Koica), en alianza con la Secretaría Nacional de Ciencia y Tecnología, **Senacyt**[88].

우선 한국 국제협력단(Koica)과 코이카 동창회가 국립 과학기술청(Senacyt)과 함께 주최한 '직업 선택 시 혁신, 과학 및 기술의 중요성' 토론에 참여해 주신 모든 분들께 감사의 말씀을 전합니다.

---

86 *Cacif(Comite Coordinador de Asociaciones Agricolas, Comerciales, Industriales y Financieras) 농상공재무조정협회.* 우리나라의 전경련에 해당한다.

87 *Club de Becarios 장학생 클럽.* 2020년 현재 약 1,030명의 과테말라 공무원, 의사, 대학교수 등이 한국에서 장·단기 유학을 하였다.

88 *Senacyt(Secretaría Nacional de Ciencia y Tecnología) 국립 과학기술청*

Quizá la mayoría de ustedes sepan que mi país ha sido reconocido como la undécima potencia económica a nivel mundial, en términos del PIB, pero lo que quizá muchos de ustedes desconocen es que nosotros tuvimos que renacer de las cenizas, a consecuencia de la guerra interna coreana, un conflicto inmerecido que se extendió a lo largo de la península, dejando dolor, división y destrucción al pueblo coreano.

아마도 대부분의 여러분들은 우리나라가 GDP 측면에서 세계에서 11번째로 큰 경제강국인 것은 잘 아실지 모르지만 아마도 많은 분들은 한반도 전역에 걸쳐 한국인들에게 고통과 분열과 파괴를 남긴, 불필요했던 한국전쟁의 결과로 우리가 잿더미 속에서 일어나야 했다는 것은 잘 모르시리라 생각합니다.

En ese tiempo, tanto el gobierno como la sociedad coreana estaban convencidos de que la educación era el único medio para salir de esa crisis económica, por lo que una de las estrategias de mi gobierno fue implementar una serie de planes quinquenales que agrupaban diferentes políticas de desarrollo económico, social y educativo.

당시 정부와 한국 사회는 교육이 경제위기에서 벗어날 수 있는 유일한 길이라고 확신했기 때문에 정부는 전략적으로 일련의 경제, 사회 및 교육 개발 정책을 5개년 계획으로 묶어서 실행하였습니다.

Desde la implementación de esos planes, una de las prioridades de la política educativa coreana fue la introducción de las Tecnologías de la Información y Comunicación al sistema educativo nacional. **De a poco,**[89] los libros de texto de papel fueron reemplazados por libros digitales o tablets.

89 *De a poco,* 조금씩

이러한 계획들을 시행한 이후, 한국 교육정책의 우선순위 중 하나는 정보 통신 기술을 전국의 교육 시스템에 도입하는 것이었습니다. 조금씩 종이책들은 디지털 교재나 태블릿으로 대체되었습니다.

A todas las escuelas, a nivel primario y secundario, se les fue dotando de infraestructura, equipo informático y recursos educativos, tales como la plataforma de aprendizaje en línea CyberHome. Esto además de reforzar la educación, redujo la necesidad de asistir a academias privadas de tutorías.

모든 초중등 학교에 교육용 인프라, 컴퓨터 장비 및 사이버 홈 온라인 학습 플랫폼 같은 자료를 제공하였습니다. 이는 교육을 강화하는 것만이 아니라 사교육을 제공하는 학원에 다닐 필요성을 줄이는 효과도 가져왔습니다.

Otra de las herramientas para incrementar la capacidad innovadora y tecnológica del país es el uso del Sistema de Radiodifusión Educativa, que proporciona contenido educativo y cursos de preparación para el examen de admisión a la universidad.

국가의 혁신 및 기술 역량을 향상시키는 또 다른 도구는 교육 방송 시스템을 이용하는 것인데, 이는 교육적인 내용과 함께 대학입학 시험 준비 과정을 제공하는 것입니다.

Todas estas acciones, en pro del refuerzo de nuestro compromiso con la preparación de nuestros jóvenes, han permitido que ellos ingresen al campo laboral sin ninguna dificultad, pues salen preparados para afrontar los retos que su nuevo ambiente laboral les demanda, razón por la cual, el país ha logrado avances en áreas clave como: tecnologías de la información, telecomunicaciones, biotecnología, robótica, vehículos eléctricos, entre otros.

젊은이들을 잘 준비시키고자 하는 우리의 이런 노력과 행위들은 그들이 어려움 없이 진로를 개발할 수 있도록 해주었으며, 그들이 새로운 환경이 요구하는 도전에 기꺼이 맞설 준비가 되도록 하였습니다. 이로 인해 국가는 정보화 기술, 통신, 생명 공학, 로봇 공학, 전기 자동차와 같은 분야에서 발전을 이룩했습니다.

Esta suma de esfuerzos[90] entre sociedad y gobierno hizo que la agencia de Bloomberg nombrara a Corea del 2014 al 2018, consecutivamente, como el país más innovador, sobrepasando incluso a países considerados como los más avanzados.

이러한 한국 사회와 정부의 일치된 노력 덕분에 블룸버그 통신은 2014년부터 2018년까지 연속하여 한국을 선진국으로 평가되는 국가들조차 능가하는 가장 혁신적인 국가로 선정하여 발표하였습니다.

Corea invierte en la educación y la hace accesible a todos sus ciudadanos, porque está convencida que solo a través del conocimiento se asegura el crecimiento económico y el desarrollo social de cualquier país, erradicando con ello la pobreza que deteriora la calidad de vida de los seres humanos.

한국은 어느 나라든지 오직 지식을 통해서만 경제 성장과 사회 발전을 이룰 수 있고, 지식을 통해서만 인간의 삶의 질을 떨어뜨리는 빈곤을 근절할 수 있다고 확신하기 때문에 교육에 투자를 하고, 모든 국민이 이용할 수 있게 하고 있습니다.

Estimados becarios,

친애하는 장학생 여러분,

---

90 *Esta suma de esfuerzos 이러한 총체적 노력*

Ustedes son testigos vivientes del apoyo que queremos brindar a esta bella nación. Ustedes han sido los beneficiados directos de las becas que mi gobierno, año con año, ha brindado a los países amigos, con el propósito de formar embajadores del aprendizaje obtenido de los programas educativos impartidos en Corea.

여러분들은 우리가 이 아름다운 나라에 전달하고 싶은 협력사업의 살아있는 증인입니다. 여러분들은 한국이 그동안 교육 프로그램에서 얻은 경험을 전수하는 (홍보)대사를 양성할 목적으로 매년 한국 정부가 우호국에 제공한 장학금의 직접적인 수혜자들입니다.

El pueblo chapín es muy apreciado por mi país, puesto que además de ser nuestro amigo, es nuestro socio comercial y, como tal, queremos darle todo nuestro apoyo, nuestro conocimiento, nuestras experiencias y nuestro corazón.

과테말라 사람들은 우리 한국에서 매우 높게 평가되고 있습니다. 친구로서뿐만 아니라 비즈니스 파트너이기 때문에 우리는 여러분들에게 가능한 모든 지원, 지식, 경험 그리고 마음까지 주고자 합니다.

Por eso, hoy me siento orgulloso de participar en este conversatorio. Puedo decir con solvencia que Corea ha aportado **su granito de arena**[91] en la formación de ustedes.

그래서 오늘 저는 이 토론에 참석하게 된 것을 매우 자랑스럽게 생각합니다. 한국은 여러분들의 성장에 작지만 의미 있는 도움을 드렸다고 자신 있게 말할 수 있습니다.

Al concluir estas palabras, termino deseándoles toda clase de parabienes en

---

91 *su granito de arena 모래알*. 사포의 표면에 있는 모래알이 연마제로 쓰이는 점을 상기.

esta actividad. Gracias una vez más a todos los que hicieron posible este evento.

끝으로 오늘 토론회가 성공적이기를 바라며, 이 행사를 가능하게 해 주신 모든 분들께 다시 한번 감사를 드립니다.

¡Muchas gracias!

대단히 감사합니다!

과테말라 옛 수도 Antigua

5-c Concurso de UCC y Ensayos de opiniones sobre la Isla Dokdo
독도 관련 UCC 및 수필 공모전 발표회

Honorable Señora[92] Ramona Rodríguez, Rectora de UNAN
Ilustres profesores y amigos estudiantes

UNAN의 라모나 로드리게스 총장님
훌륭하신 교수님들과 학생 친구 여러분,

Antes que todo, **quisiera darles la más cordial bienvenida a**[93] este II Concurso de UCC y Ensayos de Opiniones sobre la Isla Coreana Dokdo. Quisiera entregar mi sincero agradecimiento a todos los que participan hoy en este concurso por su interés en conocer la historia de mi país.

우선, 한국의 섬 독도를 주제로 개최되는 2차 UCC 및 수필 경연 대회에 참가해 주신 여러분을 진심으로 환영합니다. 오늘 이 콘테스트에 참여한 모든 분들께 우리나라의 역사를 알고자 하는 관심에 진심으로 감사를 드립니다.

En especial quisiera expresar mi agradecimiento a la Señora Ramona Rodríguez, Rectora de la UNAN por su apoyo, colaboración y acompañamiento en la realización de este concurso.

특히, UNAN의 총장이신 라모나 로드리게스 총장님께 이번 대회에 대한 지원, 협력 및 대회 참석에 대해 감사의 말씀을 전합니다.

La postura del Gobierno de Corea en cuanto a Dokdo es muy clara:

---

92 *Honorable Señora 존경하는 여사님.* 학위가 없는 경우 붙이는 연설 도입부의 존칭이다

93 *quisiera darles la más cordial bienvenida a 여러분들을 진심으로 환영합니다*

ejercer firme soberanía sobre Dokdo y responder decididamente a cualquier provocación y seguir protegiendo constantemente su soberanía sobre esta isla, ya que es **sin duda un territorio inherente de Corea**[94].

독도에 관한 한국 정부의 입장은 매우 분명합니다. 의심할 여지 없이 한국 고유의 영토이기 때문에 독도에 대한 확고한 주권을 행사하고, 어떠한 도발에도 단호히 대응하며, 이 섬에 대한 주권을 지속적으로 보호하는 것입니다.

Quisiera hacer una pequeña y resumida reseña sobre la isla de Dokdo. Ustedes seguramente investigaron ya mucho sobre el tema y tienen suficiente información.

독도에 대해 작고 간단한 리뷰를 하고자 합니다. 여러분들은 분명히 이 주제에 관해 많은 것을 연구했고 이미 많은 정보를 가지고 있으시리라 믿습니다.

En 1454, el gobierno de la dinastía Choseon registró los primeros documentos que declararon a las islas Ulleungdo y Dokdo como pertenecientes a la localidad de la provincia de Gangwon, en donde describían que las mismas **no distan mucho entre sí**[95]**, siendo posible divisar la una desde la otra** en días claros.

1454년 조선 왕조는 울릉도와 독도가 강원도에 속하는 섬이라고 기록한 최초의 문서를 편찬하였는데, 두 섬은 서로 멀리 떨어지지 않아서 맑은 날에는 서로를 볼 수 있다고 기록하였습니다.

Numerosos documentos históricos publicados por el gobierno de la dinastía

---

94 *sin duda un territorio inherente de Corea 의심할 여지 없이 한국의 고유영토*

95 *no distan mucho entre sí 서로 멀리 떨어져 있지 않다*

en 1531, 1770 y 1808 registran que Usando es la misma isla Dokdo. A través de la historia, en documentos antiguos, se hace referencia a Dokdo como parte de territorio bajo la jurisdicción de Corea.

1531년, 1770년 및 1808년도 등 조선왕조 정부에 의해 출판된 수많은 역사적 문서들은 우산도가 독도와 동일한 것이라고 기록하고 있습니다. 역사를 통틀어 고문서들은 독도를 한국의 관할 하에 있는 영토의 일부로 언급하고 있습니다.

Además los documentos más antiguos de Japón, el Inshu Sicho Gakki, en 1667, menciona a Dokdo haciendo referencia a que el límite noreste de Japón era la isla Okis, mientras que Dokdo estaba excluido del territorio japonés. Incluso en los numerosos mapas oficiales de Japón no consideraba jamás a Dokdo como parte de su territorio.

더욱이 일본에서 가장 오래된 문서인 Inshu Sicho Gakki는 1667년, 독도를 언급하면서 일본의 북동쪽 경계는 Okis섬이며 독도는 일본 영토에서 제외되었다고 서술합니다. 또한 일본의 수많은 공식 지도에서도 단 한 번도 독도를 자신들의 영토의 일부로 간주하지 않았습니다.

Por ejemplo, el registro oficial de Japón, 'Mapa de Tierras y Caminos', publicada en 1846 prueba claramente que las islas de Ulleoungdo y Dokdo están dibujadas fuera de las coordenadas de Japón. Además determina a las Islas Oki como el límite noroeste de Japón. Esto significa que Dokdo no era reconocida como parte del territorio japonés.

예를 들어, 1846년에 출판된 일본의 공식 기록문서 '땅과 도로 지도'는 울릉도와 독도는 일본의 경계 밖에 위치한다고 분명히 밝히고 있으며, 오키섬을 일본의 북서쪽 경계로 표시하고 있습니다. 이는 독도가 일본 영토의 일부로 인식되지 않았음을 의미합니다.

Sin embargo, **Japón incorpora a Dokdo**[96] en 1905 basándose en la teoría de que la misma era una tierra sin dueño. En ese momento, Japón ignora las órdenes de su antiguo gobierno central de 1870 y 1877 que ordenaba no entrar en el territorio de la Dinastía Choseon, incluso Dokdo. Japón calladamente toma posesión de Dokdo el 28 de enero de 1905, sin llamar la atención de las potencias occidentales, con quienes negocia para ocupar no solo a Dokdo sino a la Península Coreana entera.

그럼에도 불구하고, 일본은 1905년에 '주인 없는 땅'이라는 이론을 바탕으로 독도를 자신들의 영토로 편입했습니다. 당시 일본은 독도를 포함하여 조선 왕조의 영토에 들어가지 말라고 한 자신들 중앙 정부의 1870년과 1877년도 명령을 무시합니다. 1905년 1월 28일 일본은 서방 강대국들의 주의를 끌지 않으면서 교활하게 독도를 점령하였으며, 나중에는 독도뿐만 아니라 한반도 전체를 점령하기 위해 교섭하였습니다.

La absorción de Dokdo fue **el primer paso de la dolorosa colonización**[97] de toda la Península Coreana. Luego de la anexión de Dokdo y con el apoyo mutuo entre las grandes potencias por pretensiones similares, Japón obliga a Corea a firmar el tratado de protectorado, con lo cual le quita a Corea sus derechos diplomáticos y, por tanto, sus posibilidades de reclamar sus derechos sobre Dokdo en los foros internacionales y le impide evitar la posterior invasión a su país.

독도의 침탈은 한반도 전체의 고통스러운 식민지화의 첫 단계였습니다. 독도의 합병에 이어 강대국들 간 유사한 침략 논리에 대한 상호 지원을 바탕으로 일본은 국제무대에서 독도에 대한 영유권 주장 기회는 물론 영토침탈을 뿌리칠 수 없도록 한국의 외교권을 빼

---

96 *Japón incorpora a Dokdo 일본이 독도를 병합하다.* 역사적 사실에는 동사의 현재형을 쓴다

97 *el primer paso de la dolorosa colonización 고통스러운 식민지화의 첫 단계*

앗는 보호 조약에 서명하도록 강요하였습니다.

Hoy en día, Corea está firme en **su reclamo y divulgación de la verdadera historia**[98] sobre su territorio usurpado por Japón y es por eso que estamos aquí con ustedes, para que conozcan más sobre nuestro país y su historia, su dolor **así como el indisputable territorio**[99] y las relaciones entre los países vecinos.

오늘날 한국은 일본이 빼앗아 갔던 영토에 대한 역사적 진실과 주장에 있어 확고한 입장을 취하고 있습니다. 그래서 저는 오늘 여러분들이 한국, 한국의 역사, 논란의 여지도 없는 영토와 우리의 고통, 그리고 우리 이웃과의 관계에 대해 알도록 하기 위해 이 자리를 여러분들과 함께 하는 것입니다.

Estimados amigos estudiantes,

존경하는 학생 여러분,

Quisiera citar una frase de un bello poema del gran **Rubén Darío**[100] **"Juventud...Divino Tesoro, ya te vas para no volver..."**. Ustedes, jóvenes estudiantes, participantes de este Concurso son el futuro de Nicaragua, en ustedes está puesta la esperanza de seguir las relaciones de cooperación y amistad entre Corea y Nicaragua.

저는 위대한 시인 Rubén Darío의 "젊음, 신의 보물이여, 이제 가면 돌아오지 않겠구나"라는 아름다운 시를 인용하고 싶습니다. 이 대회의 참가자 여러분, 여러분들은 니카라과의 미래입니다. 한국과 니카라과 간 협력과 우정의 관계를 지속하고자 하는 희망이 여러분들에게 달려 있습니다.

---

98 *su reclamo y divulgación de la verdadera historia 역사적 진실에 대한 폭로와 주장*

99 *así como el indisputable territorio 논쟁의 여지 없는 영토와 함께*

100 *Rubén Darío 루벤 다리오.* 니카라과의 시인이자 소설가로 스페인어권 최고의 대문호이다.

Mis felicitaciones[101] por el interés y el esfuerzo de cada uno de ustedes por su presentación. Estoy seguro que aprendieron mucho sobre una parte de las relaciones históricas entre Corea y Japón, así como la determinación patriótica de mi gobierno en todo momento de su historia por resguardar su soberanía y a la vez mantener confianza con sus vecinos.

경연에 참가해 주신 여러분 모두의 관심과 노력을 축하드립니다. 나는 여러분들이 한국과 일본 간 역사적 관계의 일부와 함께 역사상 어떤 순간에도 주권을 수호하고 선린관계를 유지하고자 한 우리 정부의 애국적 결의에 대해서도 많은 것을 배웠으리라 믿습니다.

Con actividades como ésta, la Embajada de la República de Corea aprovecha para expresar su interés en estrechar una sólida amistad con las universidades y, en especial, espera fortalecer la mutua colaboración con las autoridades de esta Alma-mater, UNAN.

한국 대사관은 이런 활동을 통해 여러 대학교들과 굳건한 우호 관계를 강화하고자 하며 특히 여러분들의 모교 UNAN 및 학교 당국과 협력을 증진하고자 합니다.

Nuevamente y para concluir manifiesto mi profundo agradecimiento a usted Señora Rectora, docentes y a todos los participantes de esta bonita experiencia, deseándoles una Feliz Navidad y un próspero Año Nuevo.

다시 한번 총장님, 교수님들 그리고 이 아름다운 경험에 참여한 모든 참가자들께 저의 깊은 감사를 드리며, 즐거운 크리스마스와 새해에 복 많이 받으시길 기원합니다.

¡Muchas gracias!

대단히 감사합니다!

---

101 *Mis felicitaciones 저의 축하 인사를.* 연설에서는 간혹 주어 동사를 생략함으로써 느낌을 생생하게 한다.

5-d Vivencia de ex becarios guatemaltecos en la República de Corea
과테말라 장학생들의 한국 생활 경험

Excelentísimo Señor Jairo Estrada, Viceministro de Relaciones Exteriores,
Honorables amigos, exbecarios de Koica

존경하는 하이로 에스뜨라다 외교부 차관님,
친애하는 전 코이카 장학생 여러분,

¡Muy buenos días a todos!

좋은 아침입니다!

Quisiera iniciar mis palabras, agradeciendo la participación de todos ustedes en este conversatorio denominado 'Vivencia de ex becarios guatemaltecos en la República de Corea', organizado por el **Club de Becarios**[102] y Koica, en alianza con el Ministerio de Relaciones Exteriores.

우선 코이카 장학생회와 코이카가 외교부와 협력하여 주최한 '과테말라 장학생들의 한국 경험'이라는 토론회에 참여해주신 모든 분들께 감사의 말씀을 전합니다.

Como han de saber[103], amigos chapines, mi pueblo se siente tan identificado con esta bella nación, porque hemos vivido situaciones históricas y económicas similares a las de ustedes. Los coreanos tenemos una historia larga, sorprendente y, en algunas ocasiones, dolorosa.

---

102 *Club de Becarios 장학생회.* 2020년 현재 과테말라에는 약 1,030명의 코이카 장학생이 동호회를 만들어 자신들의 지식과 경험을 나누며 세미나, 지식 기부, 포럼 등 다양한 사업들을 실시하고 있다.

103 *Como han de saber 잘 아시다시피*

여러분들이 잘 아시다시피 우리 국민은 과테말라와 매우 비슷한 역사적, 경제적 상황을 겪었기 때문에 이 아름다운 나라와 동질감을 느낍니다. 우리 한국 사람들은 길고, 놀랍고, 때로는 고통스러운 역사를 가지고 있습니다.

Después de sufrir la Guerra Coreana, la sociedad y el gobierno coreanos estaban convencidos de que solo la educación era la única salida de esa crisis económica. En aquella época se tenía la seguridad que solo a través del conocimiento se aseguraba el crecimiento económico y el desarrollo social de cualquier país, erradicando con ello la pobreza que deteriora la calidad de vida de los seres humanos.

한국전쟁을 겪은 후 한국 사회와 정부는 교육만이 경제 위기에서 벗어날 수 있는 유일한 길이라고 확신했습니다. 당시에는 지식만이 한 나라의 경제 성장과 사회 발전을 보장할 수 있다는 믿음이 있었고, 인류의 삶의 질을 떨어뜨리는 빈곤을 근절할 수도 있다는 확신이 있었습니다.

Por esta razón, Corea comparte varios programas y proyectos con sus países amigos. Puedo citar, por ejemplo, el programa de becas otorgadas por Koica, así también eventos de intercambio de conocimientos, como los que se dieron a inicios de este año, con la llegada de 2 delegaciones.

이런 이유로 한국은 우호 국가들과 다양한 프로그램과 프로젝트를 공유하고 있습니다. 예를 들어 Koica 장학금 프로그램과 올해 초에 2개의 대표단이 방문하여 개최한 것과 같은 지식 공유 행사를 언급할 수 있겠습니다.

La primera delegación participó en un **Foro de Gobierno Electrónico**[104]

104 *Foro de Gobierno Electrónico 전자정부 포럼.* 과테말라도 행정의 효율화를 위해 전자정부를 추진하고 있다.

realizado conjuntamente con Senacyt. El evento fue todo un éxito y se tuvo la oportunidad de compartir la evolución que esta poderosa herramienta tuvo en Corea, en la búsqueda de dos objetivos esenciales: brindar toda una gama de trámites más rápidos y eficientes a sus ciudadanos y crear confianza total del pueblo a su gobierno.

첫 번째 대표단은 국립 과학기술위원회와 공동으로 개최한 전자 정부 포럼에 참여했습니다. 이 행사는 대단한 성공을 거두었으며 우리는 이 강력한 도구가 한국에서 이루어 낸 두 가지, 즉 국민들에게 더 빠르고 효율적인 행정을 제공하고 정부에 대한 완전한 신뢰를 창출한다는 필수 목표를 달성하기 위하여 추진된 성과를 공유하는 기회를 가졌습니다.

La segunda delegación que vino al país fue un equipo conformado de funcionarios de la Agencia de Energía de Corea(KEA) y de otras instituciones coreanas que proporcionaron varias perspectivas y soluciones para promover la eficiencia energética y conservar el uso racional de la energía. Tocaron temas como tecnologías para energía renovable que ayudan a reducir las emisiones de gases de efecto invernadero y contribuir al desarrollo económico y social.

두 번째 대표단은 에너지 효율을 높이고 합리적인 에너지 사용을 지원하기 위해 다양한 관점과 솔루션을 제공한 한국 에너지관리공단(KEA) 및 기타 한국 기관의 공무원으로 구성된 팀이었습니다. 그들은 온실가스 배출을 줄이고 경제 및 사회 발전에 기여하는 재생 에너지 기술 같은 주제를 다루었습니다.

Ellos también explicaron, **en detalle,**[105] los procesos de recuperación de energía en las plantas de fibras, en las plantas de vidrio, en las calderas, en los sistemas de bombas, en los sistemas de refrigeración, entre otros.

---

105 *, en detalle, 상세하게*

그들은 또한 섬유 공장, 유리 공장, 보일러, 펌프 시스템, 냉장 시스템 등의 에너지 회수 공정에 대해서도 자세히 설명했습니다.

Tengo la plena confianza que este tipo de tecnología será clave para la competitividad industrial y para la calidad de vida de cualquier nación, en especial la de esta bella Guatemala.

저는 이런 유형의 기술이 모든 국가의 산업 경쟁력과 삶의 질, 특히 이 아름다운 과테말라의 삶의 질 개선에 핵심적이라고 확신합니다.

Estimados becarios,

친애하는 장학생 여러분,

Los coreanos estamos muy contentos de tener ya una larga trayectoria de amistad con Guatemala. Estamos próximos a celebrar nuestro 60 aniversario de relaciones bilaterales con esta bella nación y, para conmemorar tan magno acontecimiento, tenemos tantas ideas.

우리 한국인들은 과테말라와 오랜 우정을 쌓아온 것을 매우 기쁘게 생각합니다. 우리는 조만간 이 아름다운 나라와의 수교 60주년을 맞이할 것이며 이를 성대하게 기념하기 위해 다양한 아이디어를 가지고 있습니다.

Puedo citarles algunas de esas ideas, tales como: elaborar un plan de intercambio cultural de 3 años, crear una estampilla postal, montar una exposición maya y de la antigua Corea, realizar presentaciones de delegaciones musicales tradicionales y muchas cosas más.

예를 들어, 문화교류 3개년 계획 수립, 기념우표 제작, 마야와 고대 한국유물 전시회 개최, 전통음악 공연 등 다양한 아이디어를 가지고 있습니다.

Finalizo mis palabras, deseándoles toda clase de parabienes en esta actividad. Agradezco una vez más a todos los que hicieron posible este evento y, **con firmeza,**[106] quiero asegurarles que, en Corea, siempre encontrarán un amigo dispuesto a compartir con ustedes **en las buenas y en las malas**[107].

오늘 행사에서 여러분 모두의 행운을 빌며 저의 인사 말씀을 마치고자 합니다. 이 행사를 가능하게 해주신 모든 분들께 다시 한번 감사를 드리며, 여러분들은 좋을 때나 나쁠 때나 항상 여러분들과 기꺼이 함께할 친구를 한국에서 만나게 될 것이라는 점을 분명히 말씀 드립니다.

¡Muchas gracias!

감사합니다!

---

106 *, con firmeza, 확실하게*

107 *en las buenas y en las malas 좋을 때나 나쁠 때나*

6 기타
Otros

6-a Almuerzo con la Comisión de Relaciones Exteriores de la Asamblea Nacional de la República de Nicaraguia
니카라과 국회 외무위원회 초청 오찬

Honorable[108] Señor Jacinto Suarez, Presidente de la Comisión de Relaciones Exteriores de la Asamblea Nacional,
Amigos[109] de la Asamblea Nacional,

존경하는 국회 외무위원회 하신토 수아레스 위원장님,
그리고 국회의 친구 여러분,

Antes que nada quisiera expresarles mi agradecimiento por compartir este almuerzo con nosotros y darles la más cálida bienvenida a mi residencia.

우선, 오늘 오찬을 우리와 함께해 주시는 데 대해 감사드리며, 여러분의 저희 관저 방문을 따뜻하게 환영합니다.

Estoy muy satisfecho de recibirlos aquí esta tarde para intercambiar opiniones sobre temas de interés común para ambos países, como lo son

---

108 *Honorable 존경하는.* Excelentísimo보다는 약간 낮은 단계의 존칭으로 쓴다.
109 *Amigos 친구들.* 참석자의 지위에 따라 다양하게 다른 사람들을 추가로 호명할 수 있다.

la relación de cooperación bilateral, el desarrollo económico, la amistad interparlamentaria, la situación de la Península Coreana, entre otros.

오늘 오후에 여러분들과 양국 협력 관계, 경제 발전 문제, 양국 의회 간 우호, 한반도 상황 등과 같은 공통 관심사에 대해 의견을 교환할 수 있게 되어 매우 기쁩니다.

Corea y Nicaragua establecieron relaciones diplomáticas en el año 1962 y las relaciones entre ambos países se han venido estrechando fuertemente en varios sectores. Dicha relación dio inicio mucho antes, **ya que**[110] según la historia, durante la Guerra de Corea, Nicaragua apoyó a nuestro país con el envío de materia prima. Hoy la República de Corea comparte con Nicaragua su experiencia de desarrollo económico y está aquí apoyando varios programas y proyectos tales como la transmisión eléctrica, energía renovable, agua potable y saneamiento, carreteras y banda ancha, entre otros.

한국과 니카라과는 1962년에 외교 관계를 수립했으며, 그동안 양국 관계는 여러 분야에서 계속 증진되어 왔습니다. 역사에 따르면 이런 관계는 훨씬 이전에 시작되었는데, 한국전쟁 중 니카라과는 원료품들을 우리나라에 지원했습니다. 오늘날 대한민국은 니카라과와 경제 개발 경험을 공유하고 있으며 전기 송전, 재생 에너지, 상하수도, 도로 및 광대역 통신망 등과 같은 여러 프로그램과 프로젝트를 지원하고 있습니다.

La relación bilateral entre ambos países se ha extendido en apoyo al sector académico y cultural, incluso al Ejército de Nicaragua con un instructor que entrena a los soldados en artes marciales, el Taekwondo. En la actualidad, estamos preparando varios eventos culturales para compartir nuestra rica cultura tradicional con Nicaragua.

110 , *ya que 말하자면*,. 사실 굳이 해석이 필요 없는 '말 이음새' 역할을 한다.

양국 관계는 학술 및 문화 부문의 지원을 포함하여 니카라과 육군에 사범을 파견하여 군인들의 태권도 훈련을 지원하는 데까지 확대되었습니다. 우리는 현재 풍부한 전통문화를 니카라과와 공유하기 위해 몇 가지 문화 행사를 준비하고 있습니다.

Con respecto a la cooperación económica, el **Tratado de Libre Comercio entre Corea y Centro América**[111] está en su fase de tercera negociación. La suscripción del TLC en el futuro será una nueva oportunidad para ambos para incrementar el comercio y la inversión por el desarrollo sostenible de la región en beneficio mutuo.

경제 협력과 관련하여 한–중미 자유무역협정은 현재 세 번째 협상 단계에 있습니다. 향후 FTA 체결은 양측이 상호 이익을 증진하면서 이 지역의 지속 가능한 발전을 위해 무역과 투자를 늘릴 수 있는 새로운 기회가 될 것입니다.

Quisiera mencionar también algo sobre la inversión privada coreana en Nicaragua. Actualmente hay 29 empresas Coreanas en las Zonas Francas, en el sector vestuario y textil que emplean 35,000 Nicaragüenses. Dicha inversión sigue en aumento, un buen ejemplo de ello es la expansión de la planta de la Empresa Handsome que es una de las 4 principales empresas. Estoy orgulloso de ser testigo de que las compañías coreanas se ocupan 60% de las exportaciones textiles de Nicaragua.

또한 니카라과에 대한 한국의 민간 투자에 대해서도 언급하고 싶습니다. 현재 자유무역 지역에서 29개의 한국 회사가 의류 및 섬유 부문에 35,000명의 니카라과 국민을 고용하고 있습니다. 이 투자는 계속해서 증가하고 있는데, 이에 대한 좋은 예는 4대 기업 중 하나인 Handsome 회사의 공장 확장입니다. 저는 한국 기업이 니카라과 섬유 수출의 60 %

111 *Tratado de Libre Comercio entre Corea y Centro América 한국과 중미 간 FTA*

를 담당하고 있다는 사실을 자랑스럽게 생각합니다.

Estoy muy satisfecho con la buena relación de amistad interparlamentaria que mantiene Corea y Nicaragua, espero que se fortalezca la amistad y cooperación entre ambos parlamentos, a través de intercambios, asesorías, etc.

저는 한국과 니카라과 양국 국회의 우호 관계에 대해 매우 만족스럽게 생각하고 있으며, 앞으로도 인적 교류 및 제언 등을 통해 두 국회 사이의 우호와 협력이 강화되기를 바랍니다.

Actualmente se vive una intensa tensión política, económica y militar en la Península de Corea, con la última prueba de la bomba nuclear realizada por Corea del Norte, el lanzamiento de un misil de largo alcance y el cierre del Complejo Industrial de Gaeseong, eventos que se suman a una larga lista de constantes provocaciones y amenazas de Corea del Norte.

현재 한반도에는 정치적, 경제적, 군사적 긴장이 지속되고 있으며, 최근 북한에 의한 핵 폭탄 실험, 장거리 미사일 발사, 개성공단 폐쇄 등 북한의 지속적인 도발과 위협이 이어지고 있습니다.

Toda la comunidad internacional se ha unido en una voz para condenar y exigir una sanción al régimen de Corea del Norte. Como Embajador en nombre de mi Gobierno ruego que **Nicaragua**[112] se sume a la posición de la comunidad internacional con su pronunciamiento y condena a estos últimos acontecimientos que amenaza a toda la humanidad.

국제 사회는 전체가 연합하여 한목소리로 북한 정권을 비난하고 제재를 요구하고 있습

112 *Nicaragua* 당시까지 니카라과는 친 북한 국가였으며 북한의 도발을 규탄하지 않고 있었다.

니다. 우리 정부를 대표하는 대사로서 전 인류를 위협하는 이러한 최근 사건들에 대해 니카라과도 선언과 규탄을 통해 국제 사회의 입장에 동참해 주실 것을 요청합니다.

Estimados amigos de la Asamblea que nos han visitado en otras ocasiones y los que por primera vez nos visitan. Las puertas de mi residencia siempre estarán abiertas para que nos visiten nuevamente. Propongo un brindis por la salud de ustedes y por nuestra amistad.

이미 다른 기회에 저의 관저를 방문해 주신 분이나 혹은 처음 방문하신 모든 의원 여러분. 여러분들이 다시 방문해 주시도록 저의 관저의 문은 항상 열려 있음을 말씀드립니다. 여러분의 건강과 우리들의 우정을 위해 건배를 제안합니다.

¡Salud![113] ¡Muchas gracias!

건배! 대단히 감사합니다!

---

113 *¡Salud! 건강(을 위하여).* 중남미 사람들은 건배 시 대개 Salud을 외친다. 멕시코에서는 장난스럽게 Salud(건강), Amor(사랑), Dinero(돈)이라고 연달아 외친다.

6-b Condecoración de la Orden Gran Cruz José de Marcoleta[114]

호세 데 마르꼴레따 대십자 훈장 서훈식

Excelentísimo Señor Denis Moncada, **Canciller**[115] de la República,
Estimados funcionarios del **MINREX**[116],

존경하는 데니스 몬카다 외교장관님
친애하는 외교부 직원 여러분,

Muy buenas tardes a todos,

안녕하십니까, 여러분

Antes que nada, quisiera expresar mi sincero agradecimiento al Excelentísimo Canciller Moncada por este significativo acto.

우선, 이 의미 있는 행사를 개최해 주신 Moncada 외교장관님께 진심으로 감사의 말씀을 드립니다.

Para mí, el día de hoy es un día muy especial, **lleno de sentimientos encontrados**[117]. Por un lado, me siento triste de dejar este hermoso país y separarme de personas que aprecio y estimo mucho, como ustedes; y por otro, siento la satisfacción de haber cumplido mi misión como Embajador de mi

114 *Orden Gran Cruz José de Marcoleta 호세 데 마르꼴레따 대십자 훈장.* 니카라과 정부가 수여하는 5가지 훈장 중 최고 등급에 해당한다. 호세 데 마르꼴레따는 니카라과의 독립 영웅이다.

115 *Canciller 외교부장관*

116 *MINREX 외교부. Ministerio de Relaciones Exteriores*의 약자이다.

117 *lleno de sentimientos encontrados 복합된 감정으로 충만한*

país, sin muchos fallos, en estos 3 años que estuve en Nicaragua. Me siento muy honrado y agradecido de haber compartido con todos ustedes.

오늘은 저에게 매우 특별한 날이며 여러 복합된 감정으로 가득합니다. 한편으로 저는 이 아름다운 나라와 여러분들처럼 진심으로 귀하고 존경하는 분들을 떠나게 되는 것이 대단히 슬픕니다. 다른 한편으로, 저는 니카라과에 있었던 지난 3년 동안 대과 없이 저희 나라 대사로서의 임무를 수행한 것을 기쁘게 생각합니다. 저의 임기 동안 여기 계신 여러분 모두와 함께하게 되어 대단히 영광스럽고 감사합니다.

Nicaragua es un país que siempre recordaré con cariño y nostalgia.

니카라과는 제가 항상 사랑과 향수를 가지고 기억할 나라입니다.

Desde que arribé a este país, me sentí cautivado por la belleza natural que posee y por la calidez de las personas nicaragüenses.

이 나라에 도착하자마자 저는 니카라과가 가지고 있는 자연의 아름다움과 니카라과 사람들의 따뜻함에 매료되었습니다.

Durante mi estadía, tuve la oportunidad de visitar diferentes ciudades, **pintorescas y únicas**[118], como Granada, Juigalpa, León, Rivas, Estelí, Jinotega, Chinandega, Matagalpa, San Juan del Sur, Boaco, Bilwi y Corn Island, en las que realicé diversas actividades académicas y culturales que permitieron acercarme a los jóvenes universitarios y demás nicaragüenses.

재임하는 동안 저는 Granada, Juigalpa, León, Rivas, Estelí, Jinotega, Chinandega, Matagalpa, San Juan del Sur, Boaco, Bilwi 및 Corn Island와 같이

118 *pintorescas y únicas* 독특하고 그림 같은

다양하고 그림 같은 독특한 도시들을 방문하여 젊은 대학생들 및 보통의 니카라과 사람들을 만나 학문적, 문화적 활동을 할 수 있는 기회를 가졌습니다.

Asimismo, gracias al apoyo de la Asamblea Nacional, se decretó el 3 de Octubre como 'Día de la Amistad y Cooperación entre Corea y Nicaragua', fecha de gran relevancia para mí, ya que es la misma fecha en que los coreanos celebramos la fundación de nuestro país.

또한, 국회의 지원 덕분에 한국인들이 나라를 세운 날로 경축하는 10월 3일이 '한국과 니카라과 간 우정의 날'로 공포되어 저에게는 이날이 매우 특별한 날이 되었습니다.

Igualmente, en el mes de septiembre, la Asamblea Nacional ratificó el Tratado de Libre Comercio Corea-Centroamérica, con lo cual se consolidarán aún más las relaciones económicas entre ambos países, incrementando el intercambio comercial y la inversión.

마찬가지로, 지난 9월에 국회는 한국-중미 자유무역 협정을 비준함으로써 앞으로 양국의 경제 관계를 더욱 강화하고 무역과 투자를 증가시킬 수 있게 되었습니다.

Por otro lado, **considero importante destacar la cooperación**[119] en infraestructura, como el proyecto de construcción de la carretera de circunvalación; los proyectos de energía, el proyecto de banda ancha, la cooperación tecnológica, programas de intercambio de conocimientos, etc. **Me siento complacido**[120] con los diversos programas y proyectos que se han promovido, a través de la Embajada y de la agencia de cooperación KOICA.

---

119 *considero importante destacar la cooperación 협력 강조가 중요하다고 생각하다*

120 *Me siento complacido 만족스럽게 생각하다*

한편, 저는 순환도로 건설 프로젝트와 같은 인프라 협력, 에너지 프로젝트, 광대역 통신망 프로젝트, 기술 협력, 지식공유 프로그램 등을 언급하는 것도 매우 중요하다고 생각합니다. 저는 대사관과 협력기관인 KOICA를 통해 추진된 다양한 프로그램과 프로젝트에 대해 매우 만족스럽게 생각합니다.

De igual manera, el año pasado, se inauguró el Centro KOPIA en Nicaragua, el cual tiene como propósito fortalecer la cooperación en materia agrícola, con la introducción de variedades de plántulas y el intercambio de conocimientos para el aumento de la productividad agrícola.

또한, 작년에 농업 분야의 협력 강화를 목표로 코피아 센터가 니카라과에 개설되어, 다양한 품종의 도입과 농업 생산성 향상을 위한 지식 공유사업이 진행되고 있습니다.

En octubre de ese mismo año, se abrió la Oficina del Banco Coreano de Exportaciones e Importaciones(**EXIMBANK**[121]). **Esta sede tiene como propósito impulsar**[122] la cooperación económica entre Corea y Centroamérica.

같은 해 10월 한국 수출입은행 사무소가 문을 열었습니다. 이 사무소의 목표는 한국과 중미 지역 간 경제 협력을 증진하는 일입니다.

Además, se ha promovido el intercambio académico, a través del Programa de capacitación de docentes y el Memorándum de Entendimiento suscrito entre la Universidad de Chungbuk de Corea, las Universidades UNAN-Managua y UNA, con el cual se estimulará el intercambio del recurso humano estudiantil y docente.

---

121 *EXIMBANK 수출입은행.* 전체 중남미 국가들과의 유상협력 사업들을 총괄하는 사무소를 2017년 10월 니카라과에 개소하였다.

122 *Esta sede tiene como propósito impulsar 이 사무소는 — 증진을 목표로 하다*

또한, 교사 연수 프로그램을 통해 학문적 교류가 촉진되고 있고, 충북대학교와 UNAN–Managua 및 UNA 대학 간에 양해 각서가 체결되어 앞으로 학생 및 교수인력의 교환이 촉진될 것입니다.

Estimados amigos,

친애하는 친구 여러분,

En estos tres años, **intenté poner mi mejor esfuerzo**[123] por realizar los objetivos propuestos al inicio de mi misión y me siento contento y orgulloso de haberlos cumplido. Hemos logrado fortalecer y acercar las relaciones de amistad y cooperación entre Corea y Nicaragua al máximo nivel. Espero que estas relaciones sigan creciendo y desarrollándose por muchos años más.

지난 3년 동안 저는 대사로서의 임무를 시작할 때 세운 목표를 달성하기 위해 최선을 다하려고 노력했으며, 그 목표를 달성하게 된 것을 기쁘고 자랑스럽게 생각합니다. 우리는 한국과 니카라과 간의 우정과 협력 관계를 강화하고 최고 수준으로 끌어올렸습니다. 저는 이러한 관계가 앞으로도 계속 성장하고 발전하기를 바랍니다.

Aunque tengo que partir de esta bella tierra, llena de vida, de gente amable y trabajadora, siempre la recordaré con cariño y preocupación, por **el futuro de este heroico pueblo hermano**[124] que se encuentra pasando momentos difíciles. Espero de todo corazón, que la situación se mejore pronto y que las diferencias se solucionen de una manera pacífica, por la paz, el bienestar y la eterna prosperidad de todos.

---

123 *intenté poner mi mejor esfuerzo 나의 모든 노력을 다하다*

124 *el futuro de este heroico pueblo hermano 이 영웅적인 형제 국민들의 미래*

저는 생동감이 가득하고 친절하며 열심히 일하는 사람들이 사는 이 아름다운 땅을 떠나야 하지만, 어려운 시기를 겪고 있는 이 영웅적인 형제들의 미래를 항상 사랑과 관심을 가지고 지켜보며 이 땅을 기억할 것입니다. 저는 조만간 상황이 개선되고, 모든 사람들의 평화, 복지 및 영원한 번영을 위해 서로의 의견 차이들이 평화적인 방법으로 해결되기를 마음으로부터 진심으로 바랍니다.

Nuevamente, quisiera agradecer profundamente al Excelentísimo Señor Canciller y a todos los funcionarios del MINREX por su apoyo durante mi misión.

다시 한번, 존경하는 외교부 장관님과 모든 외교부 직원들에게 저의 재임 중 여러 도움에 진심으로 감사를 드립니다.

¡Muchas gracias!

대단히 감사합니다!

현장에서 바로 쓰는

실용 스페인어 선집

초판 인쇄 2021년 6월 17일
초판 발행 2021년 6월 21일

지은이 홍석화
발행인 윤성우 Director, University Knowledge Press
편집장 신선호 Executive Knowledge Contents Creator
도서편집 이근영 Contents Creator
장혜정 Contents Creator
디자인 한 지 Designer
우승민 Designer
재무관리 조아라 Managing Creator
정윤경 Managing Creator
사전·홍보물 장지혜 Contents Creator
발행처 한국외국어대학교 지식출판콘텐츠원
02450 서울특별시 동대문구 이문로 107
전화 02)2173-2493~7
FAX 02)2173-3363
홈페이지 http://press.hufs.ac.kr
전자우편 press@hufs.ac.kr
출판등록 제6-6호(1969. 4. 30)
인쇄·제본 (주)트윈벨미디어 02)2088-1810

ISBN 979-11-5901-862-6 [13770] 정가: 25,000원

* 잘못된 책은 교환하여 드립니다.

HUINE 은 한국외국어대학교출판부의 어학도서, 사회과학도서, 지역학 도서 Sub Brand이다. 한국외대의 영문명인 HUFS, 현명한 국제전문가 양성(International+Intelligent)의 의미를 담고 있으며, 휴인(携引)의 뜻인 '이끌다, 끌고 나가다'라는 의미처럼 출판계를 이끄는 리더로서, 혁신의 이미지를 담고 있다.